LES PROCESSUS CG

BTS CG 2e année

PROCESSUS 3

Gestion des obligations fiscales

À jour de la loi de finances 2021

+ liens avec le P7

Repérage des compétences Pix

Gérard Antitomaso
Dominique Clerc

Nathan
TECHNIQUE

Sommaire

Chapitre 1

Impôt sur les sociétés : champ d'application

Activité	Composante d'activité	Compétence	P7	Vers Pix
3.3. Traitement des opérations relatives aux impôts directs	**3.3.1.** Caractérisation de la situation fiscale de l'entreprise	Définir le champ d'application de l'impôt sur les sociétés	– La conduite de la veille régulière et documentée à l'aide des outils numériques – L'exploitation des données de façon automatisée et reproductible	**1.1.** Mener une recherche et une veille d'information **1.3.** Traiter des données

Situation professionnelle

M. Tardieu, ex-champion de windsurf, a créé son entreprise individuelle de fabrication de planches de surf, WindWin, le 1er avril 2015. Sa notoriété dans le milieu sportif, la qualité des matériaux employés et la technique de fabrication des planches ont permis à l'entreprise d'évoluer juridiquement et de réaliser une forte progression de son chiffre d'affaires. L'EIRL WindWin a choisi le cabinet d'expertise comptable ExpertPlus pour s'occuper de la tenue des différents journaux, l'élaboration de la paie, les différentes déclarations fiscales et sociales, et l'élaboration de la liasse fiscale.

Après des négociations en 2020 avec un grand groupe de distribution de matériel sportif, DistriSport, le référencement des produits WindWin à la centrale d'achat du groupe sera effectif début 2021. De plus, le groupe hôtelier Beach&Games, spécialisé dans la construction et la gestion de clubs de vacances sportives, a contacté l'EIRL WindWin car il souhaite renouveler son parc de planches et s'installer sur des sites à Cuba.

Après plusieurs entretiens avec l'expert-comptable sur ces nouvelles perspectives, M. Tardieu pense qu'il sera nécessaire d'investir dans un nouveau site de fabrication qui lui permettra :

– de faire face à une demande conséquente liée à de nouveaux accords commerciaux ;

– d'abaisser ses coûts de production.

Le chiffrage de l'investissement dépasse les capacités de financement de M. Tardieu, qui envisage donc :

– d'apporter certains éléments de son EIRL à une société par actions simplifiée (SAS) afin de s'associer à des apporteurs de capitaux et d'assurer le financement des investissements nécessaires par des apports en nature, en numéraire et la souscription d'un emprunt ;

– d'accéder à la direction de la société, en souscrivant notamment à 66 % du capital social.

Les statuts de la société, qui ont désigné M. Tardieu en qualité de président, sont signés fin 2020 et l'immatriculation de la SAS au registre du commerce et des sociétés est effective au 1er janvier 2021.

Par ailleurs, à compter de cette date, le commerce de détail exploité antérieurement par M. Tardieu (vente d'articles de sport : voiles, gilets, lunettes…) est exploité par son épouse sous la forme d'une EIRL dénommée « Univers de la planche ».

Mission

Vous êtes stagiaire dans le cabinet ExpertPlus. M. Firmin, votre tuteur, vous demande de prendre connaissance du dossier de la SAS WindWin. Vous disposez du dossier permanent dans lequel figurent les statuts de la SAS ainsi que du dossier annuel de cette entreprise. Vous disposez également d'une documentation fiscale.

M. Firmin vous charge d'analyser les principales conséquences juridiques et fiscales du passage de la forme juridique d'une EIRL à celle d'une SAS.

Travail à faire

I La structure juridique de la société WindWin

Vous prenez connaissance de la fiche d'identité de l'entreprise WindWin établie par votre tuteur et de certaines informations récupérées dans les dossiers permanent et annuel tenus par le cabinet ExpertPlus.

1. Indiquer les principales raisons qui ont amené M. Tardieu à créer une SAS.

2. Vérifier que le montant du capital de la SAS et les modalités de sa libération respectent bien les règles juridiques en la matière.

3. Préciser, pour la SAS WindWin :
a. quelle sera la responsabilité financière de chaque associé ;
b. qui prendra les décisions de gestion courante et quelle sera l'étendue de sa responsabilité.

4. Indiquer si la nomination d'un commissaire aux comptes est obligatoire pour la SAS WindWin.

▶ Annexe 1
▶ Annexe 2
▶ Fiche ressource 1

II Le mode d'imposition de la société WindWin et de son président

La SAS est considérée comme une société de capitaux. À ce titre, elle est soumise au régime fiscal de ce type de société.

5. Indiquer comment sera imposé le résultat fiscal de la SAS WindWin. Préciser s'il s'agit d'une imposition de plein droit ou sur option.

6. Indiquer si la SAS WindWin peut bénéficier du taux réduit d'imposition des PME. Justifier la réponse.

P7 7. Vérifier l'actualité des taux de l'IS.

8. Indiquer si la rémunération de M. Tardieu pour son poste de président est déductible du résultat fiscal de la société et à quelles conditions.

9. Préciser comment seront imposés les revenus de M. Tardieu liés à son poste de président. Indiquer son régime social.

▶ Annexe 2
▶ Fiche ressource 1
▶ Fiche ressource 2

Données de la situation

Annexe 1 Extraits des statuts de la SAS WindWin

La décision de créer une société sous la forme d'une SAS a été prise en concertation avec l'expert-comptable de l'EIRL WindWin pour l'autonomie laissée aux associés dans les choix d'organisation. Les statuts doivent donc être rédigés avec rigueur et précision.

TITRE II. Apports – Capital social – Forme des actions – Droits et obligations attachés aux actions

[...]

Article 6 – Apports

Les soussignés ont fait les apports suivants à la société.

1. Apports en numéraire

– M. Tardieu, une somme en numéraire de 230 000 € (deux cent trente mille euros).
– M. Ruiz, une somme en numéraire de 90 000 € (quatre-vingt-dix mille euros).
– La société anonyme DistriSport, une somme en numéraire de 80 000 € (quatre-vingt mille euros).
Soit au total la somme de 400 000 € (quatre cent mille euros) correspondant à 4 000 (quatre mille) actions de 100 € (cent euros) de valeur nominale, souscrites en totalité et intégralement libérées ainsi que l'atteste le certificat du dépositaire établi le 1er janvier 2021 par la Société Générale.

2. Apports en nature

Apport de biens divers : M. Tardieu apporte à la société, sous les garanties ordinaires de fait et de droit, les biens ci-après désignés :
– un terrain ;
– divers matériels de fabrication et titres de sociétés soumises à l'IS.
Description détaillée des biens en nature apportés : [...]
Ces biens ont été estimés à la somme globale de 100 000 € (cent mille euros) selon un rapport établi le 27 décembre 2020 par M. Margarit, commissaire aux apports choisi parmi les commissaires aux comptes inscrits et désigné par ordonnance de M. le président du tribunal de commerce d'Arles le 20 décembre 2020 sur requête de M. Tardieu agissant en qualité de fondateur de la société.
Ce rapport, dont un exemplaire est annexé aux présentes, a été déposé à l'adresse prévue du siège social : Zone artisanale du Salat, 13 avenue du Mistral, 13310 Saint-Martin-de-Crau.
En rémunération de l'apport en nature ci-dessus désigné, M. Tardieu s'est vu attribuer 1 000 actions d'un montant de 100 € chacune, dont la valeur correspond au montant de l'évaluation de son apport.

3. Récapitulation des apports

– Apports en numéraire : quatre cent mille euros (400 000 €).
– Apports en nature : cent mille euros (100 000 €).
Total des apports formant le capital social : cinq cent mille euros (500 000 €).

Article 7 – Capital social

Le capital social est fixé à la somme de cinq cent mille euros (500 000 €).
Il est divisé en cinq mille (5 000) actions de 100 € (cent euros) chacune, de même catégorie, numérotées de 1 à 5000, attribuées aux associés en proportion de leurs apports, à savoir :
– M. Tardieu, à concurrence de 3 300 actions, numérotées de 1 à 3300, en rémunération de ses apports ;
– M. Ruiz, à concurrence de 900 actions, numérotées de 3301 à 4200, en rémunération de ses apports ;
– la société DistriSport, à concurrence de 800 actions, numérotées de 4201 à 5000, en rémunération de ses apports.
Total égal au nombre d'actions composant le capital social : 5 000 actions.
Les associés déclarent que ces actions sont réparties entre eux dans les proportions ci-dessus indiquées et qu'elles sont toutes souscrites et libérées intégralement.
[...]

TITRE IV. Administration et direction de la société – Commissaires aux comptes – Conventions entre la société et ses dirigeants

Article 19 – Président de la société

La société est représentée à l'égard des tiers, dirigée et administrée par un président, personne physique. Le premier président de la société, **M. Tardieu**, est désigné aux termes des présents statuts.
[...]

Annexe 2 **Fiche d'identité de la SAS WindWin**

WindWin

Dénomination	WindWin
Statut juridique	SAS
Capital social	500 000 €
Date de création	1er janvier 2021
Président	François TARDIEU
Associés	• M. Tardieu : 3 300 actions, soit 66 % du capital • M. Ruiz, ami de M. Tardieu, ingénieur et sportif de haut niveau : 900 actions, soit 18 % du capital • SA DistriSport : 800 actions, soit 16 % du capital
CA HT prévisionnel pour 2021	1 200 000 €
Adresse	Zone artisanale du Salat, 13 avenue du Mistral 13310 Saint-Martin-de-Crau
Courriel	windwin@free.fr
Effectif	• M. Tardieu : président et représentant légal de la SAS, prend les décisions de gestion courante. De plus, il prend en charge les démarches commerciales et travaille aux techniques de production en collaboration avec M. Ruiz. • M. Ruiz : ingénieur en physique-chimie des matériaux • 4 salariés chargés de la production
Activité	Fabrication d'articles de sport : planches à voile, planches de surf, wakeboards, twin-tips, kitesurfs…
Options fiscales	Régime des sociétés mères et filiales
Social	Pas de participation des salariés aux résultats de l'entreprise

Fiche ressource 1

Comparaison EIRL / SAS

	EIRL	SAS
Nombre d'associés requis	L'EIRL se compose uniquement de l'entrepreneur individuel.	1 associé minimum – pas de maximum
Montant minimal du capital	Il n'y a pas de notion de capital social, l'entreprise et l'entrepreneur ne formant juridiquement qu'une seule et même personne. Le patrimoine professionnel est cependant distinct du patrimoine personnel.	Le capital est librement fixé par les associés en fonction des besoins. 50 % des apports en espèces sont obligatoirement versés au moment de la constitution, le solde devant être libéré dans les 5 ans.
Dirigeant(s)	L'entrepreneur individuel est le seul « maître à bord ». Il dispose des pleins pouvoirs pour diriger son entreprise.	La SAS est dirigée par un seul président, personne physique ou personne morale. Les associés déterminent librement dans les statuts les règles d'organisation de la société.
Étendue de la responsabilité des associés	L'entrepreneur individuel peut constituer un patrimoine affecté à son activité professionnelle distinct de son patrimoine personnel. L'EIRL lui permettra d'isoler ses biens personnels des poursuites des créanciers professionnels. La loi Macron instaure l'insaisissabilité de droit de la résidence principale pour tous les entrepreneurs individuels.	La responsabilité des associés est limitée au montant de leurs apports.
Étendue de la responsabilité des dirigeants	Responsabilité civile et pénale du chef d'entreprise ou du dirigeant*	
Mode d'imposition des bénéfices	Il n'y a pas d'imposition au niveau de l'entreprise. Le chef d'entreprise est imposé directement au titre de l'impôt sur le revenu. Possibilité d'option pour l'impôt sur les sociétés	Les bénéfices sont soumis à l'impôt sur les sociétés. Une option pour l'IR est possible pour les SAS de moins de 5 ans, sous certaines conditions.
La rémunération des dirigeants est-elle déductible du résultat fiscal ?	Non, sauf option pour l'IS.	Oui, sauf option pour l'impôt sur le revenu.
Régime fiscal du dirigeant	Impôt sur le revenu dans la catégorie correspondant à l'activité de l'entreprise (BIC, BNC…)	Impôt sur le revenu dans la catégorie des traitements et salaires pour le président (sauf si option de la société pour l'impôt sur le revenu)

	EIRL	SAS
Régime social du dirigeant	Régime des travailleurs non salariés	Le président est assimilé-salarié.
Qui prend les décisions ?	L'entrepreneur individuel seul	Les associés déterminent librement dans les statuts les modalités d'adoption des décisions. Certaines décisions doivent cependant être obligatoirement prises collectivement (approbation des comptes, modification du capital).
La désignation d'un commissaire aux comptes est-elle obligatoire ?	Non.	Non, sauf si deux des trois seuils suivants sont dépassés : – le total du bilan = 4 000 000 € ; – le CA HT = 8 000 000 € ; – Nombre de salariés = 50.

* Le chef d'entreprise engage sa responsabilité sur plusieurs terrains : pénal et civil. La responsabilité pénale sert à réprimer. La responsabilité civile permet, elle, de réparer un préjudice. Une même infraction peut entraîner à la fois la responsabilité pénale et civile du dirigeant [...].

• **Responsabilité pénale du dirigeant**

Quand est-il responsable ?

Sa responsabilité pénale sera engagée même s'il n'a pas participé personnellement à l'infraction et même s'il n'y a pas de préjudice. Il suffit qu'il y ait infraction à un texte pénal.

[...]

Pour quelles infractions ?

Infractions propres à l'activité spéciale de l'entreprise, infractions à la réglementation générale (réglementation du travail, fiscalité, douanes, lutte contre la pollution, code de la route, non-respect des formalités de la vie sociale, abus de biens sociaux, vol, etc.).

La plupart des infractions pénales sont sanctionnées par des peines de prison ou des amendes.

[...]

• **Responsabilité civile du dirigeant**

Quand est-il responsable ?

La responsabilité du dirigeant sera engagée s'il est prouvé qu'il a commis une faute source pour l'entreprise ou les tiers d'un préjudice réparable. [...]

Pour quelles infractions ?

Infractions aux dispositions législatives ou réglementaires applicables à l'entreprise, violation des statuts, fautes de gestion, infractions aux obligations fiscales, infractions aux obligations sociales, infractions aux règles de concurrence...

D'après www.afecreation.fr

Fiche ressource 2

Champ d'application de l'impôt sur les sociétés

Le champ d'application de l'impôt sur les sociétés fait une distinction entre les sociétés imposables de plein droit à cet impôt quels que soient leur objet et leur activité, et les sociétés qui peuvent demander à être soumises à cet impôt.

Remarque : le programme du BTS CG limite l'étude des savoirs aux SA, SAS, SARL (et EURL).

Par ailleurs, ce sont les sociétés elles-mêmes qui procèdent au calcul de leur impôt et doivent s'en acquitter auprès du service des impôts du lieu de souscription de la déclaration des résultats. Engagée dès 2017, la baisse progressive du taux normal de l'IS fait l'objet de nouveaux aménagements pour la période 2018 à 2022. La loi de finances pour 2018 prévoit une baisse progressive du taux normal d'IS de 33,1/3 % pour atteindre 25 % en 2022. Cette baisse dépend du montant du bénéfice imposable réalisé par la société et dans certains cas de son chiffres d'affaires.

I. Champ d'application		
	Imposition à l'IS de plein droit	**Imposition à l'IS sur option** (renonciation possible à l'option au cours de l'un des 5 premiers exercices)
Structures juridiques (quels que soient leur objet et leur activité)	SA	EURL (associé unique personne physique)
	SAS	EIRL
	SARL (y compris la SARL familiale)	EARL (entreprise agricole à responsabilité limitée)
	EURL (associé unique personne morale)	
Territorialité	L'IS ne frappe, en principe, que les résultats des entreprises ***exploitées en France***, même si le siège social est situé à l'étranger.	

II. Évolution de l'IS au taux normal et l'IS au taux réduit des PME		
Exercices ouverts à compter du 1er janvier	**PME réunissant les conditions pour bénéficier du taux réduit de 15 %** (1)	**Autres sociétés**
2020	• 15 % jusqu'à 38 120 € de bénéfice imposable • 28 % au-delà de 38 120 €	• 28 % sur tout le bénéfice imposable • 31 % au delà de 500 000 € pour les sociétés dont le CA ⩾ 250 M€
2021	• 15 % jusqu'à 38 120 € de bénéfice imposable • 26,5 % au-delà de 38 120 €	• 26,5 % sur tout le bénéfice imposable • 27,5 % sur tout le bénéfice imposable pour les sociétés dont le CA ⩾ 250 M€
2022	• 15 % jusqu'à 38 120 € de bénéfice imposable • 25 % au-delà de 38 120 €	• 25 % sur tout le bénéfice imposable

III. Autres taux réduits	
0 % (2)	Ce taux s'applique aux PVNLT liées aux cessions et dépréciations des titres de participations
10 %	Pour les exercices ouverts depuis le 1er janvier 2019, un régime d'imposition des revenus tirés de l'exploitation (redevances) ou de la cession d'un brevet ou d'un actif incorporel est mis en place. Le résultat net de ces revenus est imposable, sur option, au taux de 10 %. Ce régime est développé dans l'ouvrage de 1re année au chapitre 7 pages 107 et 109.
15 % ou 19 %	Ces taux liés à des plus-values à long terme concernent des opérations **exclues du programme du BTS CG.** Le taux de 15% est applicable à certaines plus values de cession de parts de Fonds Commun de Placement à Risque (FCPR) et de Sociétés de capital risque (SCR) détenues depuis au moins 5 ans. Le taux de 19 % concerne la cession de locaux d'activité à transformer en logement et de terrains à bâtir.

(1) Le bénéfice du taux réduit de 15 % des PME est réservé aux entreprises dont le CA est inférieur à 10 millions € et dont le capital, entièrement libéré, est détenu pour 75 % au moins, directement ou indirectement, par des personnes physiques.

(2) Ce taux sera étudié au chapitre 3 sur les plus values professionnelles.

Lien de veille fiscale : www.service-public.fr/professionnels-entreprises

Exemple

Une SARL au capital de 100 000 € entièrement libéré, et détenue à 80 % par des personnes physiques et 20 % par une SA, déclare les éléments suivants au titre de l'exercice 2021 :

– chiffre d'affaires HT : 5 980 620 € ;

– bénéfice fiscal : 600 000 € ;

– Résultat net imposable sur cession de brevet de 10 000 €. La SARL a opté pour une imposition au taux réduit de 10 % ;

– PVNLT sur cession de titres de participation : 5 000 €.

Déterminer :

a. si cette société est soumise à l'IS de plein droit ou sur option ;

b. si elle peut bénéficier de l'application du taux réduit de l'IS applicable aux PME ;

c. le montant total de l'IS dont elle sera redevable au titre de l'exercice 2021.

Corrigé

a. S'agissant d'une SARL, elle est soumise à l'IS de plein droit.

b. Cette SARL a réalisé un CA HT de 5 980 620 € (< 10 000 000 €). Son capital entièrement libéré est détenu à plus de 75 % par des personnes physiques (80 %). Elle peut donc bénéficier de l'application du taux réduit de l'IS des PME

c.

Éléments de calcul	Calculs	Montants
IS au taux réduit de 15 %	38120 * 15 %	5 718 €
IS au taux réduit de 28 %	(600 000 – 38120)* 26,5 %	148 898 €
IS sur cession brevet de 10 %	10 000 * 10 %	1 000 €
IS sur PVNLT sur cession de titres de participation	5 000 * 0 %	0 €
	IS brut total	**155 616 €**

Applications

1 Champ d'application de l'impôt sur les sociétés (IS)

Dans le cadre de votre stage dans un cabinet d'expertise comptable, votre tutrice souhaite tester vos connaissances liées au champ d'application de l'impôt sur les sociétés (IS).

- **Indiquer et justifier si les entreprises mentionnées dans le document ci-dessous sont imposables à l'IS sur le territoire français, de plein droit ou sur option.**

Document **Structures juridiques d'entreprises commerciales, industrielles ou artisanales**

Structure juridique dont le siège social est en France (sauf mention contraire)	Pays d'exploitation	Imposable à l'IS sur le territoire français			Justification
		Oui		Non	
		De plein droit	Sur option		
SA	France				
SARL familiale	France				
EURL (L'associé est une personne physique.)	France				
SA (Le siège social est au Royaume-Uni.)	France				
EIRL	France				
SAS (Le siège social est en Italie.)	Italie				
Entreprise individuelle	France				
EURL (L'associé est une SARL.)	France				

2 Calculs simples d'impôts sur les sociétés

Vous êtes stagiaire dans un cabinet d'expertise comptable et votre tuteur souhaite tester vos connaissances liées au calcul de l'IS dans différentes hypothèses.

P7 **Calculer pour 2021, le montant total de l'IS dans chacune des hypothèses présentées dans le document ci-dessous. Vous utiliserez un tableau Excel pour présenter vos calculs.**

Document **Informations relatives à la détermination de l'IS dans différentes structures imposées à l'IS en France**

Structure juridique	Capital social	Associés	Chiffre d'affaires HT	Résultat fiscal	Plus value nette à long terme
SARL	300 000 € entièrement libérés	– 2 personnes physiques détiennent 80 % des parts sociales – SAS pour 20 % des parts sociales	5 480 000 €	Bénéfice imposable : 900 000 €	–
EURL	40 000 € entièrement libérés	Une SARL détient 100 % des parts sociales	11 000 000 €	Déficit fiscal : 6 000 €	–
SARL familiale	25 000 € entièrement libérés	4 personnes physiques détiennent 100 % des parts sociales	1 040 000 €	– Bénéfice imposable : 35 000 € – Résultat net imposable de concession de brevet avec option pour une imposition au taux de 10 % : 19 000 €	–
SAS	100 000 € libérés de 50 %	3 personnes physiques détiennent 100 % du capital	1 200 000 €	Bénéfice imposable : 18 000 €	2 000 € sur titres de participation
SA	600 000 € entièrement libérés	8 personnes physiques détiennent 100 % des actions.	300 Millions €	– Bénéfice imposable : 600 000 € – Résultat net imposable sur cession de brevet avec option pour imposition au taux de 10 % : 10 000 €	–

Chapitre 2

IS : charges déductibles et produits imposables

Activité	Composante d'activité	Compétence	P7	Vers Pix
3.3. Traitement des opérations relatives aux impôts directs	**3.3.2.** Détermination du résultat fiscal (IS)	Déterminer le résultat fiscal imposable à l'IS en identifiant et évaluant les réintégrations et déductions extracomptables nécessaires	– La caractérisation d'un système d'information dans ses différentes dimensions – L'identification des besoins d'information des acteurs au sein d'un processus – L'exploitation des données de façon automatisée et reproductible – L'automatisation des tâches récurrentes par des traitements appropriés – La conduite de la veille régulière et documentée à l'aide des outils numériques	**1.1.** Mener une recherche et une veille d'information **1.3.** Traiter des données

Situation professionnelle

La création de la SAS WindWin a été l'occasion d'augmenter la participation de la société dans la SARL Sports Extrêmes (un revendeur important des produits de la société WindWin) et d'acquérir quelques titres de la SA CoMer, spécialisée dans le moulage des matériaux composites marins.
La SAS WindWin a clôturé son premier exercice comptable au 31 décembre 2021. Fin mars 2022, le cabinet d'expertise comptable ExpertPlus a terminé les travaux d'inventaire et se charge de déterminer le résultat fiscal de la société.
Dans un premier temps, le cabinet se consacre à l'analyse fiscale des charges et des produits de cette société. Le résultat comptable de l'exercice 2021 avant enregistrement de l'impôt sur les sociétés s'élève à 79 068 € avec un chiffre d'affaires hors taxes de 1 229 600 €.

Mission

Dans le cadre des travaux de détermination du résultat fiscal, M. Firmin, votre tuteur, vous charge d'analyser les comptes de charges et de produits afin d'identifier et d'évaluer les retraitements extracomptables nécessaires à la détermination du résultat fiscal de l'exercice 2021.

Vous disposez du dossier permanent et du dossier annuel de travail de la SAS tenu par le cabinet ExpertPlus, de données extraites du PGI et d'une documentation fiscale.

Dès que vous constaterez la nécessité d'effectuer un retraitement fiscal, vous compléterez le tableau préparatoire de détermination du résultat fiscal fourni en fin d'ouvrage ou sur une feuille excel P7.

Travail à faire

I L'organisation du travail

Vous avez déjà participé à la détermination du résultat fiscal d'entreprises soumises à l'IR dans la catégorie des BIC. M. Firmin, votre tuteur, vous laisse une certaine autonomie pour organiser votre travail dans le cadre de la détermination du résultat fiscal de la SAS WindWin pour l'exercice 2021. Lors d'un entretien, il vous interroge sur la façon dont vous comptez organiser votre travail.

1. **Indiquer les documents comptables à partir desquels vous allez travailler.**

P7 **2.** **Préciser l'information comptable qui servira de base, dans un premier temps, au calcul du résultat fiscal. Où peut-on trouver cette information ?**

P7 **3.** **Indiquer le type de document sur lequel vous effectuerez, dans un premier temps, vos retraitements fiscaux.**

P7 **4.** **Indiquer quelle sera la base de calcul de l'IS et quel enregistrement comptable découlera de ce calcul.**

5. **Préciser comment se calcule le résultat net comptable.**

6. **Indiquer le formulaire fiscal que la SAS devra renseigner pour la détermination de son résultat fiscal. Sur ce formulaire, quelle est la base de calcul du résultat fiscal et quel retraitement supplémentaire sera à effectuer, par rapport à votre tableau préparatoire ?**

7. **Indiquer la date limite exacte à laquelle le cabinet ExpertPlus devra produire, par voie électronique, la liasse fiscale de la SAS WindWin pour l'exercice 2021.**

8. **Quelle est la date limite de :**
a. **la tenue de l'AGO pour l'approbation des comptes de l'exercice 2021 ?**
b. **la mise en paiement des dividendes de l'exercice 2021 ?**

Annexe 1
Annexe 12
Fiche ressource 1
Fiche ressource 4

II L'analyse de certains produits

Afin de préparer l'analyse fiscale des produits comptables de l'exercice 2021, vous collectez diverses données du système d'information comptable et prenez connaissance des commentaires de M. Firmin sur les opérations enregistrées. Votre attention se porte particulièrement sur certains comptes susceptibles de générer des retraitements fiscaux.

9. **Indiquer le régime fiscal applicable aux revenus perçus de l'immeuble donné en location.**

Annexe 4
Fiche ressource 2

10. **Indiquer la raison pour laquelle la SAS WindWin a suivi les conseils du cabinet ExpertPlus lors de l'acquisition des titres « Sports Extrêmes ».**

11. **Préciser le traitement fiscal applicable aux dividendes perçus :**
a. **de la SARL Sports Extrêmes ;**
b. **de la SA CoMer.**
Procéder aux retraitements fiscaux nécessaires.

Annexe 2
Annexe 5
Fiche ressource 2

12. **Vérifier, par le calcul, le gain de change réalisé lors de l'encaissement de la créance sur le client Vagues et Planches. Préciser le régime fiscal applicable à ce produit.**

13. **Vérifier, par le calcul, la différence latente de change constatée au 31 décembre 2021. Indiquer son traitement fiscal et procéder au retraitement éventuel.**

Annexe 3
Annexe 6

14. **Indiquer le régime fiscal applicable à la redevance du brevet concédé à la société brésilienne CopaSun et procéder au retraitement fiscal.**

Annexe 7
Fiche ressource 2

III L'analyse de certaines charges

Vous adoptez la même technique d'analyse que celle utilisée pour les produits. Votre attention se porte particulièrement sur certains comptes de charges susceptibles de générer des retraitements extracomptables.

15. **Vérifier le calcul de la TVS au titre de 2021 en consultant les tableaux des composantes aux articles 1010 septies et octies du CGI.**

16. **Préciser sur quel document la TVS de l'exercice 2021 sera à déclarer et à payer. Indiquer la date limite de cette déclaration compte tenu qu'il s'agit d'une SAS.**

17. **Préciser le régime fiscal applicable et procéder aux retraitements fiscaux nécessaires pour la TVS et l'amortissement du véhicule Renault Kadjar.**

Annexe 8
Fiche ressource 3

18. **Indiquer le régime fiscal applicable aux indemnités perçues par M. Tardieu dans le cadre de sa fonction et procéder au retraitement fiscal éventuel.**

Annexe 9
Fiche ressource 3

19. **Indiquer le type de rémunération perçu par les membres du conseil d'administration de la SAS WindWin. Préciser le régime fiscal applicable à cette rémunération et procéder au retraitement fiscal éventuel.**

Annexe 10
Fiche ressource 3

20. **Indiquer le régime fiscal applicable aux salaires versés par la SAS WindWin.**

21. **Indiquer les conditions de déductibilité applicables à la rémunération du compte courant de M. Tardieu par la SAS WindWin.**

22. **Calculer les intérêts versés pour rémunérer le compte courant de M. Tardieu et les intérêts déductibles. En déduire le montant du retraitement fiscal pour 2021.**

Annexe 2
Annexe 11
Fiche ressource 3

P7 **23.** **Sur le site du *Bulletin officiel des Finances publiques* (http://bofip.impots.gouv.fr/bofip/5505-PGP.html/identifiant=BOI-BIC-CHG-50-50-30-20210106), vérifier (sans modifier le résultat que vous avez obtenu à la question 20) le taux réel du TMP applicable à l'exercice 2021 si ce dernier est édité.**

24. **Indiquer le régime fiscal applicable au don effectué en 2021 par la SAS WindWin à l'association Vie-Sports. Procéder au retraitement fiscal éventuel.**

25. **Calculer le montant de la réduction d'impôt liée au don effectué par la SAS WindWin et comptabilisée au compte 699100. Indiquer son régime fiscal et procéder à son retraitement.**

26. **Justifier l'utilisation d'un compte de charges d'exploitation pour la comptabilisation du don effectué à l'association Vie-Sports.**

Annexe 12
Annexe 13
Fiche ressource 4

27. **Indiquer les raisons pour lesquelles la SAS WindWin n'a pas mis en place un système de participation des salariés aux résultats de l'entreprise.**

28. **Pour quelle raison la SAS ne peut-elle pas encore calculer et comptabiliser l'IS ?**

Annexe 13
Fiche ressource 4

Données de la situation

Annexe 1 Fiche d'instruction du cabinet ExpertPlus

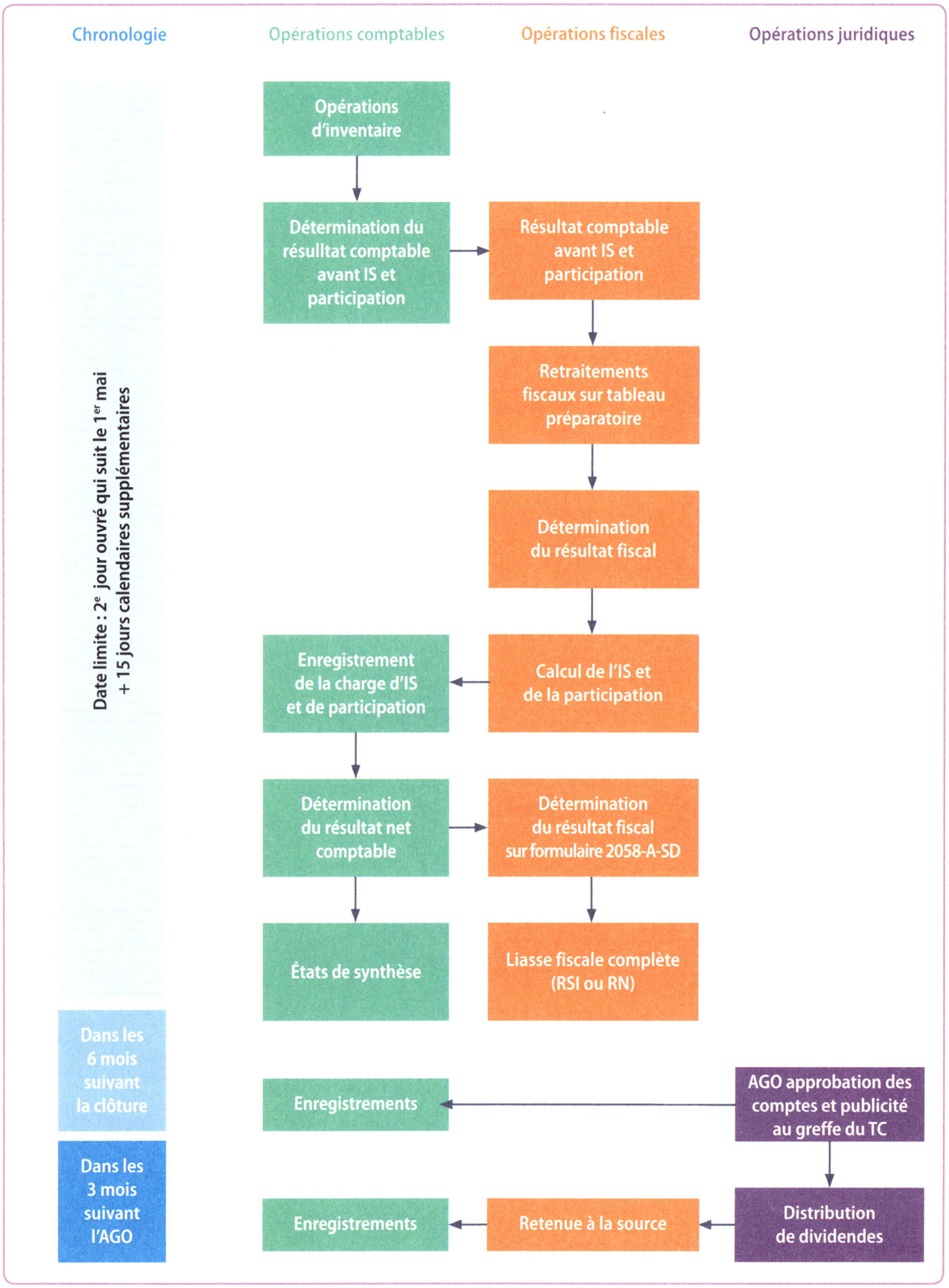

Annexe 2 Liens de dépendance de la SAS WindWin

Schéma représentatif des associés de la SAS WindWin et de la détention de titres inscrits à l'actif du bilan de la SAS au 31/12/2021

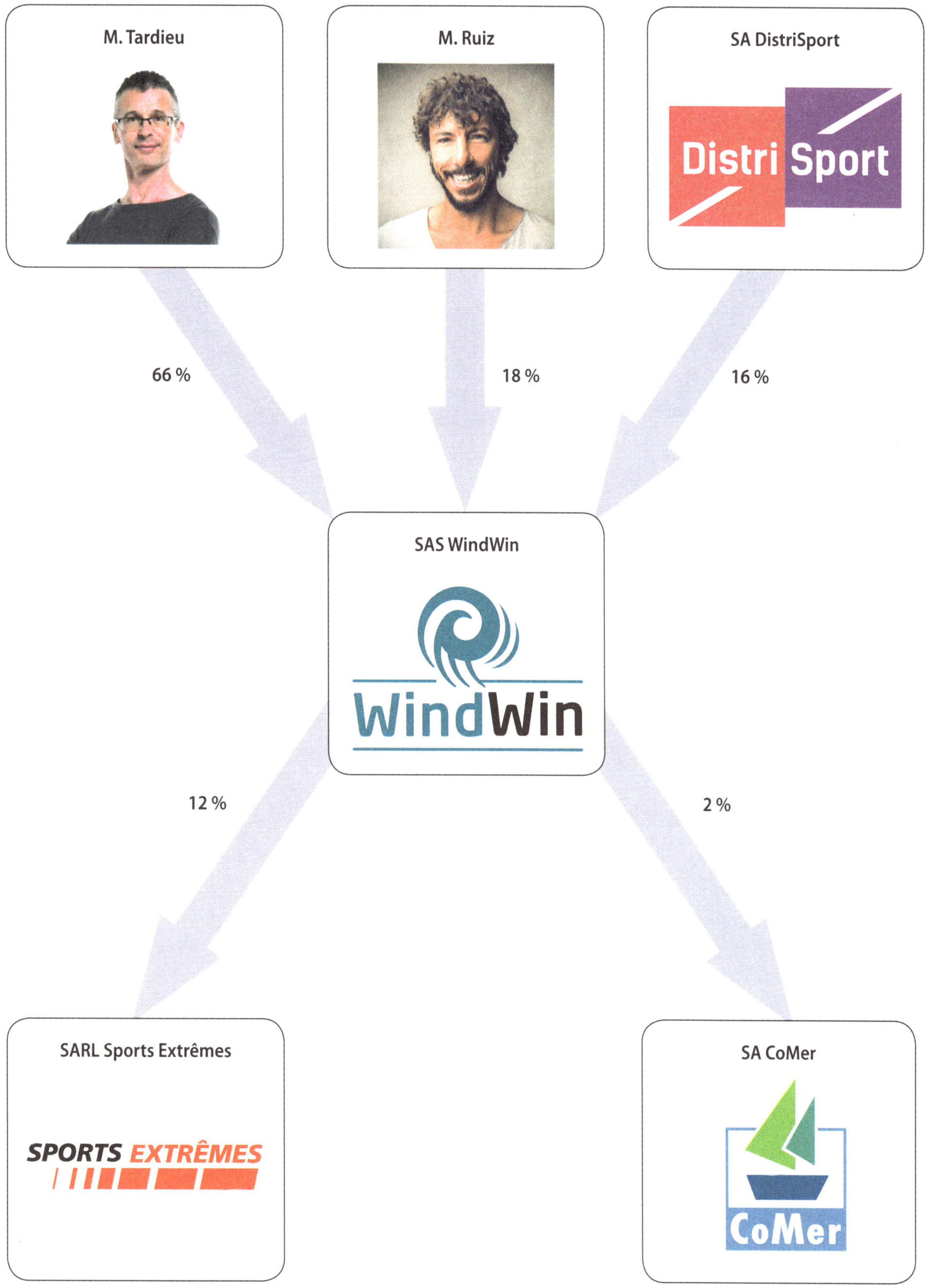

Annexe 3 Extrait du plan de comptes de la SAS WindWin

Extrait du plan de comptes général

N° de compte	Intitulé du compte
101300	Capital souscrit – appelé, versé
218210	Renault Kadjar
281821	Amortissement Renault Kadjar
411000	Clients collectifs
444000	État-Impôts sur les bénéfices
477100	Différence de conversion – Passif
623810	Mécénat
623820	Parrainage
625000	Déplacements, missions et réceptions
635140	Taxe sur les véhicules des sociétés
641100	Salaires et appointements
641400	Indemnités et avantages divers
653000	Jetons de présence
661500	Intérêts des comptes courants créditeurs
671300	Dons, libéralités
681120	Dotations aux amortissements des immobilisations corporelles
695000	Impôts sur les bénéfices
699100	Produits-réduction d'impôt sur don
751100	Redevances pour concessions de brevets
756000	Gains de change sur créances et dettes commerciales
761100	Revenus des titres de participation
764000	Revenus des valeurs mobilières de placement

Extrait du plan de comptes de tiers

N° de compte collectif	N° tiers	Intitulé du compte
411000	VAG	Client Vagues et Planches

Annexe 4 Suivi des revenus des immeubles

- **Extrait du grand-livre**

752000 Revenus des immeubles non affectés à des activités professionnelles						
Date	**Journal**	**N° de pièce**	**Libellé**	**Débit**	**Crédit**	**Solde**
05/01/2021	BQ	56	Virement loyer de janvier		514,00	– 514,00
[...]	[...]	[...]	[...]		[...]	[...]
05/12/2021	BQ	1213	Virement loyer de décembre		514,00	– 6 168,00

- **Informations complémentaires**

Une partie d'un immeuble apportée à la SAS par M. Tardieu au 1er janvier 2021 est louée à un particulier à titre de logement principal.

Informations utiles : *Processus 3 BTS CG, 1re année*, chapitre 7, fiche ressource 4.

Annexe 5 Extrait du grand-livre relatif aux revenus des titres

761100 Revenus des titres de participation						
Date	Journal	N° de pièce	Libellé	Débit	Crédit	Solde
10/09/2021	BQ	882	Virement dividendes SARL Sports Extrêmes		2 360,00	– 2 360,00

Une société peut bénéficier du régime des sociétés mères et filiales à raison des dividendes perçus au titre de la première année de détention des titres dès lors qu'elle conserve pendant au moins deux ans 5 % du capital et des droits de vote de la filiale.
La condition tenant au délai de détention prévue à l'article 145, 1-c du CGI s'apprécie ainsi *a posteriori* et non au moment de la distribution [...].
Sur les conseils du cabinet ExpertPlus, les titres « Sports Extrêmes » ont fait l'objet d'une inscription nominative dans les comptes de la société émettrice lors de leur acquisition et la SAS a pris l'engagement de conserver au moins 5 % du capital et des droits de vote de la SARL Sports Extrêmes pendant au moins deux ans en pleine propriété. L'option pour le régime des sociétés mères et filiales sera appliquée. De plus, la SAS WindWin a inscrit en comptabilité les titres de la SARL Sports Extrêmes dans une subdivision spéciale du compte titres de participation appelé : « Titres relevant du régime des plus-values ».

764000 Revenus des VMP						
Date	Journal	N° de pièce	Libellé	Débit	Crédit	Solde
17/07/2021	BQ	766	Virement dividendes SA CoMer		240,00	– 240,00

Annexe 6 Opérations commerciales avec le client Vagues et Planches

- Extrait du grand-livre

411VAG Client Vagues et Planches						
Date	Journal	N° de pièce	Libellé	Débit	Crédit	Solde
09/04/2021	VT	490	Ventes de kitesurfs	4 200,00		4 200,00
30/05/2021	BQ	490	Virement / facture n° 490		4 200,00	0,00
05/12/2021	VT	603	Ventes de paddles	5 000,00		5 000,00
31/12/2021	OD	603	Gain latent facture n° 603	8,03		5 008,03

756000 Gains de change sur créances et dettes commerciales						
Date	Journal	N° de pièce	Libellé	Débit	Crédit	Solde
30/05/2021	BQ	490	Virement / facture n° 490		4,33	– 4,33

477100 Différence de conversion – Passif						
Date	Journal	N° de pièce	Libellé	Débit	Crédit	Solde
31/12/2021	OD	603	Gain latent facture n° 603		8,03	– 8,03

- Cours du dirham marocain (MAD)

Date	Pour 1 €
09/04/2021	10,8658 MAD
30/05/2021	10,8546 MAD
05/12/2021	10,8480 MAD
31/12/2021	10,8306 MAD

Informations utiles :
Processus 3 BTS CG, 1re année, chapitre 7, fiche ressource 4.

Annexe 7 Concession d'un brevet à la société CopaSun

751100 Redevances pour concessions de brevets						
Date	**Journal**	**N° de pièce**	**Libellé**	**Débit**	**Crédit**	**Solde**
03/01/2021	BQ	42	Avis de crédit n°96 CopaSun		1 700,00	– 1 700,00
[...]	[...]	[...]	[...]		[...]	[...]
03/12/2021	BQ	921	Avis de crédit n°789 CopaSun		1 700,00	– 20 400,00

La SAS WindWin a opté pour la taxation du résultat net imposable au taux de 10 %. Après calculs et application du ratio nexus, le résultat net imposable s'élève à 14 760,00 €

Annexe 8 Taxe sur les véhicules de société et amortissements

Le 1er février 2021, la SAS WindWin a acquis et mis en service un véhicule particulier Renault Kadjar motorisation essence qui relève du nouveau dispositif d'immatriculation. Le taux d'émission de dioxyde de carbone (CO_2) est de 144 g/km. La durée réelle d'utilisation de ce véhicule a été fixée par la SAS à 4 ans et la durée d'usage est identique. C'est le mode linéaire qui a été retenu comme représentant le mieux la consommation des avantages économiques attendus de ce véhicule.

635140 Taxe sur les véhicules des sociétés						
Date	**Journal**	**N° de pièce**	**Libellé**	**Débit**	**Crédit**	**Solde**
31/12/2021	OD	671	330 jours d'utilisation	441,00		441,00

Approfondissement : vous pouvez vérifier le calcul de la TVS *en consultant le site :* https://www.service-public.fr/professionnels-entreprises/vosdroits/F22203 *ou bien en consultant les articles 1010 CGI.*

218210 Véhicule Renault Kadjar						
Date	**Journal**	**N° de pièce**	**Libellé**	**Débit**	**Crédit**	**Solde**
01/02/2021	AC	199	Acquisition facture n° 199	31 700,00		31 700,00

281821 Amortissement Renault Kadjar						
Date	**Journal**	**N° de pièce**	**Libellé**	**Débit**	**Crédit**	**Solde**
31/12/2021	OD	671	Dotation		7 264,58	– 7 264,58

Informations utiles : *Processus 3 BTS CG, 1re année*, chapitre 9, fiche ressource 5 ou *Mémento fiscal Francis Lefebvre*, § 9020.

Annexe 9 Indemnités et avantages divers de M. Tardieu

En tant que président de la SAS, M. Tardieu bénéficie du régime des salariés tant du point de vue fiscal que social. Sa rémunération mensuelle pour les deux premières années d'exploitation a été fixée à 4 000 € brut, dont 180 € d'allocation forfaitaire pour frais soumise aux cotisations sociales. De plus, il bénéficie du remboursement de ses frais réels de déplacement qu'il a engagés dans l'exercice de sa fonction, notamment pour les mois de mai, juillet et décembre 2021.

641400 Indemnités et avantages divers						
Date	**Journal**	**N° de pièce**	**Libellé**	**Débit**	**Crédit**	**Solde**
31/01/2021	OD	28	Allocation forfaitaire président	180,00		180,00
[...]	[...]	[...]	[...]	[...]		[...]
31/01/2021	OD	745	Allocation forfaitaire président	2 160,00		2 160,00

625000 Déplacements, missions, réceptions						
Date	**Journal**	**N° de pièce**	**Libellé**	**Débit**	**Crédit**	**Solde**
31/05/2021	OD	58	Remb. frais réels président	270,00		270,00
31/07/2021	OD	356	Remb. frais réels président	200,00		470,00
31/12/2021	OD	727	Remb. frais réels président	200,00		670,00

Annexe 10 Rémunération des membres du conseil d'administration

Le conseil d'administration est composé de trois administrateurs associés : M. Tardieu (président), M. Ruiz et M. Martin (représentant la SA DistriSport). Ce conseil se réunit une fois par trimestre afin de déterminer la stratégie de la SAS, de se saisir de toute question impactant sa sécurité et sa pérennité, et de garantir des informations financières sincères et véritables. Les administrateurs sont des mandataires sociaux et leur rémunération se fait par l'octroi de jetons de présence ordinaires. M. Tardieu ne perçoit pas de jetons de présence spéciaux pour sa fonction de dirigeant.

Le versement de ces jetons de présence a été effectué en une seule fois au mois de novembre.

653000 Jetons de présence ordinaires						
Date	Journal	N° de pièce	Libellé	Débit	Crédit	Solde
23/11/2021	BQ	770	Montant brut pour les 3 administrateurs	5 400,00		5 400,00

Les jetons de présence sont soumis à des prélèvements à la source qui seront étudiés dans le cadre de l'IR (chapitre 6).

641100 Salaires, appointements						
Date	Journal	N° de pièce	Libellé	Débit	Crédit	Solde
31/01/2021	OD	71	Salaires des 6 salariés	14 020,00		14 020,00
[...]	[...]	[...]	[...]	[...]		[...]
31/12/2021	OD	745	Salaires des 6 salariés	14 020,00		168 240,00

Rémunérations mensuelles brutes des six salariés de la SAS :
M. Tardieu (président) : 3 820 € (compte 641100) + 180 € d'allocation forfaitaire (compte 641400), soit au total 4 000 € bruts par mois ; M. Ruiz (ingénieur) : 3 000 € (compte 641100) ; chacun des quatre salariés chargés de la production : 1 800 € (compte 641100).
Ces rémunérations correspondent à un travail effectif et ne sont pas considérées comme excessives en fonction des services rendus.

Annexe 11 Rémunération des comptes courants d'associés

Seul M. Tardieu a ouvert un compte courant d'associé à la SAS le 1er mars 2021 pour un montant de 30 000 €. Ce compte courant est rémunéré au taux de 2,30 % l'an. Le TMP pour 2021 ressort à 1,67 % (taux estimé) et le taux du marché est de 2,43 %.

661500 Intérêts des comptes courants et des dépôts créditeurs						
Date	Journal	N° de pièce	Libellé	Débit	Crédit	Solde
31/12/2021	OD	746	Intérêts bruts	575,00		575,00

Les intérêts de comptes courants sont soumis à des prélèvements à la source qui seront étudiés dans le cadre de l'IR (chapitre 6).

Annexe 12 Dons et libéralités

M. Tardieu et les membres du conseil d'administration ont décidé d'un commun accord que la SAS devait participer et s'impliquer régulièrement dans le milieu sportif associatif, notamment en effectuant des dons. Courant 2021, la SAS a effectué un don à l'association Vie-Sports, qui s'occupe de la rééducation et de l'intégration par le sport de jeunes accidentés de la route ; cette association est affiliée à la Fédération française Handisport, reconnue d'utilité publique.

Le cabinet ExpertPlus comptabilise ce don dans un compte de charges à caractère d'exploitation et non dans le compte 671300 « Dons, libéralités ».

623810 Mécénat						
Date	Journal	N° de pièce	Libellé	Débit	Crédit	Solde
05/10/2021	BQ	551	Association Vie-Sports	800,00		800,00

Annexe 13 Participation des salariés – Impôts sur les bénéfices

Participation des salariés aux résultats de l'entreprise : le conseil d'administration de la SAS WindWin ne souhaite pas, pour les premiers exercices, mettre volontairement en place ce système de participation.

Impôt sur les bénéfices : dès la détermination du résultat fiscal dans le tableau préparatoire (retraitement des charges, des produits et des plus-values nettes), le cabinet ExpertPlus calcule et comptabilise, à la date de clôture de l'exercice comptable, l'IS et les contributions au débit du compte 695000 « Impôts sur les bénéfices » par le crédit du compte 444000 « État – Impôts sur les bénéfices ».

Lorsque l'IS, les contributions et éventuellement la participation des salariés seront comptabilisés, le PGI pourra afficher le **résultat net comptable** qui servira de base au calcul du résultat fiscal par le formulaire 2058-A-SD « Détermination du résultat fiscal » pour les entreprises soumises au régime du réel normal (tableau 2033-B cadre B dans le cadre du régime du réel simplifié).

Dans le cas de la SAS WindWin, le cabinet a décidé de comptabiliser la réduction d'impôt sur don au crédit du compte 699100 produits-réduction d'impôt sur don (voir chapitre 4).

Par conséquent, dès que les plus ou moins-values nettes seront déterminées et traitées dans le tableau préparatoire (chapitre 3), le résultat fiscal pourra être calculé. Le cabinet ExpertPlus pourra ainsi procéder au calcul et à l'enregistrement de l'IS brut au débit du compte 695000. Ainsi, après enregistrement de la réduction d'IS au crédit du compte 699100 et l'IS brut au débit du compte 695000, la SAS obtiendra l'IS net dont elle sera redevable.

Fiche ressource 1

Méthodologie de calcul du résultat net comptable

À partir du résultat comptable avant IS
et participation des salariés
(résultat comptable provisoire)

↓

Détermination du résultat fiscal
sur une feuille de travail
(tableau préparatoire à la détermination du résultat fiscal en fin d'ouvrage)

↓

À partir du résultat fiscal et de certaines plus-values nettes à long terme (PVNLT) :
calcul de l'IS et de la participation des salariés

↓

Enregistrement comptable de l'IS
et de la participation des salariés

↓

Détermination du résultat net comptable
(résultat définitif)

Bénéfice comptable avant IS et participation
– Charges d'IS (compte 695)
– Charges de participation (compte 691)

= Résultat net comptable (compte 120)

Fiche ressource 2

Les règles spécifiques d'imposition de certains produits

Le bénéfice imposable à l'IS est déterminé suivant des règles semblables à celles des BIC soumis à l'IR : en principe, tous les produits comptables font généralement partie du bénéfice imposable des sociétés soumises à l'IS et ne nécessitent donc pas de retraitement. Il existe cependant des règles spécifiques applicables à certains produits pour la détermination du résultat fiscal des sociétés soumises à l'IS.

Remarque : seuls certains produits dont les règles ne sont pas identiques à celles applicables en BIC feront l'objet d'une étude détaillée.

	Régime fiscal spécifique aux sociétés soumises à l'IS
Comptes 70 à 74	Règles des BIC
Comptes 75 « Autres produits de gestion courante »	L'ensemble de ces éléments fait partie du résultat fiscal imposable à l'IS et ne nécessite donc aucun retraitement fiscal, à l'exception du compte 7511 « Redevances pour concessions, brevets, licences, marques, procédés, logiciels ». Ces redevances peuvent bénéficier , sur option, du nouveau régime de taxation des produits de la propriété industrielle au taux d'IS de 10% (voir livre de 1ère année au chapitre 7 pages 107 et 109). Régime identique à celui applicable dans le cadre des BIC. Le résultat net imposable de la concession est donc à déduire du résultat fiscal imposable au taux normal de l'IS afin d'être imposé au taux de 10%.
Comptes 76 « Produits financiers »	**1.** Lorsqu'une société soumise à l'IS détient, à l'actif de son bilan, des actions ou des parts sociales d'une autre société soumise à l'IS, les dividendes perçus sont à prendre en compte dans le résultat fiscal de la société détentrice des titres. Il s'agit donc d'un « produit normalement imposable ». **EXCEPTION : le régime des sociétés mères et filiales** Les dividendes perçus en provenance d'une **filiale** peuvent bénéficier d'un régime spécial sur option*, qui autorise la société mère à exonérer d'IS ces dividendes : le **régime des sociétés mères et filiales.** Ce régime fiscal est applicable aux sociétés qui détiennent des titres de participation satisfaisant aux conditions suivantes : – représenter au moins 5 % du capital et des droits de vote de la société émettrice (filiale) ; – respecter un engagement de conservation pendant un délai minimum de 2 ans ; – revêtir la forme nominative, être déposés dans un établissement désigné par l'Administration ou, pour les titres dématérialisés, être inscrits dans des comptes tenus par la personne morale émettrice. **Les dividendes perçus qui bénéficient de ce régime mère-fille représentent donc des produits (compte 7611) non imposables, à déduire du résultat fiscal.** **Attention !** L'application de ce régime entraîne l'obligation de réintégrer une quote-part de frais et charges de 5 % réputée correspondre aux frais et charges de gestion des titres supportés par la société qui applique ce régime. En effet, les produits de ces titres n'étant pas imposables, les charges qui en découlent ne sont donc pas déductibles et évaluées forfaitairement à 5 % des dividendes perçus de la filiale. Quote-part de frais et charges non déductibles = 5 % des dividendes reçus de filiales * L'option est annuelle et n'est soumise à aucune obligation déclarative particulière, elle résulte simplement du renseignement des cases 2A et XA du formulaire 2058-A-SD. **2.** Remarque : le résultat net sur cessions de VMP (compte 767) est traité dans le chapitre 3 sur le régime des plus et moins-values professionnelles.
Comptes 77 « Produits exceptionnels »	Les règles applicables aux produits exceptionnels sont en principe identiques aux règles étudiées dans le cadre des BIC. Remarque : quelques divergences sont étudiées dans le chapitre 3, dans le cadre du régime des plus et moins-values professionnelles.

Fiche ressource 3

Les règles spécifiques de déductibilité de certaines charges d'exploitation

Le régime fiscal de la plupart des charges rencontrées dans le cadre de l'étude des BIC s'applique aux sociétés soumises à l'IS. Il existe cependant des particularités spécifiques au traitement de certaines charges dans le cadre de l'IS.

	Régime fiscal spécifique aux sociétés soumises à l'IS
Comptes 63 « Impôts, taxes et versements assimilés »	En principe, tous les impôts et taxes enregistrés en 63 sont normalement déductibles du résultat fiscal. **Spécificité de la taxe sur les véhicules de sociétés** (TVS ou taxe à l'utilisation) : La TVS fait l'objet de nombreuses réformes d'abord en 2021 puis en 2022. Nous nous bornerons ici à énoncer les grands principes. C'est une taxe annuelle à laquelle sont soumises **les sociétés** à raison des véhicules de tourisme qu'elles utilisent ou qu'elles possèdent et qui relèvent du nouveau dispositif d'immatriculation. Le montant de la taxe est égal à la somme de deux composantes auxquelles on applique la proportion annuelle d'utilisation. • Une composante liée au taux d'émission de CO_2 (**art. 1010 septies a. du CGI**) • Une composante liée aux émissions de polluants atmosphériques (**art. 1010 octies du CGI**). Cette proportion annuelle est égale au quotient : (mois de 30 j et année de 360 j) nombre de jours d'utilisation du véhicule/nombre de jours de l'année **Exemple** soit un véhicule de tourisme diesel utilisé par une société à compter du 1/4/2022 avec un taux d'émission de CO_2 de 145g/km. • Le barème de la 1re composante indique 479 € pour 145g/km • Le barème de la 2e composante indique 40 € pour du diesel Soit un total pour l'année 2022 : (479 + 40) × 270 jours/360 = 389 € Il existe des exonérations de TVS pour certains véhicules : véhicules à énergie électrique ou hydrogène, véhicules utilisés pour l'enseignement, véhicules pris en location sur une période d'au plus un mois… Les entreprises soumises au régime du réel normal devront déclarer et payer la TVS au titre de l'année N sur l'annexe n° 3310-A à la déclaration de TVA du mois de décembre N. Les entreprises soumises au régime du réel simplifié devront déclarer et payer la TVS sur la déclaration annuelle CA12. • **Pour les sociétés relevant de l'IS** la TVS n'est pas déductible fiscalement : **charge à réintégrer** ; • En revanche, **pour les sociétés relevant de l'IR**, cette TVS est **normalement déductible du résultat fiscal : aucun retraitement.**
Comptes 64 « Charges de personnel »	Les rémunérations versées au personnel et aux dirigeants ainsi que les charges sociales qui en découlent sont normalement déductibles du résultat fiscal selon les mêmes règles que pour les BIC : comptabilisation en charges, engagées dans le cadre d'une gestion normale (travail effectif et rémunération non excessive), pièces justificatives. **L'allocation forfaitaire pour frais d'emploi : la règle de non-cumul** Pour être remboursés des dépenses supportées dans l'exercice de leurs fonctions, les dirigeants et les cadres peuvent recevoir de leur société des indemnités qui prennent la forme : – soit d'un remboursement des frais réels (à enregistrer dans un compte de charge selon la nature propre des frais avancés) : normalement déductibles du résultat fiscal ; – soit d'une allocation forfaitaire pour frais d'emploi : normalement déductible du résultat fiscal. **Cependant, si la société cumule le remboursement de frais réels et l'allocation forfaitaire pour frais d'emploi, cette allocation forfaitaire ne sera pas déductible du résultat fiscal si elle est attribuée à un non-salarié (principalement le gérant d'EURL et le gérant majoritaire de SARL).**

…

<table>
<tr><th></th><th>Régime fiscal spécifique aux sociétés soumises à l'IS</th></tr>
<tr><td>Comptes 65
« Autres charges de gestion courante »</td><td>
Pour l'ensemble de ces éléments, les règles des BIC s'appliquent, à l'exception des jetons de présence (compte 653), qui représentent la rémunération versée aux administrateurs et membres du conseil de surveillance pour leur participation aux différents conseils. La déductibilité de ces jetons de présence est limitée, par exercice, aux plafonds suivants :
<table>
<tr><th>SA ou SAS</th><th>Limite de déductibilité</th></tr>
<tr><td>Employant moins de 5 salariés</td><td>457 € × Nombre de membres du conseil</td></tr>
<tr><td>Employant de 5 à 200 salariés</td><td>5 % MARB × Nombre de membres du conseil
(MARB = moyenne annuelle des rémunérations brutes déductibles des <u>5 personnes</u> les mieux rémunérées)</td></tr>
<tr><td>Employant plus de 200 salariés</td><td>5 % MARB × Nombre de membres du conseil
(MARB = moyenne annuelle des rémunérations brutes déductibles des <u>10 personnes</u> les mieux rémunérées)</td></tr>
</table>
Exemple
Soit une SA employant 150 salariés. La rémunération globale déductible versée aux 5 personnes les mieux rémunérées au cours de l'exercice N s'élève à 250 000 €. Le montant des jetons de présence comptabilisés au titre de l'exercice N est de 32 000 €.
Le nombre d'administrateurs dans la SA était de 10 durant l'exercice N.
• Calcul de la rémunération moyenne des 5 personnes les mieux rémunérées servant de base au calcul de la fraction déductible : 250 000 / 5 = 50 000 €
• Calcul du montant maximum des jetons de présence déductibles pour l'exercice N : (5 % × 50 000) × 10 = 25 000 €
Conséquence au niveau du résultat fiscal de la SA
Jetons versés 32 000 (enregistrés au compte 653 durant l'exercice N)
Maximum déductible <u>25 000</u>
Jetons non déductibles 7 000 (à réintégrer au titre de l'exercice N)
</td></tr>
</table>

Fiche ressource 4

Les règles spécifiques de déductibilité des autres charges

	Régime fiscal spécifique aux sociétés soumises à l'IS
Comptes 66 « Charges financières »	**1. Généralités :** lorsque les charges financières nettes sont supérieures à 3 millions d'euros, l'entreprise doit réintégrer à son résultat imposable 25 % de leur montant total. Les charges financières nettes correspondent : – au total des charges financières (comptes 66 sauf 664 et 667) ; – diminué du total des produits financiers (comptes 76 sauf 767). **2. Les intérêts des comptes courants d'associés :** les associés peuvent laisser des sommes leur appartenant à la disposition de la société, en sus de leurs parts de capital. Lorsque ces sommes sont placées dans un compte courant et rémunérées, les intérêts versés constituent des charges déductibles du résultat fiscal dans certaines limites. **• 1re limite : le capital libéré** Les intérêts versés à des associés ne sont déductibles que si le **capital est intégralement libéré**. En cas d'augmentation de capital, la libération du capital peut intervenir dans le délai de 3 ans. **• 2e limite : le taux maximum déductible** – Pour les intérêts versés aux actionnaires personnes physiques, ainsi qu'aux actionnaires personnes morales non qualifiées d'entreprises liées* : le taux maximum est le taux effectif moyen pratiqué (**TMP**) par les établissements de crédit pour les prêts à taux variable aux entreprises d'une durée initiale supérieure à 2 ans et d'un montant inférieur ou égal à 152 449 € (à titre indicatif, ce taux était de 1,19 % en 2020). – Pour les intérêts versés aux personnes morales qualifiées d'entreprises liées*, le taux maximum déductible est : - soit le **TMP** ; - soit, **s'il est supérieur**, le **taux du marché** (taux qu'aurait pu obtenir la société versant les intérêts auprès d'établissements financiers). * Des entreprises sont dites « liées » si la société mère détient au moins 50 % du capital social ou a le pouvoir de décision (le cas des entreprises sœurs n'est pas étudié ici). **3.** Remarque : le résultat net sur cessions de VMP (compte 667) est traité dans le chapitre 3.
Comptes 67 « Charges exceptionnelles »	Les règles applicables aux charges exceptionnelles sont en principe identiques aux règles étudiées dans le cadre des BIC, notamment pour les « pénalités, amendes fiscales et pénales » et les « dons et libéralités », même si ces derniers sont enregistrés en charges d'exploitation (6238). Remarque : quelques divergences sont étudiées dans le chapitre 3, dans le cadre du régime des plus et moins-values professionnelles.
Comptes 68 « Dotations »	Les règles applicables aux charges calculées (amortissements, dépréciations, provisions) sont en principe identiques aux règles étudiées dans le cadre des BIC. Remarque : quelques divergences sont étudiées dans le chapitre 3, dans le cadre du régime des plus et moins-values professionnelles.

	Régime fiscal spécifique aux sociétés soumises à l'IS
Comptes 69	**1. Compte 691 « Participation des salariés aux résultats » :** obligatoire dans les entreprises d'au moins 50 salariés, cette charge n'est déductible qu'au titre de l'exercice suivant, c'est-à-dire celui au cours duquel les sommes sont portées dans un compte de réserve spéciale (compte 4246) lors de l'approbation des comptes de l'exercice N (déductibilité avec un décalage d'un an). En pratique, pour un exercice N : – la participation enregistrée au titre de l'exercice n'est pas déductible (à réintégrer). Cette réintégration ne concerne pas le forfait social (normalement déductible) ; – la participation au titre de l'exercice N-1 devient déductible lors de l'approbation des comptes de cet exercice en N (à déduire). Donc, au titre d'un exercice N, il convient de réintégrer la participation de N et de déduire celle de N-1. **2. Compte 695 « Impôts sur les bénéfices » :** l'IS brut et les contributions sont des impôts non déductibles, à réintégrer au résultat fiscal de la société (voir chapitre 4). Les réductions ou crédits d'impôts comptabilisés au crédit des comptes 695 ou 699 représentent donc des produits non imposables : à déduire du résultat fiscal.

Exemple de calcul d'intérêts de comptes courants d'associés déductibles

Le capital de la SA « D » est entièrement libéré après sa constitution en N-3. Cette société rémunère les comptes courants de ses actionnaires au taux de 4 % l'an pour l'exercice N. Le TMP pour le même exercice comptable ressort à 2,5 % l'an et le taux du marché à 3 %.

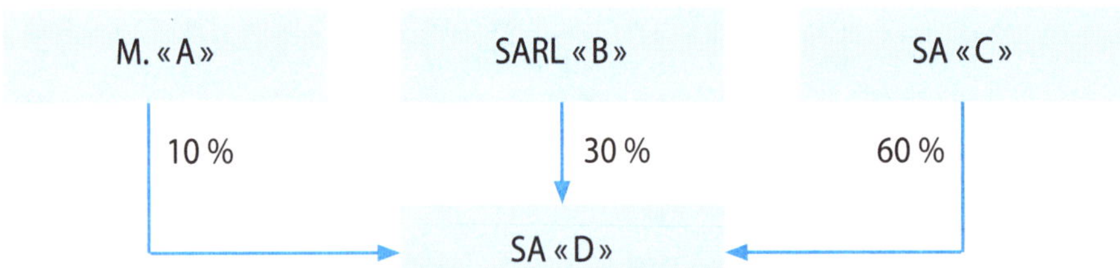

• **M. « A »** détient 10 % du capital de la SA « D » et possède depuis plus d'un an un compte courant de 10 000 €. Les intérêts déductibles de son compte courant seront calculés sur la base du TMP.

Intérêts versés par la SA « D » : 10 000 × 4 % = 400
Intérêts déductibles : 10 000 × 2,5 % = 250
Intérêts non déductibles **150 à réintégrer**

• La **SARL « B »** détient 30 % du capital de la SA « D » et possède, depuis le 1er juin N, un compte courant de 30 000 €. Les intérêts déductibles de son compte courant seront calculés sur la base du TMP.

Intérêts versés par la SA « D » : 30 000 × 4 % × 6/12 = 600
Intérêts déductibles : 30 000 × 2,5 % × 6/12 = 375
Intérêts non déductibles **225 à réintégrer**

• La **SA « C »** détient 60 % du capital de la SA « D » et possède un compte courant de 20 000 € depuis plus d'un an. Elle peut être qualifiée d'« entreprise liée » et les intérêts déductibles dans la SA « D » seront calculés sur la base du taux du marché car ce dernier est supérieur au TMP.

Intérêts versés par la SA « D » : 20 000 × 4 % = 800
Intérêts déductibles : 20 000 × 3 % = 600
Intérêts non déductibles **200 à réintégrer**

Remarque : si, lors de l'exercice N, le capital de la SA « D » n'était pas entièrement libéré, tous les intérêts versés à M. « A », à la SARL « B » et à la SA « C » ne seraient pas déductibles.

Intérêts versés à M. « A » 400
Intérêts versés à la SARL « B » 600
Intérêts versés à la SA « C » 800
Intérêts non déductibles **1 800 à réintégrer**

Application

Analyse fiscale d'opérations comptables et vérification du résultat fiscal et de l'IS

Vous postulez pour un emploi de comptable dans un cabinet d'expertise comptable d'Avignon. À la suite de votre entretien, l'expert-comptable vous propose d'effectuer un test de connaissances en matière fiscale. Il vous soumet, pour l'exercice 2021, une suite d'opérations comptables à analyser fiscalement afin de vérifier le bénéfice fiscal déjà déterminé sur le formulaire 2058-A-SD (égal à 240 572,00 €). Des informations générales vous sont fournies dans une fiche synthétique (document 1).

1 Préciser la raison pour laquelle la SA MobDiscount ne peut pas bénéficier du taux réduit de l'IS à 15 % des PME pour l'exercice 2021.

P7 **2 Calculer, à l'aide d'un tableau (modèle fourni p. 32 ou tableau Excel), le résultat fiscal de l'exercice 2021 à partir du résultat net comptable de 176 138,60 €.**
Pour chacune des opérations de l'exercice 2021 (document 2) :
a. Préciser le régime fiscal applicable ;
b. Justifier les éventuels retraitements extracomptables envisagés, notamment par des calculs appropriés.

3 Calculer le résultat fiscal pour l'exercice 2021 et vérifier l'exactitude :
a. du montant de l'IS ;
b. du résultat net comptable, sachant que le résultat comptable avant IS et participation était de 250 813,60 €.

Document 1 Fiche d'informations de l'entreprise

Structure juridique	Société anonyme
Dénomination sociale	MobDiscount
Date de création	1er juillet 2019
Capital social	150 000 € entièrement libérés depuis le 1er septembre 2020
Actionnaires	8 personnes physiques
Organe de direction	6 administrateurs (dont M. Lombardi, président)
Activité	Fabrication de meubles à bas prix destinés principalement aux étudiants
Chiffre d'affaires 2021	11 674 400 €
Effectif et rémunérations pour l'exercice 2021	22 salariés (dont M. Lombardi, assimilé à un salarié, tant sur le plan social que fiscal) – Rémunération totale des 5 salariés les mieux rémunérés : 205 560 € – Rémunération totale des 10 salariés les mieux rémunérés : 332 560 €
Régime fiscal	Impôt sur les sociétés dans le cadre du régime du réel normal d'imposition
Option fiscale	Régime des sociétés mères et filiales
Taux de crédit pour l'exercice 2021	– Taux moyen pratiqué par les établissements de crédit pour des prêts à taux variable aux entreprises d'une durée supérieure à 2 ans (TMP) : 1,67 % – Taux du marché : 3,02 %
Titres inscrits à l'actif au 31/12/2021	– 12 % du capital de la SARL Capbois inscrits en titres de participation – 3 % du capital de la SA Landes et Pin inscrits en valeurs mobilières de placement

Document 2 **Opérations comptabilisées par la SA MobDiscount courant 2021**

a) Dividendes perçus
La SA a comptabilisé les dividendes suivants :
– 3 000 € de la SA Landes et Pin au compte 7640 ;
– 14 000 € de la SARL Capbois au compte 7611.

b) Locations
Pour une réunion de travail avec les responsables d'un grand groupe de distribution de meubles en Europe, la SA MobDiscount a loué un petit yacht pour une journée. À la suite de cette journée, elle a obtenu le référencement de ses produits dans la centrale d'achat de ce groupe.
Montant de la location enregistré au compte 6135 : 4 500 €

c) Taxe sur les véhicules de société
La société possède un véhicule de tourisme Citroën C4 essence acquis neuf en 2019 dont les caractéristiques techniques sont les suivantes :
– puissance fiscale : 6 cv ;
– taux d'émission de dioxyde de carbone (CO_2) : 113 g/km ;
– coût d'acquisition TTC : 22 200 €.
Le compte 63514 présente un solde débiteur de 549 € pour l'exercice 2021.

Vous vérifierez l'exactitude de ce montant à l'aide du *Mémento fiscal Francis Lefebvre*, § 75125, ou sur le site https://www.service-public.fr/professionnels-entreprises.

d) Charges de personnel
Le compte 64110 présente un solde débiteur de 519 760 €, qui correspond aux rémunérations versées aux 22 salariés pendant l'exercice 2021. Tous les salaires versés correspondent à un travail effectif et à une rémunération non excessive. En plus de son salaire, M. Lombardi, président du conseil d'administration, a perçu :
– des remboursements de frais réels pour un montant de 3 400 € ;
– une indemnité forfaitaire mensuelle de 400 € pour frais de représentation, soit un montant total de 4 800 € pour l'exercice 2021.

e) Jetons de présence
La rémunération totale versée aux administrateurs pour leur participation aux différents conseils s'est élevée à 15 000 €, inscrits au compte 65300.

f) Intérêts des comptes courants d'associés
M. Quissac, actionnaire majoritaire qui détient 55 % du capital, possède un compte courant de 100 000 € depuis le 1er septembre 2020, rémunéré au taux de 3,17 % l'an. La société a enregistré dans le compte 6615 les intérêts versés à M. Quissac, soit 3 170 €.

g) Gain de change
Compte tenu de la variation du cours du franc suisse (CHF) par rapport à l'euro (EUR), la SA a réalisé un gain de change sur le paiement d'un fournisseur suisse d'un montant de 144 €, inscrits au compte 756.

Document 2 *suite*

h) Charges exceptionnelles
La société a enregistré une amende pour infraction au Code de la route lors d'une livraison à un client : 180 € enregistrés au compte 6712.

i) Charges d'amortissement
Les biens amortissables sont amortis :
• au niveau économique : selon le système linéaire sur la durée réelle d'utilisation ;
• au niveau fiscal :
– selon le système dégressif sur la durée d'usage lorsque celui-ci est applicable,
– selon un système exceptionnel applicable aux logiciels et aux robots.
La différence entre l'amortissement fiscal et l'amortissement économique est traitée en comptabilité par la technique de l'amortissement dérogatoire.
Le véhicule Citroën C4 acquis en 2019 (voir point c) est amorti selon le système linéaire sur une durée réelle d'utilisation de 4 ans (*idem* au niveau fiscal).

j) Dépréciations
Un stock de marchandises a été abîmé suite à la chute d'une palette. Certains produits devront être vendus à un prix inférieur à leur coût de revient. Ces produits sont inscrits en stock pour un montant de 540 € et ne pourront être vendus qu'au prix de vente HT de 378 € (70 % de leur valeur). L'entreprise a comptabilisé une dépréciation de 162 € au compte 68173.

k) Provisions
• La dette provisionnée pour indemnité de congés payés, correctement calculée, a été comptabilisée à l'inventaire pour un montant de 33 319 € au débit du compte 6412.
• Une provision pour perte de change enregistrée à l'inventaire 2020 a été reprise par le crédit du compte 7815 pour 125 € et le compte 476 « Différence de conversion – Actif » a été soldé lors du règlement de la facture.

l) Participation des salariés aux résultats de l'entreprise
Bien que la société ne soit pas dans l'obligation de pratiquer la participation des salariés, elle a signé un accord de participation avec les salariés. Les montants suivants ont été inscrits au compte 691 :
– au titre de l'exercice 2021 : 11 880 € ;
– au titre de l'exercice 2020 : 10 920 €. Ce montant a été approuvé lors de l'assemblée générale de la SA en mai 2021.

m) Impôt sur les sociétés
L'impôt sur les sociétés a été comptabilisé au compte 695 pour un montant de 62 795 €.

Proposition de tableau d'analyse et de détermination du résultat fiscal de l'exercice 2021

Opérations : régime fiscal / justification	Réintégrations	Déductions	Aucun retraitement
Résultat net comptable (après IS et participation des salariés)	**176 138,60**		
a) Dividendes perçus – Dividendes de la société non filiale SA Landes et Pin : produit financier normalement imposable – …			×
b)			
c)			
d)			
e)			
f)			
g)			
h)			
i)			
j)			
k)			
l)			
m)			
Totaux			
Résultat fiscal			

P7 Ce tableau peut être réalisé sous Excel.

Chapitre 3

IS : les plus ou moins-values professionnelles

Activité
3.3. Traitement des opérations relatives aux impôts directs

Composante d'activité
3.3.2. Détermination du résultat fiscal (IS)

Compétence
Déterminer le résultat fiscal imposable à l'IS en identifiant et évaluant les réintégrations et déductions extracomptables nécessaires

P7
– L'exploitation des données de façon automatisée et reproductible
– L'automatisation des tâches récurrentes par des traitements appropriés

Vers Pix
1.1. Mener une recherche et une veille d'information
1.3. Traiter des données

Situation professionnelle

Dans l'organisation du travail de détermination du résultat fiscal de la SAS WindWin, vous venez de terminer l'analyse des comptes de charges et de produits sans vous occuper des comptes ayant un lien avec le régime des plus et moins-values professionnelles. Durant l'exercice 2021, certaines opérations (cessions d'immobilisations, dépréciation de titres) ont généré des plus ou moins-values professionnelles qui risquent d'impacter le résultat fiscal, et donc l'impôt sur les sociétés.

Mission

Dans le cadre des travaux de détermination du résultat fiscal, M. Firmin vous demande de poursuivre votre travail par l'analyse des opérations ayant un lien avec le régime fiscal des plus ou moins-values professionnelles. Vous devrez identifier ces opérations et évaluer les retraitements extracomptables nécessaires.

Vous disposez du dossier permanent et du dossier annuel de travail de la SAS tenu par le cabinet ExpertPlus, de données extraites du PGI et d'une documentation fiscale.

Travail à faire

I Le champ d'application du régime des plus ou moins-values professionnelles

Vous venez de terminer l'analyse et le retraitement des comptes de charges et de produits pour l'exercice 2021. La détermination du résultat fiscal définitif nécessite l'identification des opérations génératrices de plus ou moins-values professionnelles et leur analyse.

1. Identifier, pour chacune des opérations réalisées ou enregistrées en 2021, leur appartenance ou non au régime des plus et moins-values professionnelles.

▶| Annexe 1
▶| Annexe 2
▶| Fiche ressource 1

II L'analyse fiscale des opérations de cessions

Vous prenez connaissance d'un extrait du grand-livre des comptes de la SAS WindWin lié aux opérations de cessions réalisées durant l'exercice 2021.

2. Calculer le résultat de cession de l'opération qui n'est pas dans le champ d'application du régime des plus ou moins-values professionnelles. Préciser son régime fiscal.

3. Déterminer et qualifier les plus ou moins-values professionnelles pour chacun des éléments cédés.

▶| Annexe 2
▶| Annexe 3
▶| Fiche ressource 1

III L'analyse fiscale des autres opérations qui relèvent du régime des plus ou moins-values professionnelles

Outre les cessions analysées ci-dessus, la SAS WindWin a réalisé, en 2021, des opérations assimilées à des plus ou moins-values professionnelles.

4. Déterminer et qualifier les plus ou moins-values professionnelles des opérations autres que les cessions.

▶| Annexe 2
▶| Annexe 3
▶| Fiche ressource 1

IV La détermination des plus ou moins-values nettes et leur régime fiscal applicable

Vous venez de terminer l'analyse des plus ou moins-values professionnelles de la SAS WindWin pour l'exercice 2021. Vous devez maintenant déterminer les plus ou moins-values nettes et préciser leur régime fiscal. Dès que vous constaterez la nécessité d'effectuer un retraitement fiscal, vous compléterez le tableau préparatoire de détermination fiscal pour l'exercice 2021.

P7 **5. Reporter dans un tableau chacune des plus ou moins-values professionnelles déterminées précédemment afin de calculer les plus ou moins-values nettes de l'exercice 2021 (tableau Excel modèle sur FR2).**

▶| Fiche ressource 2

6. Compléter le formulaire 2059-A-SD de détermination des plus et moins-values, lié à la liasse fiscale pour l'exercice 2021 (à télécharger sur le site www.impots.gouv.fr).

7. Préciser le régime fiscal applicable à chacune des plus ou moins-values nettes réalisées au titre de l'exercice 2021.

P7 **8. Effectuer les retraitements nécessaires dans le tableau préparatoire du résultat fiscal concernant les plus ou moins-values nettes de l'exercice 2021.**

Données de la situation

Annexe 1 Extrait du plan de comptes général de la SAS WindWin

N° de compte	Intitulé du compte
218220	Véhicule Peugeot Boxer 2
261110	Titres de participation « Sports Extrêmes » relevant du régime des plus-values
271110	Titres immobilisés « Pacific Sport »
281822	Amortissement du véhicule Peugeot Boxer 2
296111	Dépréciations des titres de participation « Sports Extrêmes »
675200	Valeur comptable des immobilisations corporelles cédées
675600	Valeur comptable des immobilisations financières cédées
775200	Produits des cessions des immobilisations corporelles
775600	Produits des cessions des immobilisations financières
786620	Reprises sur dépréciations des immobilisations financières

Annexe 2 Opérations de cessions et autres opérations susceptibles d'appartenir au régime des plus ou moins-values professionnelles

Courant 2021, la SAS WindWin a réalisé les opérations ou enregistrements suivants.

• Le 25 octobre 2021, cession d'un véhicule utilitaire Peugeot Boxer 2 qui avait été apporté par M. Tardieu lors de la création de la SAS début 2021. Ce véhicule est vite devenu inadapté aux nouveaux besoins de la SAS. S'agissant d'un véhicule d'occasion, la SAS a pratiqué un amortissement linéaire sur une durée réelle d'utilisation prévue de 3 ans. L'amortissement fiscal était identique.

• Le 18 novembre 2021, cession de la totalité des titres immobilisés « Pacific Sport ». La SAS WindWin ne souhaitait plus détenir de titres de cette société qui a de graves difficultés financières.

• Le 10 décembre 2021, cession de quelques titres de participation de la SARL Sports Extrêmes. Le taux minimum de participation de 5 % de la SAS WindWin dans le capital de la SARL est bien maintenu. En effet, malgré cette cession, le taux effectif de participation de la SAS WindWin au capital de la SARL Sports Extrêmes au 31 décembre 2021 est encore de 12 %.

• Reprise sur dépréciation des titres « Sports, Extrêmes ». En effet, ces titres ont été dépréciés lors de l'apport à la SAS WindWin le 1er janvier 2021 et la dépréciation a fait l'objet d'un enregistrement dans le compte 296111. Suite à de nouveaux accords commerciaux, la valeur unitaire d'utilité de ces titres au 31 décembre 2021 est évaluée à 130 €, ce qui justifie l'annulation de la dépréciation.

Annexe 3 Extrait du grand-livre des comptes de la SAS WindWin au 31/12/2021

218220 Véhicule Peugeot Boxer 2						
Date	Journal	N° de pièce	Libellé	Débit	Crédit	Solde
01/01/2021	OD	1	Apport en nature au capital	8 000,00		8 000,00
24/10/2021	OD	235	Sortie d'actif		8 000,00	0,00

261110 Titres de participation « Sports Extrêmes » relevant du régime des plus-values						
Date	Journal	N° de pièce	Libellé	Débit	Crédit	Solde
01/01/2021	OD	1	Apport en capital[1]	18 000,00		18 000,00
10/12/2021	OD	380	Sortie d'actif 30 parts		3 600,00	14 400,00

1. 150 parts sociales apportées à 120 € l'une.

271110 Titres immobilisés « Pacific Sport »						
Date	Journal	N° de pièce	Libellé	Débit	Crédit	Solde
01/01/2021	OD	1	Apport en capital[2]	90 720,00		90 720,00
18/11/2021	OD	279	Sortie d'actif		90 720,00	0

2. 2 100 actions apportées à 43,20 € l'une.

281822 Amortissement du véhicule Peugeot Boxer 2						
Date	Journal	N° de pièce	Libellé	Débit	Crédit	Solde
25/10/2021	OD	234	Amortissement complémentaire		2 185,19	– 2 185,19
25/10/2021	OD	235	Sortie d'actif	2 185,19		0,00

296111 Dépréciations des titres de participation « Sports Extrêmes »						
Date	Journal	N° de pièce	Libellé	Débit	Crédit	Solde
01/01/2021	OD	1	Dépréciations		450,00	– 450,00
31/12/2021	OD	654	Reprises pour solde	450,00		0,00

675200 Valeur comptable des immobilisations corporelles cédées						
Date	Journal	N° de pièce	Libellé	Débit	Crédit	Solde
24/10/2021	OD	235	Sortie d'actif Peugeot Boxer 2	5 814,81		5 814,81

675600 Valeur comptable des immobilisations financières cédées						
Date	Journal	N° de pièce	Libellé	Débit	Crédit	Solde
18/11/2021	OD	279	Sortie « Pacific Sport »	90 720,00		90 720,00
10/12/2021	OD	380	Sortie « Sports Extrêmes »	3 600,00		94 320,00

775200 Produits des cessions des immobilisations corporelles						
Date	Journal	N° de pièce	Libellé	Débit	Crédit	Solde
27/10/2021	BQ	765	Véhicule Peugeot Boxer 2		6 200,00	– 6 200,00

775600 Produits des cessions des immobilisations financières						
Date	Journal	N° de pièce	Libellé	Débit	Crédit	Solde
18/11/2021	BQ	894	Titres « Pacific Sport »[3]		79 120,00	– 79 120,00
10/12/2021	BQ	902	Titres « Sports Extrêmes »[4]		3 900,00	– 83 020,00

3. Cession de l'intégralité des titres. – 4. Cession de 30 parts sociales à 130 € l'une.

786620 Reprises sur dépréciations des immobilisations financières						
Date	Journal	N° de pièce	Libellé	Débit	Crédit	Solde
31/12/2021	OD	654	Titres « Sports Extrêmes »		450,00	– 450,00

Fiche ressource 1

Champ d'application et spécificités du régime des plus ou moins-values professionnelles dans le cadre de l'IS

Le mode de calcul des plus ou moins-values professionnelles dans le cadre de l'IS est globalement identique à celui étudié dans le cadre des BIC.

Il existe toutefois des différences en ce qui concerne :
- le champ d'application ;
- la ventilation entre le court terme et le long terme ;
- le régime fiscal applicable aux plus ou moins-values nettes.

I Les immobilisations corporelles et incorporelles

Toutes les plus ou moins-values sur **cessions d'immobilisations corporelles ou incorporelles** sont qualifiées de « **court terme** », quelle que soit la durée de détention des biens.

	Plus-values	**Moins-values**
Biens amortissables ou non	Court terme	

Exemple : le 30 juin N, cession par une SA (soumise à l'IS) d'un bâtiment acquis le 1er avril N-6.
- Prix de vente : 800 000 € HT soumis à TVA
- Coût d'acquisition : 500 000 € HT
- Amortissements économiques pratiqués jusqu'à la date de cession : 156 250 €
- Pas d'amortissements dérogatoires

Prix de cession		800 000
Coût d'acquisition	500 000	
Cumul des amortissements économiques	– 156 250	
Valeur comptable nette	343 750	– 343 750
Plus-value fiscale à court terme		**456 250**

Remarque : dans le cadre des BIC (EI, EIRL), cette **plus-value de 456 250 €** sur bien amortissable de plus de 2 ans aurait été analysée de la façon suivante :
- **PVCT** dans la limite des amortissements : **156 250 €** ;
- **PVLT** pour la différence entre le prix de cession et le coût d'acquisition : 800 000 – 500 000 = **300 000 €**.

II Les titres inscrits à l'actif

1. Les cessions de titres

Seuls les **titres de participation** relèvent du régime des plus ou moins-values professionnelles. Sont considérés comme titres de participation, les parts sociales ou les actions qui revêtent ce caractère sur le plan comptable ou fiscal et qui sont inscrites en comptabilité dans un compte 261 « Titres de participation » :

– **sur le plan comptable :** ce sont les titres dont la possession durable est estimée utile à l'activité de l'entreprise. Sauf preuve contraire, l'Administration considère que sont des titres de participation inscrits en comptabilité en tant que tels : les parts sociales ou les actions acquises par une opération publique d'échange (OPE) ou une opération publique d'achat (OPA) ainsi que les titres représentant au moins 10 % du capital d'une entreprise ;

– **sur le plan fiscal :** ce sont les titres qui ouvrent droit au régime des sociétés mères (voir la fiche ressource 2 du chapitre 2).

	Si durée de détention < 2 ans*	**Si durée de détention ≥ 2 ans***
Titres de participation	Plus ou moins-values CT	Plus ou moins-value LT

* Si la cession porte sur des titres de même nature acquis à des dates différentes, on applique la règle PEPS (ou CMUP sous conditions).

Tous les autres titres sont exclus du régime des plus et moins-values professionnelles, notamment ceux inscrits en comptabilité en :
– titres immobilisés (comptes 271, 272, 273) ;
– valeurs mobilières de placement (comptes 50).
Le calcul du résultat de cession par la méthode PEPS pourra générer :
– une perte normalement déductible du résultat fiscal (aucun retraitement) ;
– un gain normalement imposable (aucun retraitement).

2. Les provisions pour dépréciations des titres

– **Sur le plan comptable :** à la clôture de chaque exercice, l'entreprise doit procéder à l'évaluation des titres inscrits à l'actif. Cette évaluation peut générer la constatation d'une dotation ou d'une reprise pour dépréciation.

– **Sur le plan fiscal :** seules les provisions sur titres de participation (compte 2961) relèvent du régime des plus et moins-values à long terme. Les autres provisions sur titres (comptes 2971, 2972, 2973 et 590) représentent des charges normalement déductibles ou des produits normalement imposables.

– Les dotations pour dépréciations des titres de participation sont assimilées à des moins-values à long terme (MVLT).

– Les reprises sur dépréciations des titres de participation sont assimilées à des plus-values à long terme (PVLT).

Fiche ressource 2

La détermination des plus ou moins-values nettes et le régime fiscal applicable

I La détermination des plus ou moins-values nettes

Comme dans le cadre des BIC, la société doit opérer une **compensation** entre les **plus et moins-values de même nature**.

Ainsi, elle fera apparaître pour l'exercice, selon le cas :
– une plus ou moins-value nette à court terme (PVNCT ou MVNCT) ;
– une plus ou moins-value nette à long terme (PVNLT ou MVNLT).

La détermination de ces plus ou moins-values **nettes** s'effectue à l'aide du tableau ci-dessous ou directement sur le formulaire 2059-A-SD (voir l'ouvrage *Processus 3 BTS CG*, 1re année, chapitre 10, fiche ressource 5).

Exemple

Une société soumise à l'IS réalise en N les plus et moins-values professionnelles suivantes.

Éléments	Court terme		Long terme à 0 %	
	Plus-values	**Moins-values**	**Plus-values**	**Moins-values**
Cession d'un bâtiment	20 000			
Cession d'un matériel		2 000		
Dotation pour dépréciation des titres de participation				1 000
Cession de titres de participation			11 000	
Totaux	**20 000**	**2 000**	**11 000**	**1 000**
	PVNCT = 18 000		PVNLT = 10 000	

II Le régime fiscal applicable aux plus et moins-values nettes

1. Sur immobilisations corporelles et incorporelles

PVNCT		MVNCT	
Régime fiscal	**Conséquence pour la détermination du résultat fiscal**	**Régime fiscal**	**Conséquence pour la détermination du résultat fiscal**
Imposition immédiate	Normalement imposable sans possibilité d'étalement (sauf exceptions hors programme) ⇒ **aucun retraitement fiscal**	Déduction immédiate	**Normalement déductible du résultat fiscal ⇒ aucun retraitement fiscal**

Exemple (suite)

La PVNCT de 18 000 € est normalement imposable à l'IS lors de l'exercice de réalisation de cette PVNCT ⇒ aucun retraitement fiscal en N.

2. Sur titres de participation

PVNLT		MVNLT	
Régime fiscal	**Conséquence pour la détermination du résultat fiscal**	**Régime fiscal**	**Conséquence pour la détermination du résultat fiscal**
Imposition au taux de 0 % (exonération) sous réserve d'une quote-part de frais et charges à réintégrer au résultat fiscal et fixée forfaitairement à 12 %. Le calcul de cette quote-part doit se faire sur le montant brut de la PVLT sur cession, sans tenir compte : – des MVLT de cessions subies au cours du même exercice ; – des PVLT ou MVLT liées aux dépréciations ; – des MVNLT des exercices antérieurs sur titres.	**À déduire du résultat fiscal** pour l'imposer au taux de 0 %	Non imputable sur les PVNLT futures	**À réintégrer**

Exemple (suite)

La PVNLT de 10 000 € est imposable au taux de 0 % (exonération) ⇒ à déduire du résultat fiscal. Ceci à condition que la société réintègre dans son résultat fiscal une quote-part de frais et charges égale à 12 % de la PV de cession brute : 12 % × 11 000 = 1 320 €.

Application

1 Calcul et qualification de plus et moins-values professionnelles et comparaison dans le cadre des régimes IS / BIC

Vous êtes stagiaire dans le cabinet d'expertise comptable Sud'expert d'Arles. M. Tamberi, expert-comptable, souhaite tester vos connaissances dans le domaine des plus et moins-values professionnelles. Il demande à son collaborateur de vous soumettre le dossier de la SA Exotica, qui a pour activité la commercialisation en gros de produits alimentaires d'origine asiatique dans le réseau de la grande distribution (Leclerc, Système U, Carrefour, Auchan, Casino...).

Vous devez vérifier les plus et moins-values professionnelles réalisées lors de l'exercice 2021. Afin de faciliter votre travail, le collaborateur vous communique les catégories d'opérations réalisées ainsi qu'un extrait détaillé du grand-livre des comptes.

Pour les cessions, l'organisation comptable du cabinet prévoit l'enregistrement :

– de la sortie d'actif des éléments cédés et des amortissements complémentaires (économiques ou dérogatoires) à la date de cession de ces éléments ;

– des dépréciations à la date d'inventaire.

1. **Justifier la pratique d'un amortissement dérogatoire pour le véhicule utilitaire Fiat.**
2. **Retrouver par le calcul les amortissements économiques et dérogatoires pratiqués jusqu'à la date de cession des biens « mentionnés dans le document 1 » (arrondir les résultats à l'euro le plus proche).**
3. **Dire, pour chacune des opérations mentionnées dans le document 1, son appartenance ou non au champ d'application du régime des plus ou moins-values professionnelles. Présenter la réponse sous forme de tableau :**

Opération	Dans le champ d'application des plus ou moins-values professionnelles		Si hors champ d'application, régime fiscal du résultat de l'opération
	Oui	Non	
Cession de la voiture de tourisme	×		
Cession véhicule utilitaire Fiat			
...			

4. P7 **Déterminer et qualifier le montant des plus ou moins-values professionnelles de l'exercice 2021 pour chaque opération mentionnée dans le document 1. Justifier les réponses (tableau Excel : modèle sur FR2 du Tome 1 page 163).**
5. P7 **Calculer, dans un tableau, les plus ou moins-values nettes de l'exercice 2021 (exemple de tableau dans la fiche ressource 2, partie I) (tableau Excel).**
6. **Préciser le régime fiscal applicable à chaque nature de plus ou moins-value nette et les retraitements fiscaux qui en découlent.**
7. **Renseigner le formulaire 2059-A-SD de la liasse fiscale (à télécharger sur le site www.impots.gouv.fr).**
8. **Calculer le montant de la quote-part de frais et charges non déductibles sur la PVLT taxée à 0 %.**
9. **Répondre à nouveau aux questions 4, 5 et 6 en supposant que l'entreprise cédante est une entreprise soumise à l'IR dans la catégorie des BIC.**

Document 1 Informations générales sur la réalisation de certaines opérations

A. Cessions de biens et valeurs financières

Au cours de l'exercice 2021, la SA Exotica a cédé les éléments suivants à d'autres utilisateurs.

Éléments	Valeur d'origine	Date d'acquisition	Amortissement	Date de cession	Prix de cession HT
Voiture de tourisme (CO_2 = 198 g/km)	28 000 € TTC	01/06/2018	• Économique : linéaire, durée d'utilisation 5 ans • Fiscal : linéaire, durée d'usage 5 ans	01/06	18 000 €
Camionnette de livraison Fiat	21 000 € HT	20/04/2020	• Économique : linéaire, durée d'utilisation 5 ans • Fiscal : dégressif, durée d'usage 5 ans	12/06	1 700 €
Bâtiment commercial	200 000 € HT **TVA déduite au taux de 19,6 %**	16/09/2013	• Économique : linéaire, durée d'utilisation 20 ans • Fiscal : linéaire, durée d'usage 20 ans	30/06	250 000 € **Pas d'option pour la TVA**
VMP Actions « Casino »	80 actions à 18 €	05/10/2018		03/07	50 parts à 22 €
Titres de participation « Asia Import »	100 actions à 40 € 250 actions à 30 €	24/06/2019 11/09/2020		05/11	150 actions à 47 € (PEPS)

Les dates de mise en service des éléments incorporels et corporels sont identiques à celles d'acquisition.

B. Dépréciations sur titres (voir document 2)

– Dotations pour dépréciations des VMP titres « Casino »
– Reprise sur dépréciations des titres de participation « Asia Import »

C. Redevance de brevet (voir document 2)

Concession d'un brevet mis au point par la SA Exotica depuis 2019. La redevance annuelle payée en début d'exercice est de 8000 € et le résultat net imposable ressort à 5 400 €. La SA Exotica a opté pour la taxation de ce résultat au taux de 10%.

Document 2 Extrait du grand-livre de la SA Exotica au 31/12/2021 après inventaire

145200 Amortissements dérogatoires du véhicule utilitaire Fiat

Date	Journal	N° de pièce	Libellé	Débit	Crédit	Solde
01/01/2021	AN	1	À-nouveau		2 585,00	– 2 585,00
12/06/2021	OD	683	Dotation complémentaire		369,00	– 2 954,00
12/06/2021	OD	684	Cession reprise pour solde	2 954,00		0,00

213150 Bâtiment commercial

Date	Journal	N° de pièce	Libellé	Débit	Crédit	Solde
01/09/2013	AC	10	Acte notarié n° AN100	200 000,00		200 000,00
30/06/2021	OD	690	Reversement de TVA 11/20	21 560,00		221 560,00
30/06/2021	OD	692	Acte cession n° AN233		221 560,00	0,00

218210 Véhicule de tourisme Peugeot

Date	Journal	N° de pièce	Libellé	Débit	Crédit	Solde
01/06/2018	AC	721	Facture n° V543 – fr Peugeot	28 000,00		28 000,00
01/06/2021	OD	671	Cession facture n° V898		28 000,00	0,00

...

Document 2 *suite*

…

218220 Véhicule utilitaire camionnette Fiat						
Date	**Journal**	**N° de pièce**	**Libellé**	**Débit**	**Crédit**	**Solde**
20/04/2020	AC	234	Facture n° V890 – fr Fiat	21 000,00		21 000,00
12/06/2021	OD	684	Sortie d'actif cession		21 000,00	0,00

261110 Actions « Asia Import »						
Date	**Journal**	**N° de pièce**	**Libellé**	**Débit**	**Crédit**	**Solde**
24/06/2019	AC	600	100 actions – acte n° 2B54	4 000,00		4 000,00
11/09/2020	AC	654	250 actions – acte n° 12C7	7 500,00		11 500,00
05/11/2021	OD	1190	Cession 150 titres		5 500,00	6 000,00

281315 Amortissements du bâtiment commercial						
Date	**Journal**	**N° de pièce**	**Libellé**	**Débit**	**Crédit**	**Solde**
01/01/2021	AN	1	À-nouveau		72 917,00	– 72 917,00
30/06/2021	OD	691	Dotation complémentaire		5 000,00	– 77 917,00
30/06/2021	OD	692	Acte cession n° AN233	77 917,00		0,00

281821 Amortissements du véhicule de tourisme Peugeot						
Date	**Journal**	**N° de pièce**	**Libellé**	**Débit**	**Crédit**	**Solde**
01/01/2021	AN	1	À-nouveau		14 467,00	– 14 467,00
01/06/2021	OD	670	Dotation complémentaire		2 333,00	– 16 800,00
01/06/2021	OD	671	Cession facture n° V898	16 800,00		0,00

281822 Amortissements du véhicule utilitaire camionnette Fiat						
Date	**Journal**	**N° de pièce**	**Libellé**	**Débit**	**Crédit**	**Solde**
01/01/2021	AN	1	À-nouveau		2 928,00	– 2 928,00
12/06/2021	OD	683	Dotation complémentaire		1 890,00	– 4 818,00
12/06/2021	OD	684	Cession facture n° V1002	4 818,00		0,00

296111 Dépréciations des actions « Asia Import »						
Date	**Journal**	**N° de pièce**	**Libellé**	**Débit**	**Crédit**	**Solde**
01/01/2021	AN	1	À-nouveau		1 350,00	– 1 350,00
31/12/2021	OD	1298	Reprise (valeur utilité : 55 €)	1 350,00		0,00

503110 Titres cotés « Casino »						
Date	**Journal**	**N° de pièce**	**Libellé**	**Débit**	**Crédit**	**Solde**
05/10/2018	AC	544	80 actions à 18 € – acte n° 23C2	1 440,00		1 440,00
03/07/2021	BA	705	Cession 50 actions à 22 €		900,00	540,00

590311 Dépréciations des titres cotés « Casino »						
Date	**Journal**	**N° de pièce**	**Libellé**	**Débit**	**Crédit**	**Solde**
31/12/2021	OD	1299	30 actions cotées à 16 €		60,00	– 60,00

675000 Valeurs comptables des éléments d'actif cédés						
Date	**Journal**	**N° de pièce**	**Libellé**	**Débit**	**Crédit**	**Solde**
01/06/2021	OD	671	VP Peugeot – facture n° V898	11 200,00		11 200,00
12/06/2021	OD	684	VU Fiat – facture n° V1002	16 182,00		27 382,00
30/06/2021	OD	692	Bâtiment – acte n° AN233	143 643,00		171 025,00
05/11/2021	OD	1190	150 titres « Asia Import »	5 500,00		176 525,00

…

Document 2 *suite*

…

681100 Dotations aux amortissements sur immobilisations incorporelles et corporelles						
Date	**Journal**	**N° de pièce**	**Libellé**	**Débit**	**Crédit**	**Solde**
01/06/2021	OD	670	Complément. VP Peugeot	2 333,00		2 333,00
12/06/2021	OD	683	Complément. VU Fiat	1 890,00		4 223,00
30/06/2021	OD	691	Complément. bâtiment commercial	5 000,00		9 223,00
[…]	[…]	[…]	[…]	[…]		[…]

686650 Dotations aux dépréciations des valeurs mobilières de placement						
Date	**Journal**	**N° de pièce**	**Libellé**	**Débit**	**Crédit**	**Solde**
31/12/2021	OD	1299	30 actions « Casino » cotées 16 €	60,00		60,00

687250 Dotations aux amortissements dérogatoires						
Date	**Journal**	**N° de pièce**	**Libellé**	**Débit**	**Crédit**	**Solde**
12/06/2021	OD	683	Complémentaire VP Peugeot	369,00		369,00

767000 Produits nets sur cessions de VMP						
Date	**Journal**	**N° de pièce**	**Libellé**	**Débit**	**Crédit**	**Solde**
03/07/2021	BA	705	50 actions « Casino » à 22 €		200,00	– 200,00

751100 Redevances pour concessions de brevets						
Date	**Journal**	**N° de pièce**	**Libellé**	**Débit**	**Crédit**	**Solde**
06/01/2021	BQ	42	Avis de crédit n° 453 (1)		5 400,00	– 5 400,00

(1) La redevance encaissée est bien de 8 000,00 €, puis déduction faite des frais de R&D et application du ratio nexus, la somme réellement imposable ressort à 5 400,00 €.

775000 Produits des cessions d'éléments d'actif						
Date	**Journal**	**N° de pièce**	**Libellé**	**Débit**	**Crédit**	**Solde**
01/06/2021	VE	672	VP Peugeot – facture n° V898		18 000,00	– 18 000,00
12/06/2021	VE	685	VU Fiat – facture n° V1002		1 700,00	– 19 700,00
30/06/2021	VE	693	Bâtiment – acte n° AN233		250 000,00	– 269 700,00
05/11/2021	BA	1191	Avis de crédit « Asia Import » – 150 actions à 47 €		7 050,00	– 276 750,00

786620 Reprises sur dépréciations des immobilisations financières						
Date	**Journal**	**N° de pièce**	**Libellé**	**Débit**	**Crédit**	**Solde**
31/12/2021	OD	1298	Reprise (valeur utilité : 55 €)		1 350,00	– 1 350,00

787250 Reprises sur amortissements dérogatoires						
Date	**Journal**	**N° de pièce**	**Libellé**	**Débit**	**Crédit**	**Solde**
12/06/2021	OD	684	Véhicule Peugeot pour solde		2 954,00	– 2 954,00

Chapitre 4

Détermination du résultat fiscal et de l'impôt sur les sociétés

Activité	Composantes d'activité	Compétences	P7	Vers Pix
3.3. Traitement des opérations relatives aux impôts directs	**3.3.2.** Détermination du résultat fiscal (IS) **3.3.3.** Établissement, contrôle et transmission de la déclaration du résultat **3.3.4.** La liquidation et le recouvrement de l'impôt sur les sociétés **3.3.5.** Enregistrement des opérations relatives à l'impôt sur les sociétés	• Déterminer le résultat fiscal imposable à l'IS en identifiant et évaluant les réintégrations et déductions extracomptables nécessaires. • Établir, contrôler et transmettre la déclaration de résultat imposable correspondant au régime fiscal. • Déterminer le montant de l'IS ou du crédit d'impôt, calculer et payer les acomptes et le solde selon l'échéancier. • Comptabiliser le montant de l'IS, le paiement des acomptes et du solde à payer.	– L'exploitation des données de façon automatisée et reproductible – L'automatisation des tâches récurrentes par des traitements appropriés – La traçabilité des opérations	**1.1.** Mener une recherche et une veille d'information **1.3.** Traiter des données

Situation professionnelle

La SAS WindWin clôture ses comptes au 31 décembre 2021. L'analyse fiscale des charges et des produits ainsi que le calcul et la qualification des plus et moins-values professionnelles ont généré les retraitements fiscaux mentionnés dans le tableau préparatoire.
Le résultat fiscal qui découle de vos travaux va permettre :
– de calculer l'impôt sur les sociétés et les éventuelles contributions dont est redevable la SAS ;
– de procéder à leurs enregistrements comptables au titre de l'exercice 2021 dans le PGI ;
– d'obtenir le résultat net comptable pour cet exercice.
Le PGI utilisé par le cabinet ExpertPlus va permettre de générer les tableaux comptables de la liasse fiscale (2050 à 2057). Le formulaire 2058-A-SD de détermination du résultat fiscal à partir du résultat net comptable n'a pas pu être généré intégralement ; en effet, certaines lignes nécessitent une saisie manuelle à cause de calculs extracomptables.

Mission

Les travaux de détermination du résultat fiscal sont techniquement terminés. M. Firmin vous demande de poursuivre votre travail en réalisant le contrôle et la finalisation du formulaire 2058-A-SD ainsi que l'échéancier lié à l'IS. Il souhaite également vous sensibiliser à la gestion d'un déficit qui peut apparaître lors de la détermination du résultat fiscal d'une société.

Vous disposez du dossier permanent et du dossier annuel de travail de la SAS WindWin tenu par le cabinet ExpertPlus, de données extraites du PGI et d'une documentation fiscale.

Travail à faire

I La détermination du résultat fiscal à partir du tableau préparatoire

Vous venez de terminer l'analyse fiscale des charges et des produits de la SAS WindWin pour l'exercice 2021 ainsi que les retraitements liés à la réalisation de plus-values professionnelles. Vous devez maintenant déterminer le résultat fiscal de l'exercice 2021 afin de pouvoir calculer l'impôt sur les sociétés dû par la SAS WindWin au titre de 2021.

P7 **1. Calculer arithmétiquement le résultat fiscal de la SAS WindWin pour l'exercice 2021 à partir de votre tableau préparatoire, ou bien votre feuille excel doit désormais afficher le résultat fiscal (bénéfice).**

II Le calcul et la comptabilisation de l'IS et des contributions

La détermination du résultat fiscal de l'exercice 2021 dans votre tableau préparatoire vous permet de procéder au calcul de l'IS et des éventuelles contributions. La SAS WindWin n'étant pas obligatoirement soumise à la participation des salariés aux résultats, elle n'a pas souhaité signer un accord de participation avec ses salariés. Vous avez déjà vérifié (chapitre 1, question 6) qu'elle peut bénéficier du taux réduit de 15 % de l'IS applicable aux PME.
D'autre part, M. Firmin vous demande de réfléchir aux modalités d'enregistrement de l'IS compte tenu du choix de comptabiliser la réduction d'impôt de 480 € liée au don au crédit du compte 699100 Produits-réduction d'impôt sur don.

2. Rappeler les conditions d'application du taux réduit de 15 % de l'IS applicable aux PME.

3. Déterminer les montants de l'IS brut et net pour l'exercice 2021.

4. Vérifier si la SAS est soumise à l'une des contributions additionnelles. Justifier votre réponse.

5. Indiquer et justifier, pour la SAS WindWin, la nature de la somme à enregistrer au débit du compte 695000 « Impôt sur les bénéfices ».

6. Procéder à l'enregistrement comptable de l'IS dans le journal des opérations diverses de l'entreprise WindWin.

7. Calculer le résultat net comptable de l'exercice 2021 qui apparaîtra au compte de résultat au 31 décembre 2021 et servira de base de calcul du résultat fiscal sur le formulare 2058-A-SD (ligne WA).

Annexe 1
Annexe 2
Fiche ressource 1
Fiche ressource 2
Fiche ressource 3

III L'établissement et le contrôle du formulaire 2058-A-SD

Malgré un paramétrage correctement effectué, certaines lignes du formulaire 2058-A-SD « Détermination du résultat fiscal » pour l'exercice 2021 n'ont pas pu être générées intégralement. En effet, pour la SAS WindWin, certains éléments nécessitent des calculs extracomptables que ne prend pas en compte le PGI. Il s'agit :
– de la part non déductible des jetons de présence (ligne WQ) ;
– de la part non déductible des comptes courants d'associés (lignes SU et WQ) ;
– des dividendes de filiales non imposables, excepté la quote-part de frais et charges non déductible (lignes 2A et XA).

8. Vérifier que la SAS WindWin relève bien du régime du réel normal d'imposition.

Annexe 4
Fiche ressource 4

9. Préciser quels seront les formulaires de la liasse fiscale à renseigner.

P7 10. Compléter la colonne « code ligne du formulaire 2058-A-SD » de votre tableau préparatoire. Vous pouvez vous aider de la notice 2032-NOT-SD à télécharger sur le site www.impots.gouv.fr

P7 11. Vérifier la cohérence du formulaire 2058-A-SD généré par le PGI avec votre tableau préparatoire.

a) Compléter ce formulaire avec les sommes qui n'ont pas pu être générées par le PGI et modifier en conséquence les lignes SU et WQ, puis 2A et XA.

b) Modifier en conséquence les lignes WR, XH.

c) Vérifier que le résultat fiscal en lignes XI et XN est identique à celui de votre tableau préparatoire.

IV L'établissement, le contrôle et la transmission de la déclaration du résultat

La liasse des formulaires 2050 à 2059-G sera jointe au formulaire 2065-SD « Déclaration des résultats ». Cette déclaration récapitule les principaux éléments d'imposition et divers renseignements dans une annexe 2065 bis-SD.

12. Contrôler et justifier les sommes qui ont été générées par le PGI dans le cadre C du formulaire 2065-SD.

Annexe 3
Annexe 5
Fiche ressource 4

13. Indiquer :

a) la date limite à laquelle ces formulaires devront être transmis au SIE ;

b) le mode de transmission utilisé par le cabinet ExpertPlus.

V Les modalités de paiement de l'IS et des contributions

C'est à la société elle-même, ou au professionnel de la comptabilité qui a en charge le dossier, de calculer l'impôt dont elle est redevable et d'en payer spontanément le montant au comptable public du lieu de dépôt de la déclaration de résultat.

WindWin

14. Indiquer la raison pour laquelle aucun acompte d'IS n'a été versé en 2021.

Annexe 6
Fiche ressource 5

15. Préciser à quelle date limite devra être payé l'IS au titre de l'exercice 2021.

16. Présenter l'échéancier concernant l'IS de la SAS WindWin pour l'exercice 2022 sachant que le résultat fiscal de 2021 ne sera pas connu avant la date limite de paiement du premier acompte de 2022. Pour le calcul des acomptes à verser en 2022, tenir compte de la baisse prévue du taux de l'IS.

17. Présenter, dans le journal de banque, les écritures comptables liées à cet échéancier pour 2022.

VI Le déficit fiscal

Bien que la SAS WindWin ait réalisé un bénéfice fiscal, M. Firmin souhaite tester vos connaissances sur le report des déficits. Il vous soumet une **hypothèse** de résultat fiscal pour l'exercice 2021 qu'il vous demande d'analyser.

18. **Préciser dans quel cas, en règle générale, le report en avant d'un déficit est plafonné.**

19. **Indiquer sur quel(s) exercice(s) une société soumise à l'IS peut effectuer un report en avant. Existe-t-il un délai pour reporter ce déficit ?**

20. **Indiquer les modalités de report en avant du déficit constaté par la SAS WindWin au 31 décembre 2021 suite à l'hypothèse émise par M. Firmin.**

21. **Vérifier que le report en avant a été correctement calculé sur la ligne XL du formulaire 2058-A-SD et la ligne K5 du formulaire 2058-B-SD.**

22. **Préciser le montant du résultat fiscal de l'exercice 2022 après imputation du déficit de 2021.**

23. **Indiquer le montant du déficit de 2021 qui reste à imputer à la fin de l'exercice 2022. Comment ce déficit restant sera-t-il imputé ?**

▶| Annexe 7
▶| Annexe 8
▶| Annexe 9
▶| Annexe 10
▶| Fiche ressource 6

Données de la situation

Annexe 1 Extrait du plan de comptes général de la SAS WindWin

N° de compte	Intitulé des comptes
444000	État – Impôts sur les bénéfices
512040	Banque Société Générale
695000	Impôts sur les bénéfices
699100	Produits – réduction d'impôt sur don

Annexe 2 Informations liées au mécénat et à la réduction d'impôt

Courant 2021, la SAS WindWin a effectué un don à l'association Vie-Sports, reconnue d'utilité publique. Le cabinet ExpertPlus a comptabilisé ce don dans le compte de charges à caractère d'exploitation 623800 « Mécénat ». Afin de faciliter le suivi de la réduction d'impôt liée au don, la SAS WindWin a décidé de comptabiliser ce don dans une subdivision du compte 699100 « Produits – réduction d'impôt sur don » par le débit du compte 444000 « État – Impôt sur les bénéfices ».

Annexe 3 Extrait du contrat de mandat

La SAS WindWin a signé un contrat de mandat avec le cabinet ExpertPlus relatif aux téléprocédures.

Mandat relatif à une opération de télétransmission

La **SAS WINDWIN** représentée par **M. Tardieu**, ci-après dénommé « le mandant », déclare avoir opté pour les procédures de télétransmission de ses données fiscales, sociales et comptables suivantes :

– [EDI-TDFC] – [DEB] – [DSIJ] – [EDI-REQUETE]
– [EDI-TVA] – [DADS] – [DAT] – [EDI-IR]
– [EDI-PAIEMENT] – [DUE] – [DSN]
– [DUCS-EDI] – [DNA] – [EDI-DSI]

et donne, par les présentes, mandat au cabinet d'expertise comptable **EXPERTPLUS**, ci-après dénommé « le mandataire »,

• pour la transmission par voie électronique des déclarations ou des données comptables, ainsi que de tous documents annexes les accompagnant, demandées par les organismes ci-dessous désignés, selon les cahiers des charges établis par lesdits organismes :

– [CGA d'Arles] – [Greffe de tribunal de commerce d'Arles] – [Pôle emploi Bouches du Rhône] – [CNAM]
– [Société Générale] – [Caisse de retraite] – [RSI]
– [URSSAF Bouches-du-Rhône] – [CRAM]

• la transmission des informations permettant l'émission, par les organismes ci-dessus désignés, d'un titre de paiement.
• pour la récupération des relevés de comptes bancaires par voie électronique.

• ***Obligations du mandataire***
Au titre du présent mandat, le mandataire doit, suivant les téléprocédures :
• établir les documents indiqués ci-dessus ;
• respecter les dates limites de déclaration et de transmission des informations de télépaiement ;
• communiquer dans les plus brefs délais au mandant les montants et les références des « certificats » valant « accusés de réception des opérations de télétransmission des déclarations » et/ou de « prise en compte des informations nécessaires à l'initialisation d'un paiement ».

• ***Obligations du mandant***
Le mandant adressera au mandataire, dans le délai de 8 jours, le calendrier des opérations de télétransmission et toutes les informations et documents que ce dernier pourra estimer nécessaires à l'accomplissement de sa mission.
La responsabilité de la provision préalable sur le ou les comptes bancaires ou postaux référencés dans les téléprocédures incombe au seul mandant.
Le mandant accepte que les données télétransmises par le mandataire dans le cadre du présent mandat puissent faire l'objet d'une agrégation globale et non nominative à des fins de documentation économique générale.

Fait à Saint-Martin-de-Crau, le 1er janvier 2021

Signature du mandant Bon pour mandat
Tardieu

Signature du mandataire Bon pour acceptation de mandat

Annexe 4 Formulaire 2058-A-SD de la SAS WindWin au 31/12/2021 généré par le PGI et avant votre intervention

Formulaire obligatoire (article 53 A du Code général des impôts) ⑨ **DÉTERMINATION DU RÉSULTAT FISCAL** DGFiP N° 2058-A-SD

Désignation de l'entreprise	SA WindWin	Néant ☐*	Exercice N clos le
	Formulaire déposé au titre de l'IR (cocher la case ci-contre)	ET	3 1 1 2 2 1

I. RÉINTÉGRATIONS

Libellé	Code	Montant	Libellé	Code	Montant	Code	Montant
BÉNÉFICE COMPTABLE DE L'EXERCICE						WA	64 340
Charges non admises en déduction du résultat fiscal : Rémunération du travail de l'exploitant ou des associés (entreprises à l'IR)						WB	
Avantages personnels non déductibles* (sauf amortissements à porter ligne ci-dessous)	WD		Amortissements excédentaires (art.39-4 du CGI) et autres amortissements non déductibles	WE	3 071	XE	3 512
Autres charges et dépenses somptuaires (art. 39-4 du CGI)	WF		Taxe sur les véhicules des sociétés (entreprises à l'IS)	WG	441		
Fraction des loyers à réintégrer dans le cadre d'un crédit-bail immobilier et de levée d'option	RA		(Part des loyers dispensés de réintégration (art. 239 *sexies* D du CGI))	RB			
Provisions et charges à payer non déductibles (cf. tableau n° 2058-B, cadre III)	WI		Charges à payer liées à des états et territoires non coopératifs non déductibles (cf. 2067-*bis*)	XX		XW	
Amendes et pénalités	WJ		Charges financières (art. 39-1-3° et 212 *bis* du CGI) *	XZ			
Réintégrations prévues à l'article 155 du CGI *						XY	
Impôt sur les sociétés (cf. page 9 de la notice n° 2032-NOT-SD)						I7	14 728
Quote-part : Bénéfices réalisés par une société de personnes ou un GIE	WL		Résultats bénéficiaires visés à l'article 209 B du CGI	L7		K7	
Régimes particuliers / impositions différées : Moins-values nettes à long terme { - imposées aux taux de 15 % ou de 19 % (12,80 % pour les entreprises à l'IR)						I8	
Moins-values nettes à long terme { - imposées au taux de 0%						ZN	
Fraction imposable des plus-values réalisées au cours d'exercices antérieurs* { - Plus-values nettes à court terme						WN	
Fraction imposable des plus-values réalisées au cours d'exercices antérieurs* { - Plus-values soumises au régime des fusions						WO	
Écarts de valeurs liquidatives sur OPCVM * (entreprises à l'IS)						XR	
Réintégrations diverses à détailler sur feuillet séparé DONT* : Intérêts excédentaires (art.39-1-3ème et 212 du CGI)	SU	157	Zone d'entreprises* (activité exonérée)	SW		WQ	808
Déficits étrangers antérieurement déduits par les PME (art. 209 C)	SX		Quote-part de 12 % des plus-values à taux zéro	M8			
Réintégration des charges affectées aux activités éligibles au régime de taxation au tonnage						Y1	
Résultat fiscal afférent à l'activité relevant du régime optionnel de taxation au tonnage						Y3	
TOTAL I						WR	83 388

II. DÉDUCTIONS

Libellé	Code	Montant
PERTE COMPTABLE DE L'EXERCICE	WS	
Quote-part dans les pertes subies par une société de personne ou un G.I.E. *	WT	
Provisions et charges à payer non déductibles, antérieurement taxées et réintégrées dans les résultats comptables de l'exercice (cf. tableau n° 2058-B-SD, cadre III)	WU	
Régime d'imposition particuliers et impositions différées : Plus-values nettes à long terme - imposées au taux de 15 % (12,80 % pour les entreprises soumises à l'IR)	WV	
Plus-values nettes à long terme - imposées au taux de 0 %	WH	450
Plus-values nettes à long terme - imposées au taux de 19 %	WP	
Plus-values nettes à long terme - imputées sur les moins-values nettes à long terme antérieure	WW	
Plus-values nettes à long terme - imputées sur les déficits antérieurs	XB	
Autres plus-values imposées au taux de 19 %	I6	
Fraction des plus-values nettes à court terme de l'exercice dont l'imposition est différée *	WZ	
Régime des sociétés mères et des filiales* / Produits net des actions et parts d'intérêts (Quote-part de frais et charges restant imposable à déduire des produits nets de participation — 2A)	XA	
Produits de participations inéligibles au régime des sociétés mères déductibles à hauteur de 99 % (art. 223 B du CGI)	ZX	
Mesures d'incitation : Déduction autorisée au titre des investissements réalisés dans les collectivités d'outre-mer *	ZY	
Majoration d'amortissement *	XD	

(1)

*Abattement sur le bénéfice et exonérations** — XF :

Libellé	Code	Montant	Libellé	Code	Montant	Libellé	Code	Montant
Entreprises nouvelles (art.44 *septies*)	K9		Entreprises nouvelles (art.44 *sexies*)	L2		J.E.I. (art. 44 *sexies* A)	L5	
Pôle de compétitivité hors CICE (art.44 *undecies*)	L6		S.I.I.C. (art. 208C)	K3		Zone de restructuration de la défense (art.44 *terdecies*)	PA	
ZFU – TE (art. 44 *octies* et *octies* A)	ØV		Bassin d'emploi à redynamiser (art. 44 *duodecies*)	1F		Zone franche d'activité nouvelle génération (art. 44 *quaterdecies*)	XC	
Bassin urbain à dynamiser (art. 44 *sexdecies*)	PP		Zone de revitalisation rurale (art. 44 *quindecies*)	PC		Zone de développement prioritaire (art. 44 *septdecies*)	PB	

Libellé	Code	Montant	Libellé	Code	Montant	Code	Montant
Écarts de valeurs liquidatives sur OPCVM * (entreprises à l'IS)						XS	
Déductions diverses à détailler sur feuillet séparé (dont 14 760 de redevance de brevet imposés au taux de 10% et 460 de réduction d'impôt enregistrée au compte 699100) (dont déduction exceptionnelle (art. 39 decies)	X9		dont déduction exceptionnelle simulateur de conduite	YH		XG	15 240
dont déduction exceptionnelle (art.39 *decies* A)	YA		dont déduction exceptionnelle (art.39 *decies* C)	YC			
dont déduction exceptionnelle (art.39 *decies* B)	YB		dont déduction exceptionnelle (art.39 *decies* D))	YD			
Créance dégagée par le report en arrière de déficit				ZI			
Déduction des produits affectés aux activités éligibles au régime de taxation au tonnage						Y2	
TOTAL II						XH	15 690

III. RÉSULTAT FISCAL

Libellé		Code	Montant	Code	Montant
Résultat fiscal avant imputation des déficits reportables	{ Bénéfice (I moins II)	XI	67 698		
	{ Déficit (II moins I)			XJ	
Déficits de l'exercice reporté en arrière (entreprises à l'IS) *		ZL			
Déficits antérieurs imputés sur les résultats de l'exercice (entreprises à l'IS) *				XL	
RÉSULTAT FISCAL	BÉNÉFICE (ligne XN) ou DÉFICIT reportable en avant (ligne XO)	XN	67 698	XO	

* Des explications concernant ces rubriques figurent dans la notice n° 2032-NOT-SD

Annexe 5 Formulaire 2065-SD « Déclaration des résultats » de la SAS WindWin au 31/12/2021 généré par le PGI

N° 2065-SD

RÉPUBLIQUE FRANÇAISE
Liberté Égalité Fraternité

Formulaire à déposer en double exemplaire

cerfa
N° 11084*22
Formulaire obligatoire (art. 223 du Code général des impôts)
Timbre à date du service

IMPÔT SUR LES SOCIÉTÉS

Exercice ouvert le	01/01/2021	et clos le	31/12/2021	Régime simplifié d'imposition	
Déclaration souscrite pour le résultat d'ensemble du groupe				Régime réel normal	X
SI PME innovantes, cocher la case ci-contre					
Si option pour le régime optionnel de taxation au tonnage, art. 209-0 B (entreprises de transport maritime), cocher la case					

A IDENTIFICATION DE L'ENTREPRISE

Désignation de la société :	Adresse du siège social :
SIRET 3 8 7 6 5 2 5 0 0 5 8 3 3 3	Mél : windwin@free.fr — Zone artisanale du Salat, 13 avenue du Mistral, 13310 Saint Martin de Crau
Adresse du principal établissement :	Ancienne adresse en cas de changement :

RÉGIME FISCAL DES GROUPES

Les entreprises placées sous le régime des groupes de sociétés doivent déposer cette déclaration en deux exemplaires (art. 223 A à U du CGI)

Date d'entrée dans le groupe de la société déclarante

Pour les sociétés filiales, désignation, adresse du lieu d'imposition et n° d'identification de la société mère:

SIRET

B ACTIVITÉ

Activités exercées	Fabrication de planches de surf	Si vous avez changé d'activité, cochez la case	

C RÉCAPITULATION DES ÉLÉMENTS D'IMPOSITION (cf. notice de la déclaration n° 2065-SD)

1. Résultat fiscal Bénéfice imposable à 27,5 %	0	Bénéfice imposable à 26,5 %	28 429	Déficit	
Bénéfice imposable à 15 %	38 120	Résultat net de cession, de concession ou de sous-concession des brevets et droits de propriété industrielle assimilés imposable au taux de 10 %			14 760

2. Plus-values

PV à long terme imposables à 15 %		PV à long terme imposables à 19 %		PV exonérées (art. 238 *quindecies*)	
Autres PV imposables à 19 %		PV à long terme imposables à 0%	450		

3. Abattements et exonérations notamment entreprises nouvelles ou implantées en zones d'entreprises ou zones franches

- Entreprise nouvelle, art. 44 *sexies* ☐ — Jeunes entreprises innovantes, art. 44 *sexies*-0 A ☐ — Pôle de compétitivité, art. 44 *undecies* ☐
- Entreprise nouvelle, art. 44 *septies* ☐ — Zone franche d'activité, art. 44 *quaterdecies* ☐ — Zone de restructuration de la défense, art. 44 *terdecies* ☐
- Bassins urbains à dynamiser (BUD), art. 44 *sexdecies* ☐ — Zone franche urbaine – Territoire entrepreneur, art. 44 *octies* A ☐ — Autres dispositifs ☐
- Zone de développement prioritaire, art. 44 *septdecies* ☐
- Société d'investissement immobilier cotée ☐ — Bénéfice ou déficit exonéré (indiquer + ou - selon le cas) — Plus-values exonérées relevant du taux de 15 %

4. Option pour le crédit d'impôt outre-mer : dans le secteur productif, art. 244 quater W du CGI (cocher la case)

D IMPUTATIONS (cf. notice de la déclaration n° 2065-SD)

1. Au titre des revenus mobiliers de source française ou étrangère, ayant donné lieu à la délivrance d'un certificat de crédits d'impôts
2. Au titre des revenus auxquels est attaché, en vertu d'une convention fiscale conclue avec un État étranger, un territoire ou une collectivité territoriale d'Outre-mer, un crédit d'impôt représentatif de l'impôt de cet état, territoire ou collectivité.

E CONTRIBUTION ANNUELLE SUR LES REVENUS LOCATIFS (cf. notice de la déclaration n° 2065-SD)

Recettes nettes soumises à la contribution de 2,5%

F ENTREPRISES SOUMISES OU DÉSIGNÉES AU DÉPÔT DE LA DÉCLARATION PAYS PAR PAYS CbC/DAC4 (cf. notice du formulaire n° 2065-SD)

1. Si vous êtes la société tête de groupe soumise au dépôt de la déclaration n° 2258-SD (art. 223 *quinquies* C-I-1 du CGI), cocher la case ci-contre
2. Si vous êtes la société tête de groupe et que vous avez désigné une autre entité du groupe pour souscrire la déclaration n° 2258-SD, indiquer le nom, adresse et numéro d'identification fiscale de l'entité désignée — Nom/Adresse — N°
3. Si vous êtes l'entreprise désignée au dépôt de la déclaration n° 2258-SD par la société tête de groupe (art. 223 *quinquies* C-I-2 du CGI), cocher la case ci-contre

Dans ce cas, veuillez indiquer le nom, adresse et numéro d'identification fiscale de la société tête de groupe — Nom/Adresse — N°

G COMPTABILITÉ INFORMATISÉE

L'entreprise dispose-t-elle d'une comptabilité informatisée ?	OUI	X	NON	Si oui, indication du logiciel utilisé	EBP

Vous devez obligatoirement souscrire le formulaire n° 2065-SD par voie dématérialisée. Le non respect de cette obligation est sanctionné par l'application de la majoration de 0,2 % prévue par l'article 1738 du CGI. Vous trouverez toutes les informations utiles pour télédéclarer sur le site www.impots.gouv.fr

S'agissant des notices des liasses fiscales, elles sont accessibles uniquement sur le site www.impots.gouv.fr.

Nom et adresse du professionnel de l'expertise comptable :	Nom et adresse du conseil :
Cabinet d'expertise comptable ExpertPlus 10 avenue de pins 13500 MARTIGUES — Tél : 04 42	Tél :
OGA/OMGA — Viseur conventionné — (Cocher la case correspondante)	Identité du déclarant :
Nom et adresse du CGA/OMGA ou du viseur conventionné :	Date : 06/05/2022 — Lieu : Saint Martin de Crau
	Qualité et nom du signataire: Président de la SAS WindWin - François Tardieu
N° d'agrément du CGA/OMGA ou viseur conventionné	Signature : Tardieu
Examen de conformité fiscale (ECF) — *prestataire :*	

Annexe 6 Comptes liés à l'IS et au crédit d'impôt

444000 État – Impôts sur les bénéfices

Date	Journal	N° de pièce	Libellé	Débit	Crédit	Solde
31/12/2021	OD	1011	IS dû au titre de 2021	480	14 728	– 14 248

695000 Impôts sur les bénéfices

Date	Journal	N° de pièce	Libellé	Débit	Crédit	Solde
31/12/2021	OD	1016	IS dû au titre de 2021	14 728	–	14 728

699100 Produits – réduction d'impôt sur don

Date	Journal	N° de pièce	Libellé	Débit	Crédit	Solde
31/12/2021	OD	1029	RI sur don association Vie-Sport		480	– 480

Annexe 7 Hypothèse de M. Firmin : cadre III du formulaire 2058-A-SD de la SAS WindWin au titre de l'exercice 2021

III. RÉSULTAT FISCAL				TOTAL II	XH	XXXX
Résultat fiscal avant imputation des déficits reportables :	bénéfice (I moins II)	XI				
	déficit (II moins I)				XJ	1300000
Déficit de l'exercice reporté en arrière (entreprises à l'IS)*		ZL				
Déficits antérieurs imputés sur les résultats de l'exercice (entreprises à l'IS)*					XL	
RÉSULTAT FISCAL	BÉNÉFICE (ligne XN) ou DÉFICIT reportable en avant (ligne XO)	XN			XO	1300000

Annexe 8 Hypothèse de M. Firmin : cadre I du formulaire 2058-B-SD de la SAS WindWin au titre de l'exercice 2021

Désignation de l'entreprise SAS WindWin (hypothèse déficit) — Néant ☐*

I. SUIVI DES DÉFICITS		
Déficits restant à reporter au titre de l'exercice précédent (1)	K4	
Déficits imputés (total lignes XB et XL du tableau 2058-A)	K5	
Déficits reportables (différence K4-K5)	K6	
Déficit de l'exercice (tableau 2058A, ligne XO)	YJ	1300000
Total des déficits restant à reporter (somme K6+YJ)	YK	1300000

Annexe 9 Hypothèse de M. Firmin : cadre III du formulaire 2058-A-SD de la SAS WindWin au titre de l'exercice 2022

III. RÉSULTAT FISCAL				TOTAL II	XH	
Résultat fiscal avant imputation des déficits reportables :	bénéfice (I moins II)	XI	1400000			
	déficit (II moins I)				XJ	
Déficit de l'exercice reporté en arrière (entreprises à l'IS)*		ZL				
Déficits antérieurs imputés sur les résultats de l'exercice (entreprises à l'IS)*					XL	1200000
RÉSULTAT FISCAL	BÉNÉFICE (ligne XN) ou DÉFICIT reportable en avant (ligne XO)	XN			XO	200000

Annexe 10 Hypothèse de M. Firmin : cadre I du formulaire 2058-B-SD de la SAS WindWin au titre de l'exercice 2022

Désignation de l'entreprise SAS WindWin (hypothèse déficit) — Néant ☐*

I. SUIVI DES DÉFICITS		
Déficits restant à reporter au titre de l'exercice précédent (1)	K4	1300000
Déficits imputés (total lignes XB et XL du tableau 2058-A)	K5	1200000
Déficits reportables (différence K4-K5)	K6	100000
Déficit de l'exercice (tableau 2058A, ligne XO)	YJ	
Total des déficits restant à reporter (somme K6+YJ)	YK	100000

Fiche ressource 1

Les taux d'imposition à l'IS et aux contributions

Le calcul de l'IS et de la contribution dus est effectué par la société elle-même. Il s'agit donc d'une autoliquidation de cet impôt.
L'IS et les contributions additionnelles représentent des charges non déductibles du résultat fiscal, donc à réintégrer.

Impôt sur les sociétés

Il convient de distinguer le taux normal qui s'applique en l'absence de dispositions particulières et les différents taux réduits, prévus par le législateur afin d'atténuer l'imposition de certains profits ou revenus, pour des raisons économiques, financières ou sociales. La loi de finances pour 2018 a prévu une baisse progressive du taux normal d'IS de 33,1/3 % pour atteindre 25 % en 2022.

Intitulé	Taux pour 2021	Champ d'application, règles et base de calcul
Taux normal (taux de droit commun sous condition)	26,5 %	Le champ d'application, les règles et bases de calculs de chacun de ces taux sont mentionnés dans la fiche ressource 2 du chapitre 1.
	27,5 %	
Taux réduit des PME (sous condition)	15 %	
Taux lié à l'option pour le régime de la propriété industrielle	10 %	
Taux sur PVNLT liée aux titres de participation	0 %	

Contributions additionnelles à l'IS

Certaines contributions ou impositions sont liées à l'impôt sur les sociétés, soit parce qu'elles sont assises sur la base même de cet impôt, soit parce que leur principe repose sur une des composantes de l'IS.

Intitulé	Taux	Règles et base de calcul
Contribution sur les bénéfices (CSB)	3,3 %	**Les sociétés qui remplissent les conditions pour bénéficier du taux réduit des PME sont exonérées de la CSB si le CAHT reste inférieur à l'ancienne limite de 7 630 000 €.** Le taux de 3,3 % s'applique sur une fraction de l'IS calculé au taux normal (26,5 % et/ou 27,5 %) et au taux réduit de 10 % sur régime de la propriété industrielle sous déduction d'un abattement de 763 000 €. **CSB = 3,3 % [(IS à 26,5 % + IS à 27,5 % + IS à 10 %)] – 763 000))** ***Donc seules les sociétés redevables d'un IS brut à (26,5 % ou 27,5 % + 10 %) supérieur à 763 000 € seront éventuellement redevables de cette contribution.***

Une règle unique d'arrondissement s'applique à l'ensemble des impôts et taxes. Les bases et cotisations fiscales sont arrondies à l'euro le plus proche :
- la part des bases et cotisations inférieures strictement à 0,50 € est négligée (arrondi à l'inférieur) ;
- la part des bases et cotisations égale ou supérieure à 0,50 € est arrondie à l'unité supérieure ;
- tout élément venant modifier les bases (abattements) ou les cotisations (décotes, crédits d'impôts, réductions d'impôts) est arrondi à l'unité la plus proche.

Cette règle d'arrondissement concerne également les **acomptes provisionnels** d'IR, d'IS ou de contributions.

Fiche ressource 2

Les aides fiscales aux entreprises

Des dispositions fiscales incitent les entreprises à investir dans des zones ou domaines particuliers en fonction de la politique mise en place par le gouvernement. Les aides fiscales décrites ci-dessous font partie des mesures gouvernementales pour atteindre certains objectifs.
Il existe de nombreuses aides fiscales qui peuvent prendre la forme d'allégements fiscaux, de réductions ou de crédits d'impôts accordés aux entreprises soumises à un régime réel d'imposition.
En voici quelques exemples :

Les allégements d'impôt sur les sociétés
Parmi les très nombreux allégements accordés sous conditions par l'État, on peut citer : – les exonérations temporaires, totales ou partielles d'IS en faveur des entreprises nouvelles créées dans certaines zones géographiques considérées comme prioritaires ; – les exonérations temporaires aux jeunes entreprises innovantes (JEI) réalisant des projets de recherche et développement, ou aux jeunes entreprises universitaires (JEU).
Les réductions d'impôts (RI) : en principe non remboursables si non utilisées dans les délais
• Les entreprises qui réalisent des versements (dons) au profit d'œuvres et organismes d'intérêt général, associations d'utilité publique, organismes de recherche agréés… peuvent bénéficier d'une réduction d'impôt. Si son montant excède l'IS dû, il peut être utilisé pour le paiement de l'impôt au titre des cinq exercices suivants. **Calcul de la réduction d'impôt mécénat : 60 % des dépenses de mécénats retenues dans la double limite de :** **– soit 20 000 €** **– soit 5 pour mille du CA HT si ce dernier montant est plus élevé.** • **Les entreprises soumises à l'IS peuvent bénéficier d'une réduction d'impôt égale aux frais générés par la mise à disposition gratuite de leurs salariés d'une flotte de vélos, pour leurs déplacements entre leur domicile et le lieu de travail. Le montant de la réduction d'IS est limité à 25 % du prix d'achat ou de location de la flotte de vélos. Attention : les entreprises soumises à l'IR dans la catégorie des BIC ne bénéficient pas de cette réduction d'impôt.**
Les crédits d'impôts (CI) : en principe remboursables si non imputés sur l'IS dans les délais
• Le **crédit d'impôt recherche** (CIR) s'applique aux entreprises pour certaines dépenses réalisées dans le cadre de leurs activités de recherche. Il est utilisé pour payer l'IS de l'exercice, l'excédent est reporté sur les trois exercices suivants. La fraction non imputée est remboursée. **Calcul du CIR : 30 % jusqu'à 100 millions d'euros de dépenses et 5 % au-delà**
Traitement comptable des crédits d'impôts (CI) ou réductions d'impôts (RI)
• **En principe :** Les crédits d'impôt étant imputables ou remboursables, ils constituent, pour les entreprises soumises à l'IS, un produit à comptabiliser au crédit d'une subdivision du compte 699 (.) « Produits - Crédit d'impôt ou réduction d'impôt » par le débit du compte 444 (.) « État - Crédit d'impôt ». C'est alors le montant de l'IS brut qui sera enregistré au **débit du compte 695.** • **Cependant**, si la société est quasi certaine de réaliser un bénéfice imposable permettant l'imputation du CI ou/et de la RI sur l'IS brut, la société peut enregistrer directement l'**IS net au débit du compte 695.** **Attention ! la comptabilisation du CI ou de la RI au crédit d'un compte de charge nécessite un retraitement fiscal. En effet s'agissant d'un produit (crédit d'un compte de charge) lié à un impôt non déductible (IS) le CI ou la RI sont non imposables. Ils seront donc à déduire du résultat fiscal sur la ligne XG du formulaire 2058-A-SD pour le réel normal ou 2033-B-SD ligne 350 pour le réel simplifié.**

Fiche ressource 3

Méthodologie de calcul de l'IS et des contributions, comptabilisation

Le calcul et l'enregistrement de l'IS et des contributions dus s'effectuent à la clôture de l'exercice. Le compte 695 « Impôts sur les bénéfices » enregistre à son débit le montant de l'IS et des contributions. Le compte 444 « État – Impôts sur les bénéfices » est crédité en contrepartie.
Le compte 444 peut être subdivisé afin de suivre spécifiquement l'IS, d'une part, et les contributions, d'autre part :
– compte 4441 « État – Impôts sur les sociétés » ;
– compte 4442 « État – Contributions aux impôts sur les bénéfices ».

Tableau méthodologique du calcul de l'IS net dans le cadre d'une société bénéficiant du taux réduit de 15% des PME »

Éléments	CALCULS pour 2021 (BF = Bénéfice fiscal)	Montants
IS brut à taux réduit des PME de 15 %	**BF limitée à 38 120 € x 15 %**	+ XXXX
IS brut taux normal de 26,5 %	**(BF – 38 120) x 26,5 %**	+ XXXX
IS sur produits de la propriété industrielle (si option) à 10 %	**Résultat net imposable x 10 %**	+ XXXX
Total IS brut	....	= XXXX
Crédit d'impôt (CI) et/ou réduction d'impôt (RI)	(Calculs annexes)	– XXXX
= IS dû (IS net)[1]	....	= XXXX
Exonération de C.S.B. à 3,3 % car bénéfice du taux réduit de 15 % des PME si le CAHT reste inférieur à 7 630 000 €.		

Remarque : Le bénéfice fiscal doit être arrondi à l'€ le plus proche pour le calcul de l'impôt (case XN du formulaire 2058-A-SD). C'est aussi la base de calcul des acomptes.

(1) Si l'imputation des CI et / ou RI peut se fait immédiatement sur l'impôt brut, **on peut** ne pas les comptabiliser et c'est en principe l'IS dû (IS net) qui est comptabilisé au débit du compte 695 par le crédit du compte 444. Cependant si le CI et/ou RI ne peuvent pas être imputés ou imputés partiellement, ils doivent être comptabilisés au crédit du compte 695 ou 699 ; c'est alors le total de l'IS brut que sera comptabilisé au débit du compte 695.

Fiche ressource 4

Régimes fiscaux et obligations déclaratives des sociétés soumises à l'IS

Les sociétés soumises à l'impôt sur les sociétés (ou à l'impôt sur le revenu) sont, dans tous les cas, soumises à un régime réel d'imposition et donc exclus du régime micro. De plus, le régime simplifié, comme le régime réel normal, permet d'imputer un déficit éventuel sur les bénéfices fiscaux (voir fiche ressource 6).

<table>
<tr><th rowspan="2"></th><th>Réel simplifié (RS) applicable</th><th colspan="2">Réel normal (RN) applicable</th></tr>
<tr><th>De plein droit</th><th>De plein droit</th><th>Sur option</th></tr>
<tr><td rowspan="2">Conditions d'application d'un régime réel</td><td>En fonction de l'activité et d'un seuil de chiffre d'affaires</td><td>En fonction de l'activité et d'un seuil de chiffre d'affaires</td><td>Entreprises soumises de plein droit à un régime de RS ayant exercé une option pour bénéficier du RN</td></tr>
<tr><td colspan="3">Fiche sur les seuils accessible à cette adresse :
https://www.service-public.fr/professionnels-entreprises/vosdroits/F32919</td></tr>
<tr><td rowspan="2">Tableaux de la liasse fiscale à fournir au SIE</td><td>Tableaux de la liasse :
2033-A à G</td><td colspan="2">Tableaux comptables de la liasse : 2050 à 2057
Tableaux fiscaux de la liasse : 2058-A à 2059-G</td></tr>
<tr><td colspan="3">Les sociétés doivent également souscrire la déclaration des résultats 2065 et diverses déclarations annexes, notamment le relevé des frais généraux 2067.
Les sommes portées sur ces formulaires doivent être arrondies à l'euro le plus proche.</td></tr>
<tr><td>Date limite de déclaration</td><td colspan="3">– Pour un exercice clos le 31/12/N, la date de dépôt de la déclaration est fixée au plus tard le 2e jour ouvré suivant le 01/05/N+1. L'administration fiscale considère que les jours ouvrés vont du lundi au vendredi. L'administration fiscale accorde un délai supplémentaire de 15 jours calendaires aux entreprises qui utilisent des téléprocédures : soit le 18 mai pour 2022.
– Pour un exercice clos entre janvier et novembre N, le dépôt doit se faire au plus tard dans les trois mois suivant la clôture (ex. : pour un exercice clos le 31/05/N, le dépôt se fera au plus tard le 31/08/N).</td></tr>
<tr><td>Modalités de télétransmission</td><td colspan="3">Les entreprises soumises à l'IS ont l'obligation de transmettre leur déclaration de résultats et ses annexes par voie électronique selon la procédure TDFC (transfert de données fiscales et comptables) au SIE du lieu du principal établissement.
Deux modes de transmission électroniques sont proposées par l'Administration :
– le mode EFI (échange de formulaires informatisés) permet au contribuable d'effectuer directement ses déclarations en ligne sur le site www.impots.gour.fr depuis son espace « abonné ». Ce système est réservé aux entrepreneurs individuels et aux sociétés soumises au réel simplifié ;
– le mode EDI (échange de données informatisées) dans lequel l'entreprise désigne un partenaire habilité par la DGFiP (Direction générale des Finances publiques). Ce partenaire peut être l'entreprise elle-même ou un tiers habilité (expert-comptable, organisme de gestion agréé…). Le partenaire dématérialise les déclarations et les envoie à l'administration fiscale par l'intermédiaire de fichiers générés par le logiciel comptable.</td></tr>
</table>

Fiche ressource 5

Le paiement de l'IS

L'IS et les contributions doivent être acquittés spontanément dans les délais fixés par des textes législatifs ou réglementaires par télérèglement. C'est au plus tard à la date d'exigibilité qu'ils doivent être payés. Lorsque la date limite de paiement ou de prélèvement coïncide avec un samedi, un dimanche ou un jour férié, elle est prorogée jusqu'au premier jour ouvrable suivant.

Remarque : les modalités de paiement de la contribution sociale et des acomptes s'y rapportant sont exclues du programme du BTS CG.

Modalités de paiement	L'IS se paie par voie dématérialisée en cinq étapes : – **quatre acomptes provisionnels** calculés sur la base de l'exercice précédent (exercice de référence). Le versement de chacun des acomptes est accompagné d'un formulaire de relevé d'acompte n° 2571-SD ; – **puis le solde**, égal à l'IS dû diminué des 4 acomptes. Le versement de ce solde (ou l'excédent de versement) est accompagné du formulaire de relevé de solde n° 2572-SD.
Acomptes provisionnels sur formulaire 2571-SD	• L'IS donne lieu au versement de quatre acomptes trimestriels calculés à partir des résultats du **dernier exercice clos qui est l'exercice de référence pour le calcul des acomptes**. Lorsque les résultats de l'exercice de référence ne sont pas connus à la date de versement du 1er acompte, celui-ci est calculé sur le résultat de l'avant-dernier exercice clos et une régularisation est alors effectuée lors du versement du 2ème acompte sur la base du dernier exercice clos. Cependant, la société peut calculer sous sa propre responsabilité, le montant de son 1er acompte sur la base du dernier exercice clos, lorsqu'elle estime qu'il sera inférieur à celui de l'avant-dernier exercice (cas d'un dernier exercice déficitaire) qui donnerait un acompte à zéro. • Le **montant total des acomptes** déterminé à partir des résultats du dernier exercice clos est égal à un montant d'IS calculé sur : – le résultat imposé au taux de 26,5 (ou 27,5 % si CAHT ≥ 250 M€) ; – le résultat imposé au taux de 15 % des PME ; – le résultat net imposable des produits de la propriété industrielle au taux de 10 %. – le résultat imposé aux taux de 25 % pour l'exercice 2022. • Le **montant de chacun des acomptes** trimestriels est en principe égal au quart (1/4) de l'impôt liquidé : – l'acompte sur l'IS à 26,5 est calculé au taux de : (26,5/4) = **6,625 %** ; – l'acompte sur l'IS à 27,5 % est calculé au taux de : (27,5/4) = **6,875 %** ; – l'acompte sur l'IS à 25 % est calculé aux taux de (25/4) = **6,25 %** ; – l'acompte sur l'IS à 15 % des PME est calculé au taux de : (15 / 4) = **3,75 %** ; – l'acompte sur le résultat net imposable des produits de la propriété industrielle au taux de : (10/4) = **2,5 %**.
Liquidation du solde sur formulaire 2572-SD	• À la clôture de son exercice, et après avoir établi la déclaration des résultats 2065, la société procède à la liquidation de son IS (calcul) et détermine le solde de l'IS à payer ou l'excédent de versement (formulaire 2572). La liquidation et le paiement du solde doivent intervenir au plus tard le 15 du quatrième mois qui suit la clôture. Cependant, si la clôture de l'exercice coïncide avec l'année civile (31 décembre N), la liquidation et le paiement doivent avoir lieu le **15 mai N+1**. • En cas d'excédent de versement, ce dernier est remboursé dans les 30 jours qui suivent la date de dépôt du relevé de solde : donc, au plus tard, le 15 juin N+1.
Comptabilisation	À la date du télérèglement de chacun des acomptes et du paiement du solde, la société débitera le compte 444 « État – Impôts sur les bénéfices » par le crédit d'un compte de trésorerie.
Sanctions	• Le non-respect de l'obligation de paiement par télérèglement entraîne l'application d'une majoration de 0,2 %. • Le paiement tardif est sanctionné par un intérêt de retard de 0,4 % par mois et une majoration de 5 %.
Réduction d'acomptes	Lorsque la société estime que le montant des acomptes déjà versés au titre d'un exercice est supérieur à l'impôt dont elle sera redevable au titre de l'exercice concerné, elle peut se dispenser de verser de nouveaux acomptes (ou en réduire le montant). En pratique, elle informe l'Administration de réduire ou de se dispenser du paiement des acomptes en cochant la case 04 « Minoration » sur la première page du relevé d'acompte 2571.
Dispense d'acomptes	• Lorsque le montant de l'IS dû de l'exercice de référence est inférieur à 3 000 €. • Pour les sociétés nouvellement créées, mais pour leur premier exercice d'activité seulement.

Synthèse sur le calcul des acomptes à verser en N et liquidation d'IS au titre de l'exercice N-1					
Échéancier lié à l'IS pour l'exercice N	**1er acompte**	**Liquidation**	**2e acompte**	**3e acompte**	**4e acompte**
Date limite de paiement	**15/03/N**	**15/05/N**	**15/06/N**	**15/09/N**	**15/12/N**
Taux des acomptes de l'IS à 27,5 %	6,875 %		6,875 %	6,87 %	6,87 %
Taux des acomptes de l'IS à 26,5 %	6,625 %		6,625 %	6,625 %	6,625 %
Taux des acomptes de l'IS à 25 %	6,25 %		6,25 %	6,25 %	6,25 %
Taux des acomptes de l'IS à 15 % des PME	3,75 %		3,75 %	3,75 %	3,75 %
Taux des acomptes de l'IS à 10 % sur les produits de la propriété industrielle	2,50 %		2,50 %	2,50 %	2,50 %
Base de calcul	Exercice N-2	IS de l'exercice N-1 – Acomptes versés en N-1	Exercice de référence N-1 (et régularisation du premier acompte)	Exercice de référence N-1	Exercice de référence N-1

⚠ Lors du premier acompte, le bénéfice de référence de l'exercice précédent est rarement connu. L'entreprise utilise alors, pour ce premier acompte, le bénéfice de référence de l'exercice N-2 ; une régularisation aura alors lieu lors du versement du deuxième acompte. (Si le bénéfice de N-1 est connu lors du versement du premier acompte le 15/03/N, l'entreprise peut utiliser ce bénéfice si elle y a intérêt ; il n'y aura donc pas de régularisation lors du 2e acompte.)

Exemples d'un échéancier d'IS : acomptes et paiement du solde pour l'exercice 2021.

Exemple A : application avec un seul taux d'IS

Une SARL qui remplit les conditions pour bénéficier du taux réduit des PME souhaite connaître l'échéancier concernant l'IS pour l'exercice 2022. Le résultat fiscal n'est jamais connu avant la date du versement du premier acompte. Il n'existe pas de réductions ou de crédits d'impôt.

- Pour l'exercice 2020 : Résultat fiscal = 30 000 €
- Pour l'exercice 2021 : Résultat fiscal = 34 000 €

Exemple B : application avec plusieurs taux d'IS

Une SA qui ne bénéficie pas du taux réduit des PME souhaite connaître l'échéancier concernant l'IS pour l'exercice 2022. Le résultat fiscal n'est jamais connu avant la date du versement du premier acompte. Son chiffre d'affaire est inférieur à 250 M€.

Compte tenu de l'évolution prévue des taux de l'IS pour 2022, la SA doit anticiper cette évolution dans le calcul des acomptes à verser en 2022.

- **Pour l'exercice 2020** :

– Résultat fiscal = 600 000
– Réduction d'impôt mécénat = 3 200
– Produits de la propriété industrielle à 10 % = 15 000

- **Pour l'exercice 2021** :

– Résultat fiscal = 700 000
– Réduction d'impôt mécénat = 3 600
– Produit de la propriété industrielle à 10 % = 12 000
– Total des acomptes versés en 2021 (base 2020) = 160 500

Exemple A résolu :
Echéancier de l'IS en 2022 *:* Calcul des acomptes à verser en **2022**
et liquidation de l'IS de 2021

Eléments	Dates limites	Calculs	Montant
1er acompte (base 2020)	**15/3/2022**	**– Acompte IS au taux réduit des PME : 15 %** *30 000 x 3,75 % =*	**1125**
Liquidation IS de 2021	**15/05/2022**	**Calcul de l'IS dû au titre de 2021** IS net au taux réduit des PME : 34000 x 15 % = **Calcul des acomptes versés en 2021 (base 2020)** Somme des acomptes versés pour l'IS à taux réduit : 30 000 x 3,75 % = 1 125 x 4 acomptes = **IS à payer** **Remarque :** La somme des acomptes peut varier de 1 ou 2 euros en fonction de l'arrondi qui aurait été effectué lors du versement de chacun des 4 acomptes.	5 100 – 4 500 **6 00**
2e acompte (base 2021)	**15/06/2022**	**Acompte IS au taux réduit des PME de 3,75 % (IS à 15 %)** 34 000 x 3,75 % = **Régularisation 1er acompte :** 1 275 – 1 125 = **Montant d'acompte d'IS à payer**	 1 275 150 **1 425**
3e acompte (base 2021)	**15/09/2022**	Même calcul que le 2e acompte (sans les régularisations)	**1 275**
4e acompte (base 2021)	**15/12/2022**	Même calcul que le 2e acompte (sans les régularisations)	**1 275**

Exemple B résolu : Echéancier de l'IS en 2022 : Calcul des acomptes à verser en 2022 et liquidation de l'IS de 2021			
Eléments	**Dates limites**	**Calculs**	**Montants**
1er acompte (base 2020)	**15/3/2022**	**– Acompte IS au taux de 25 %** 600 000 x 6,25 % = **– Acompte IS produits de propriété industrielle taux de 10%** 15 000 x 2,5 % = **Total 1er acompte à payer :**	37 500 375 **37 875**
Liquidation IS de 2021	**15/05/2022**	**– Calcul de l'IS dû au titre de 2021** IS au taux de 26,5 % : 700 000 x 26,5 % = 185 500 IS au taux de 10% : 12 000 x 10 % = 1 200 IS brut : 186 700 RI mécénat : **IS dû (IS net) :** **– Montant des acomptes versé en 2021 (base 2020)** **IS à payer :**	**186 700** **– 3 600** **183 100** **– 160 500** **22 600**
2e acompte (base 2021)	**15/06/2022**	**– Acompte IS pour l'IS à 25 %** 700 000 x 6,25 % = **– Acompte IS propriété industrielle à 10 %** 12 000 x 2,5 % = **Total 2e acompte sans régularisations :** **– Régularisations du 1er acompte :** Acompte à 6,25 % : 43 750 – 37 500 = **6 250** Acompte à 2,5 % : 300 – 375 = **– 75** **Total des régularisations : 6 175** **Montant total 2e acompte à payer :**	**43 750** **300** **44 050** **+ 6 175** **50 225**
3e acompte (base 2021)	**15/09/2022**	Même calculs que le 2e acompte (sans les régularisations)	**44 050**
4e acompte (base 2021)	**15/12/2022**	Même calculs que le 2e acompte (sans les régularisations)	**44 050**

Remarque : Lors du versement des acomptes en 2022, la société se doit d'anticiper la baisse des taux d'IS pour l'exercice 2022.

Fiche ressource 6

Le report des déficits

Une société peut présenter un résultat fiscal déficitaire et n'être redevable d'aucun IS au taux normal ni au taux réduit des PME. Ce déficit pourra cependant s'imputer sur les bénéfices fiscaux futurs afin de réduire ces derniers.

Deux régimes spécifiques sont prévus pour le report des déficits en matière d'IS :
• Le **régime de droit commun : le report en avant du déficit.** Il s'agit de reporter les déficits sur les bénéfices futurs, de manière **illimitée dans le temps**, mais le montant du déficit reportable est **plafonné** pour les entreprises dont le **déficit reportable de l'exercice excède 1 million d'euros.**
• Le **régime optionnel** : le **report en arrière du déficit.** Il s'agit de reporter en arrière le déficit de l'exercice en cours (N), sur le bénéfice « d'imputation » de l'exercice précédent ; le montant du déficit reportable en arrière est limité au montant le plus faible entre le bénéfice d'imputation déclaré au titre de l'exercice et 1 million d'euros. (Remarque : ce régime optionnel n'est pas au programme du BTS CG.)

Régime de droit commun : le report en avant du déficit

Modalités d'imputation du déficit	• Le déficit subi au cours d'un exercice est reportable sur les bénéfices fiscaux des exercices suivants **sans limitation dans le temps.** • Le déficit constaté à la clôture d'un exercice doit être **imputé sur le ou les premiers exercices immédiatement postérieurs bénéficiaires.**
Plafonnement des déficits imputés *(Ligne XL de l'imprimé 2058-A)*	Le déficit constaté au titre d'un exercice ne peut être déduit du bénéfice de l'exercice suivant que dans la **limite d'un montant de 1 million d'euros, majoré de 50 % du bénéfice excédant ce seuil.** La société doit donc acquitter un montant minimum d'IS sur la moitié du bénéfice excédant 1 million d'euros. La fraction du déficit qui ne peut être imputée est reportable sur les exercices suivants sans limitation dans le temps et imputable selon les mêmes modalités que ci-dessus. Dans le cas où le déficit d'un exercice excède 1 million d'euros et que le bénéfice fiscal de l'exercice suivant excède aussi 1 million d'euros, le plafonnement d'imputation peut être traduit par la formule suivante, dans laquelle **B représente le bénéfice fiscal de l'exercice avant imputation des déficits reportables** *(ligne XI du formulaire 2058-A-SD)* : **Plafond de déficit imputé = 1 000 000 + ([50 % × (B – 1 000 000])** Ou formule après simplification : (50 % × B) + 500 000 Le résultat fiscal imposable *(ligne XN du formulaire 2058-A-SD)* est donc égal à : **B – Plafond de déficit imputé** *(soit lignes XI – XL)* Soit : B – ([50 % × B] + 500 000), donc : **Bénéfice minimal taxable = (50 % × B) – 500 000**
Obligations déclaratives	Les déficits fiscaux au titre d'un exercice sont constatés sur les formulaires : – 2058-A-SD dans le cadre III, lignes XJ et XN ; – 2058-B-SD dans le cadre I « Suivi des déficits » ; – 2065-SD dans le cadre C1 « Résultat fiscal ».

Exemple

Une SA soumise à l'IS enregistre les résultats fiscaux suivants :
– au titre de N : déficit de 1,8 million d'euros ;
– au titre de N+1 : bénéfice avant imputation des déficits de 1,5 million d'euros ;
– au titre de N+2 : bénéfice avant imputation des déficits de 600 000 €.
Pour chacun des exercices N+1 et N+2, calculer le montant du déficit imputable. En déduire le montant du bénéfice fiscal imposable (après imputation du déficit) et du déficit éventuellement reportable sur les exercices suivants.

• Au titre de N+1

– Dans la mesure où le déficit excède 1 million d'euros, les déficits seront reportables dans la limite de 1 million d'euros majorés de 50 % du bénéfice excédant ce montant. Soit un montant de déficit imputé de : 1 000 000 + (50 % × [1 500 000 – 1 000 000]) = 1 250 000 €
Ou : (50 % × 1 500 000) + 500 000 = 1 250 000 €
– Le bénéfice fiscal (imposable) sera donc de : 1 500 000 – 1 250 000 = 250 000 €
Ou : (50 % × 1 500 000) – 500 000 = 250 000 €
– Le solde du déficit est reportable sur les exercices suivants :

Déficit de N	1 800 000
Déficit imputé en N+1	– 1 250 000
Déficit reportable sur les exercices suivants	= 550 000

Cadre III du formulaire 2058-A-SD au titre de N+1

III. RÉSULTAT FISCAL			TOTAL II	XH	XXXX
Résultat fiscal avant imputation des déficits reportables :	bénéfice (I moins II)	XI	1500000		
	déficit (II moins I)			XJ	
Déficit de l'exercice reporté en arrière (entreprises à l'IS)*		ZL			
Déficits antérieurs imputés sur les résultats de l'exercice (entreprises à l'IS)*				XL	1250000
RÉSULTAT FISCAL	BÉNÉFICE (ligne XN) ou DÉFICIT reportable en avant (ligne XO)	XN	250000	XO	

Cadre I du formulaire 2058-B-SD au titre de N+1

Désignation de l'entreprise SA exemple — Néant ☐*

I. SUIVI DES DÉFICITS		
Déficits restant à reporter au titre de l'exercice précédent (1)	K4	1800000
Déficits imputés (total lignes XB et XL du tableau 2058-A)	K5	1250000
Déficits reportables (différence K4-K5)	K6	550000
Déficit de l'exercice (tableau 2058A, ligne XO)	YJ	
Total des déficits restant à reporter (somme K6+YJ)	YK	550000

• Au titre de N+2

– Le solde du déficit reportable est de 550 000 € (< 1 000 000 €), donc il est intégralement reportable si le bénéfice fiscal avant imputation des déficits est suffisant.
– Le bénéfice fiscal (imposable) sera donc de : 600 000 – 550 000 = 50 000 €.
– Il n'existe plus de déficit reportable car il a été intégralement imputé sur le bénéfice de 600 000 €.

Cadre III du formulaire 2058-A-SD au titre de N+2

III. RÉSULTAT FISCAL			TOTAL II	XH	XXXX
Résultat fiscal avant imputation des déficits reportables :	bénéfice (I moins II)	XI	600000		
	déficit (II moins I)			XJ	
Déficit de l'exercice reporté en arrière (entreprises à l'IS)*		ZL			
Déficits antérieurs imputés sur les résultats de l'exercice (entreprises à l'IS)*				XL	550000
RÉSULTAT FISCAL	BÉNÉFICE (ligne XN) ou DÉFICIT reportable en avant (ligne XO)	XN	50000	XO	

Cadre I du formulaire 2058-B-SD au titre de N+2

Désignation de l'entreprise SA exemple — Néant ☐*

I. SUIVI DES DÉFICITS		
Déficits restant à reporter au titre de l'exercice précédent (1)	K4	550000
Déficits imputés (total lignes XB et XL du tableau 2058-A)	K5	550000
Déficits reportables (différence K4-K5)	K6	0
Déficit de l'exercice (tableau 2058A, ligne XO)	YJ	
Total des déficits restant à reporter (somme K6+YJ)	YK	0

Applications

1 Résultat fiscal et impôt sur les sociétés avec N = 2021

Vous êtes en stage dans le service comptable de la SA Betabio, qui a pour activité la fabrication et la commercialisation d'aliments pour le bétail en élevage biologique. Depuis 2014, la société bénéficie du label « AB », qui identifie des produits 100 % bio ou contenant au moins 95 % de produits agricoles. La certification de la production bio avec le label européen a permis à la SA Betabio de développer ses ventes en France et en Europe.

La société clôture ses comptes le 31 décembre de chaque année. Le mois de mars N+1 est réservé à l'établissement de la liasse fiscale, et plus particulièrement au calcul du résultat fiscal, de l'impôt sur les sociétés et de la participation des salariés au titre de l'exercice N.

Le chef du service comptable, Mme Doolan, vous demande de contrôler deux imprimés fiscaux générés par le PGI et de calculer le résultat fiscal de la SA Betabio à partir d'une liste d'opérations spécifiques à analyser et tirée du grand-livre des comptes. D'autre part, elle souhaite obtenir un échéancier des dépenses de trésorerie liées à l'IS pour l'exercice N+1.

1. **Contrôle du formulaire 2059-A-SD de la SA Betabio au 31 décembre N**
   a) Vérifier par le calcul les éléments suivants de la partie A du formulaire :
   - la valeur d'origine de la construction ;
   - les amortissements pratiqués en franchise d'impôt pour chacun des éléments cédés : construction, machine-outil et véhicule ;
   - la ligne 15 du formulaire.

   b) Justifier, pour chacun des éléments cédés, la qualification fiscale (CT ou LT) mentionnée dans la partie B du formulaire.

   c) Calculer, par une autre méthode que celle du formulaire, le montant de la MVCT réalisée sur le véhicule particulier. Vérifier que ce montant correspond bien à l'addition des lignes 3 et 15 de la partie B, soit 2 250 €.

   d) Indiquer la raison pour laquelle la cession des 150 titres « Camargue & Riz » ne figure pas sur le formulaire.
2. **Calculer la réduction d'impôt liée au don à l'association « Agir pour l'Environnement ».**
3. P7 **Calculer le résultat fiscal à partir du <u>résultat comptable provisoire, avant IS et participation</u> qui s'élève à 92 897 € (modèle de tableau : document 2).**
4. **Justifier la possibilité d'appliquer le taux réduit de l'IS de 15 % des PME et calculer les montants de l'IS brut et net.**
5. **Enregistrer en comptabilité les écritures constatant, d'une part, la charge d'IS que vous venez de calculer et, d'autre part, la charge liée à la participation des salariés aux résultats, sachant que son montant a été calculé par Mme Doolan et s'élève à 28 900 € au titre de l'exercice N.**
6. **Calculer le résultat net comptable inscrit au compte 120 et qui apparaîtra au bilan et au compte de résultat.**
7. **Contrôler le formulaire 2058-A-SD généré par le PGI et indiquer la nature des montants mentionnés aux lignes WA, WI, I7 et XI, XN.**
8. **Indiquer la date limite de déclaration des résultats pour la SA Betabio et le mode de transmission qu'elle utilise.**
9. **Calculer l'échéancier lié à l'impôt sur les sociétés pour l'exercice N+1 (2022) en complétant le cadre prévu dans le document 9 sachant que le total des acomptes versés en N (2021) s'est élevé à 18 767 €.**
10. **Télécharger et renseigner les formulaires de relevé d'acomptes 2571-SD pour chacun des acomptes versés en N+1.**
11. **Télécharger et renseigner le formulaire de relevé de solde 2572-SD pour la liquidation de l'IS de l'exercice N. En cas d'excédent de versement, un remboursement est demandé.**

Document 1 Informations générales sur la SA Betabio

Structure juridique	Société anonyme
Dénomination sociale	Betabio
Date de création	1er février 2003
Capital social	100 000 € entièrement libérés
Actionnaires	– 60 % détenus par Jean Quissac (fondateur de la SA) – 20 % détenus par la SARL BléBio (fournisseur de la SA) – 12 % détenus par la sœur de M. Quissac – 8 % détenus par le frère de M. Quissac
Organe de direction	Conseil d'administration composé de 8 administrateurs (dont Jean Quissac, président)
Activité	Fabrication et commercialisation d'aliments pour le bétail en élevage biologique
Chiffre d'affaires N	4 654 852 € HT
Effectif et rémunérations pour l'exercice N	70 salariés (dont Jean Quissac, assimilé à un salarié) – Rémunération totale des 5 salariés les mieux rémunérés : 290 000 € – Rémunération totale des 10 salariés les mieux rémunérés : 476 000 €
Régime fiscal	Impôt sur les sociétés dans le cadre du régime du réel normal
Option fiscale	Régime des sociétés mères et filiales
Taux de crédit pour l'exercice N	– Taux moyen pratiqué par les établissements de crédit pour des prêts à taux variable aux entreprises d'une durée supérieure à 2 ans (TMP) : 1,67 % – Taux du marché : 3,06 %
Titres inscrits à l'actif au 31/12/N	– 1 800 titres de la SARL Cérébio inscrits en titres de participation et représentant, après cession partielle, 12 % du capital de la SARL Cérébio au 31/12/N – 120 titres de la SA Camargue & Riz inscrits en titres immobilisés et représentant, après cession partielle, 1 % du capital de la SA Camargue & Riz au 31/12/N

Document 2 Modèle de tableau préparatoire pour la détermination du résultat fiscal de la SA Betabio pour l'exercice N (à reproduire sous Excel)

Opérations : régime fiscal / calcul	Réintégrations	Déductions	Ligne du formulaire 2058-A-SD
Résultat comptable AVANT IS et participation des salariés	92 897		
[…]			
[…]			
Totaux			
Résultat fiscal sur 2058-A-SD : bénéfice ou déficit *(Barrer la mention inutile)*			

Document 3 Opérations réalisées par la SA Betabio au titre de l'exercice N

Informations utiles au contrôle de l'imprimé 2059-A-SD

- Le 01/05/N, cession pour 97 000 € d'une construction acquise neuve et mise en service le 01/04/N-5 pour 70 000 € HT (TVA déduite à l'acquisition au taux de 20 % : 14 000 €). Durée d'utilisation et d'usage : 20 ans en mode linéaire.
- Le 20/04/N, cession pour 1 300 € HT d'une machine-outil acquise neuve et mise en service le 20/07/N-2 pour 3 750 € HT. Durée d'utilisation : 5 ans en mode linéaire. Durée d'usage (amortissement fiscal) : 5 ans en mode dégressif (coefficient 1,75).
- Le 01/07/N, cession à un particulier pour 14 000 € d'un véhicule de tourisme Golf acquis neuf et mis en service le 01/10/N-2 pour 25 000 € TTC. Durée d'utilisation et d'usage : 5 ans en mode linéaire. Taux de CO_2 : 110 g/km.
- Le 15/06/N, vente d'une partie du portefeuille-titres :
  – 150 actions « Camargue & Riz » au cours de 32,50 €. Ces titres avaient été acquis en totalité au cours de 26 € en N-5 et inscrits dans un compte de titres immobilisés ;
  – 1 200 parts sociales « Cérébio » au prix unitaire de 35 €. Ces titres avaient été acquis en totalité au prix de 33,50 € le 05/06/N-4 et inscrits dans un compte de titres de participation.

Précisions concernant certaines opérations enregistrées en charges pendant l'exercice N

- Location pour 15 jours de vacances d'une résidence d'agrément sur la Côte d'Azur pour M. Quissac : 6 050 €
- Prime d'assurance-vie souscrite sur la tête du PCA (Jean Quissac) exigée par la banque pour garantir un emprunt : 980 €
- Pénalité pour erreur dans le calcul du montant de l'impôt sur les sociétés de N-1 : 350 €
- Rappel d'impôt sur les sociétés de N-1 : 3 500 €
- Taxe sur les véhicules des sociétés : 1 340 €
- Jetons de présence versés aux administrateurs : 23 000 €
- Don à l'association reconnue d'utilité publique « Agir pour l'Environnement » : 1 000 €
- Location de longue durée (60 mois) d'un véhicule de tourisme break pour un prix de 673 € TTC par mois. Les informations communiquées par le bailleur sont les suivantes :
  – Prix du neuf : 40 000 € TTC
  – Amortissement linéaire sur 5 ans
  – Taux d'émission de CO_2 : 208 g/km
  – Date de début de location : 21/09/N
- Amortissement du véhicule de tourisme Golf cédé le 01/07/N. Ce véhicule avait été acquis le 01/10/N-2 pour 25 000 € TTC et amorti sur une durée d'utilisation de 5 ans en linéaire. Le mode d'amortissement fiscal et la durée d'usage sont identiques. Taux de CO2 = 110 g/km

Précisions concernant des dividendes enregistrés en produits pendant l'exercice N

- 2 000 € en provenance de la SA Camargue & Riz soumise à l'IS. La SA Betabio a inscrit ces titres dans un compte 2711 « Titres immobilisés – Actions ».
- 5 000 € en provenance de la SARL Cérébio soumise à l'IS. La SA Betabio a inscrit ces titres dans un compte 2618 « Titres de participation – Parts sociales ».

Participation des salariés aux résultats de l'entreprise

Après approbation des comptes lors de l'AGO du 15 mai N, la participation au titre de N-1 d'un montant de 24 000 € a été comptabilisée au débit du compte 4284 « Dettes provisionnées pour participation des salariés aux résultats » par le crédit du compte 4246 « Participation des salariés – Réserve spéciale »

Document 4 Formulaire 2059-A-SD de la SA Betabio au 31/12/N

Formulaire obligatoire (article 53 A du Code général des impôts) ⑫

DÉTERMINATION DES PLUS ET MOINS VALUES

DGFiP N° 2059-A-SD [redacted]

Désignation de l'entreprise	SA BETABIO	Néant ☐ *

A – DÉTERMINATION DE LA VALEUR RÉSIDUELLE

	N°	Nature et date d'acquisition des éléments cédés*	Valeur d'origine*	Valeur nette réévaluée*	Amortissements pratiqués en franchise d'impôt	Autres amortissements*	Valeur résiduelle
		1	2	3	4	5	6
I – IMMOBILISATIONS *	1	Construction 01/04/N-5	79 800		17 792		62 008
	2	Machine-outil 20/07/N-2	3 750		1 915		1 835
	3	Véhicule Golf 01/10/N-2	25 000		6 405		18 595
	4	Titres Cérébio 05/06/N-4	40 200				40 200
	5						
	6						
	7						
	8						
	9						
	10						
	11						
	12						

B – PLUS-VALUES, MOINS-VALUES — **Qualification fiscale des plus et moins-values réalisées ***

	N°	Prix de vente	Montant global de la plus-value ou de la moins-value	Court terme	Long terme 19 %	Long terme 15 % ou 12,80 %	Long terme 0%	Plus-value taxable à 19 % (1)
		7	8	9	10			11
I – IMMOBILISATIONS *	1	97 000	34 992	34 992				
	2	1 300	(535)	(535)				
	3	14 000	(4 595)	(4 595)				
	4	42 000	1 800				1 800	
	5							
	6							
	7							
	8							
	9							
	10							
	11							
	12							
II – AUTRES ÉLÉMENTS	13	Fraction résiduelle de la provision spéciale de réévaluation afférente aux éléments cédés	+					
	14	Amortissements irrégulièrement différés se rapportant aux éléments cédés	+					
	15	Amortissements afférents aux éléments cédés mais exclus des charges déductibles par une disposition légale	+	2 345				
	16	Amortissements non pratiqués en comptabilité et correspondant à la déduction fiscale pour investissement, définie par les lois de 1966, 1968 et 1975, effectivement utilisée	+					
	18	Provisions pour dépréciation des titres relevant du régime des plus ou moins-values à long terme devenues sans objet au cours de l'exercice						
	19	Dotations de l'exercice aux comptes de provisions pour dépréciation des titres relevant du régime des plus ou moins-values à long terme						
	20	Divers (détail à donner sur une note annexe) *						
		CADRE A : plus ou moins-value nette à court terme (total algébrique des lignes 1 à 20 de la colonne 9)		32 207			1 800	
		CADRE B : plus ou moins-value nette à long terme (total algébrique des lignes 1 à 20 de la colonne 10) CADRE C : autres plus-values taxables à 19 % (colonne 11)		(A)	(B) avec une ventilation par taux			(C)

* Des explications concernant cette rubrique figurent dans la notice n° 2032-NOT-SD

(1) Ces plus-values sont imposables au taux de 19 % en application des articles 238 *bis* JA, 208 C et 210 E du CGI.

Document 5 Extrait du plan des comptes utilisé par la SA Betabio

N° de compte	Intitulé des comptes
424600	Participation des salariés – Réserve spéciale
428400	Dettes provisionnées pour participation des salariés aux résultats
444000	État – Impôts sur les bénéfices
512010	Banque Crédit Agricole
691000	Participation des salariés aux résultats
695000	Impôts sur les bénéfices
699100	Produits – Réductions d'impôts sur les sociétés
699200	Produits – Crédits d'impôts sur les sociétés

Document 6 Organisation comptable liée aux réductions et crédits d'impôts

« Le chef du service comptable, Mme Doolan, a précisé que les réductions ou crédits d'impôts s'enregistrent au crédit des comptes de charges :

- 699100 Produits – Réductions d'impôt sur les sociétés
- 699200 Produits – Crédits d'impôt sur les sociétés

par le débit du compte 444000 État-Impôts sur les bénéfices, afin de faciliter le contrôle et le suivi de leurs imputations sur l'IS brut. »

Document 7 Informations sur les résultats des exercices précédents

Exercice	Résultat fiscal	PVNLT
N-2 (2019)	28 600 €	Aucune
N-1 (2020)	87 363 €	Aucune

Document 8 Formulaire 2058-A-SD de la SA Betabio au 31/12/N

Formulaire obligatoire (article 53 A du Code général des Impôts) ⑨ **DÉTERMINATION DU RÉSULTAT FISCAL** DGFiP N° 2058-A-SD [redacted]

Désignation de l'entreprise	SA BETABIO	Néant ☐*	Exercice N clos le
	Formulaire déposé au titre de l'IR (cocher la case ci-contre)	ET	3 1 1 2 2 1

I. RÉINTÉGRATIONS

BÉNÉFICE COMPTABLE DE L'EXERCICE						WA	48 096
Charges non admises en déduction du résultat fiscal	Rémunération du travail de l'exploitant ou des associés (entreprises à l'IR)					WB	
	Avantages personnels non déductibles* (sauf amortissements à porter ligne ci-dessous)	WD		Amortissements excédentaires (art.39-4 du CGI) et autres amortissements non déductibles	WE 670	XE	9 732
	Autres charges et dépenses somptuaires (art. 39-4 du CGI)	WF	7 720	Taxe sur les véhicules des sociétés (entreprises à l'IS)	WG 1 340		
	Fraction des loyers à réintégrer dans le cadre d'un crédit-bail immobilier et de levée d'option	RA		(Part des loyers dispensés de réintégration (art. 239 *sexies* D du CGI)	RB)		
	Provisions et charges à payer non déductibles (cf. tableau n° 2058-B, cadre III)	WI	28 900	Charges à payer liées à des états et territoires non coopératifs non déductibles (cf. 2067-*bis*)	XX	XW	29 250
	Amendes et pénalités	WJ	350	Charges financières (art. 39-1-3° et 212 *bis* du CGI) *	XZ		
	Réintégrations prévues à l'article 155 du CGI *					XY	
	Impôt sur les sociétés (cf. page 9 de la notice n° 2032-NOT-SD)					I7	15 901
Quote-part	Bénéfices réalisés par une société de personnes ou un GIE	WL		Résultats bénéficiaires visés à l'article 209 B du CGI	L7	K7	
Régimes particuliers / impositions différées	Moins-values nettes à long terme			{ - imposées aux taux de 15 % ou de 19 % (12,80 % pour les entreprises à l'IR)		I8	
				- imposées au taux de 0%		ZN	
	Fraction imposable des plus-values réalisées au cours d'exercices antérieurs*			{ - Plus-values nettes à court terme		WN	
				- Plus-values soumises au régime des fusions		WO	
Écarts de valeurs liquidatives sur OPCVM * (entreprises à l'IS)						XR	
Réintégrations diverses à détailler sur feuillet séparé DONT*	Intérêts excédentaires (art.39-1-3ème et 212 du CGI)	SU		Zone d'entreprises* (activité exonérée)	SW	WQ	4 716
	Déficits étrangers antérieurement déduits par les PME (art. 209 C)	SX		Quote-part de 12 % des plus-values à taux zéro	M8 216		
Réintégration des charges affectées aux activités éligibles au régime de taxation au tonnage						Y1	
Résultat fiscal afférent à l'activité relevant du régime optionnel de taxation au tonnage						Y3	
					TOTAL I	WR	107 695

II. DÉDUCTIONS

PERTE COMPTABLE DE L'EXERCICE					WS	
Quote-part dans les pertes subies par une société de personne ou un G.I.E. *					WT	
Provisions et charges à payer non déductibles, antérieurement taxées et réintégrées dans les résultats comptables de l'exercice (cf. tableau n° 2058-B-SD, cadre III)					WU	24 000
Régime d'imposition particuliers et impositions différées	Plus-values nettes à long terme	- imposées au taux de 15 % (12,80 % pour les entreprises soumises à l'IR)			WV	
		- imposées au taux de 0 %			WH	1 800
		- imposées au taux de 19 %			WP	
		- imputées sur les moins-values nettes à long terme antérieure			WW	
		- imputées sur les déficits antérieurs			XB	
	Autres plus-values imposées au taux de 19 %				I6	
	Fraction des plus-values nettes à court terme de l'exercice dont l'imposition est différée *				WZ	
	Régime des sociétés mères et des filiales* / Produits net des actions et parts d'intérêts	(Quote-part de frais et charges restant imposable à déduire des produits nets de participation	2A	250)	XA	4 750
	Produits de participations inéligibles au régime des sociétés mères déductibles à hauteur de 99 % (art. 223 B du CGI)				ZX	
Mesures d'incitation	Déduction autorisée au titre des investissements réalisés dans les collectivités d'outre-mer *				ZY	
	Majoration d'amortissement *				XD	

Abattement sur le bénéfice et exonérations*							
Entreprises nouvelles (art. 44 *septies*)	K9		Entreprises nouvelles (art. 44 *sexies*)	L2	J.E.I. (art. 44 *sexies* A)	L5	XF
Pôle de compétitivité hors CICE (art. 44 *undecies*)	L6		S.I.I.C. (art. 208C)	K3	Zone de restructuration de la défense (art. 44 *terdecies*)	PA	
ZFU – TE (art. 44 *octies* et *octies* A)	ØV		Bassin d'emploi à redynamiser (art. 44 *duodecies*)	1F	Zone franche d'activité nouvelle génération (art. 44 *quaterdecies*)	XC	
Bassin urbain à dynamiser (art. 44 *sexdecies*)	PP		Zone de revitalisation rurale (art. 44 *quindecies*)	PC	Zone de développement prioritaire (art. 44 *septdecies*)	PB	

Écarts de valeurs liquidatives sur OPCVM * (entreprises à l'IS)					XS	
Déductions diverses à détailler sur feuillet séparé (	dont déduction exceptionnelle (art. 39 decies)	X9	dont déduction exceptionnelle simulateur de conduite	YH	XG	600
	dont déduction exceptionnelle (art.39 *decies* A)	YA	dont déduction exceptionnelle (art.39 *decies* C)	YC		
	dont déduction exceptionnelle (art.39 *decies* B)	YB	dont déduction exceptionnelle (art.39 *decies* D))	YD		
	Créance dégagée par le report en arrière de déficit			ZI		
Déduction des produits affectés aux activités éligibles au régime de taxation au tonnage					Y2	
				TOTAL II	XH	31 150

III. RÉSULTAT FISCAL

Résultat fiscal avant imputation des déficits reportables	{ Bénéfice (I moins II)	XI	76 545		
	Déficit (II moins I)			XJ	
Déficits de l'exercice reporté en arrière (entreprises à l'IS) *		ZL			
Déficits antérieurs imputés sur les résultats de l'exercice (entreprises à l'IS) *				XL	
RÉSULTAT FISCAL	BÉNÉFICE (ligne XN) ou DÉFICIT reportable en avant (ligne XO)	XN	76 545	XO	

* Des explications concernant ces rubriques figurent dans la notice n° 2032-NOT-SD

Document 9 Échéancier IS pour l'exercice N+1

Société Betabio Échéancier de l'IS pour l'exercice N+1				
Éléments	Dates limites	Imprimés à remplir	Calculs	Montants
1er acompte				
Liquidation IS de N				
2e acompte				
3e acompte				
4e acompte				

2 Gestion de déficits

Vous effectuez votre stage de deuxième année de BTS CG dans le cabinet d'expertise comptable Comte, situé à Salon-de-Provence. M. Comte, expert-comptable, souhaite vous sensibiliser à la gestion des déficits dans le cadre d'un report en avant.
Il vous soumet le cas de la SA Technic, qui a pour activité la fabrication d'outillages de jardin. Depuis quelques années, cette société éprouve des difficultés pour commercialiser ses produits face à la concurrence de produits asiatiques bas de gamme. La société a donc décidé de repositionner ses produits et s'est lancée dans la fabrication de produits haut de gamme, plus performants, solides et bénéficiant d'une garantie de dix ans. Depuis deux ans, son positionnement sur le marché et une gestion plus stricte de ses charges lui a permis de redresser ses résultats.
M. Comte vous communique des extraits de formulaires fiscaux liés à la gestion des déficits de la SA Technic.

1. **À partir des extraits des formulaires 2058-A-SD et 2058-B-SD de l'exercice N-2 :**
   a) indiquer si l'exercice N-3 était bénéficiaire ou déficitaire. Justifier votre réponse ;
   b) préciser le montant du déficit reportable en avant. La SA Technic est-elle limitée dans le temps pour reporter ce déficit en avant ?
2. **À partir des extraits des formulaires 2058-A-SD et 2058-B-SD de l'exercice N-1 :**
   a) indiquer le montant du déficit de l'exercice ;
   b) indiquer le montant du déficit reportable en avant ;
   c) préciser si ce déficit pourra être intégralement reporté en avant dès l'exercice suivant. Justifier votre réponse.
3. **À partir de l'extrait du formulaire 2058-A-SD de l'exercice N :**
   a) vérifier par le calcul le montant des déficits antérieurs imputés sur les résultats de l'exercice ;
   b) compléter le cadre I de l'imprimé 2058-B.
4. **Dans l'hypothèse d'un bénéfice fiscal avant imputation des déficits reportables de 1 050 563 € pour l'exercice N+1 :**
   a) compléter le cadre III du formulaire 2058-A-SD ;
   b) compléter le cadre I du formulaire 2058-B-SD.

Document 1 Extraits des formulairs de l'exercice N-2

• 2058-A-SD

III. RÉSULTAT FISCAL	TOTAL II			XH	1689544
Résultat fiscal avant imputation des déficits reportables :	bénéfice (I moins II)	XI			
	déficit (II moins I)			XJ	732864
Déficit de l'exercice reporté en arrière (entreprises à l'IS)*		ZL			
Déficits antérieurs imputés sur les résultats de l'exercice (entreprises à l'IS)*				XL	
RÉSULTAT FISCAL	BÉNÉFICE (ligne XN) ou DÉFICIT reportable en avant (ligne XO)	XN		XO	732864

• 2058-B-SD

I. SUIVI DES DÉFICITS		
Déficits restant à reporter au titre de l'exercice précédent (1)	K4	0
Déficits imputés (total lignes XB et XL du tableau 2058-A)	K5	0
Déficits reportables (différence K4-K5)	K6	0
Déficit de l'exercice (tableau 2058A, ligne XO)	YJ	732864
Total des déficits restant à reporter (somme K6+YJ)	YK	732864

Document 2 Extraits des imprimés de l'exercice N-1

• 2058-A-SD

III. RÉSULTAT FISCAL	TOTAL II			XH	1741552
Résultat fiscal avant imputation des déficits reportables :	bénéfice (I moins II)	XI			
	déficit (II moins I)			XJ	652435
Déficit de l'exercice reporté en arrière (entreprises à l'IS)*		ZL			
Déficits antérieurs imputés sur les résultats de l'exercice (entreprises à l'IS)*				XL	
RÉSULTAT FISCAL	BÉNÉFICE (ligne XN) ou DÉFICIT reportable en avant (ligne XO)	XN		XO	652435

• 2058-B-SD

I. SUIVI DES DÉFICITS		
Déficits restant à reporter au titre de l'exercice précédent (1)	K4	732864
Déficits imputés (total lignes XB et XL du tableau 2058-A)	K5	0
Déficits reportables (différence K4-K5)	K6	732864
Déficit de l'exercice (tableau 2058A, ligne XO)	YJ	652435
Total des déficits restant à reporter (somme K6+YJ)	YK	1385299

Document 3 Extraits des formulaires de l'exercice N

• 2058-A-SD

III. RÉSULTAT FISCAL			TOTAL II	XH	1422698
Résultat fiscal avant imputation des déficits reportables :	bénéfice (I moins II)	XI	1210540		
	déficit (II moins I)			XJ	
Déficit de l'exercice reporté en arrière (entreprises à l'IS)*		ZL			
Déficits antérieurs imputés sur les résultats de l'exercice (entreprises à l'IS)*				XL	1105270
RÉSULTAT FISCAL	BÉNÉFICE (ligne XN) ou DÉFICIT reportable en avant (ligne XO)	XN	105270	XO	

• 2058-B-SD à compléter

I. SUIVI DES DÉFICITS		
Déficits restant à reporter au titre de l'exercice précédent (1)	K4	
Déficits imputés (total lignes XB et XL du tableau 2058-A)	K5	
Déficits reportables (différence K4-K5)	K6	
Déficit de l'exercice (tableau 2058A, ligne XO)	YJ	
Total des déficits restant à reporter (somme K6+YJ)	YK	

Document 4 Extraits des formulaires de l'exercice N+1 à compléter

• 2058-A-SD à compléter

III. RÉSULTAT FISCAL			TOTAL II	XH	1587555
Résultat fiscal avant imputation des déficits reportables :	bénéfice (I moins II)	XI			
	déficit (II moins I)			XJ	
Déficit de l'exercice reporté en arrière (entreprises à l'IS)*		ZL			
Déficits antérieurs imputés sur les résultats de l'exercice (entreprises à l'IS)*				XL	
RÉSULTAT FISCAL	BÉNÉFICE (ligne XN) ou DÉFICIT reportable en avant (ligne XO)	XN		XO	

• 2058-B-SD à compléter

I. SUIVI DES DÉFICITS		
Déficits restant à reporter au titre de l'exercice précédent (1)	K4	
Déficits imputés (total lignes XB et XL du tableau 2058-A)	K5	
Déficits reportables (différence K4-K5)	K6	
Déficit de l'exercice (tableau 2058A, ligne XO)	YJ	
Total des déficits restant à reporter (somme K6+YJ)	YK	

Chapitre 5

Impôt sur le revenu (IR) : principes et champ d'application

Activité	Composante d'activité	Compétence	P7	Vers Pix
3.3. Traitement des opérations relatives aux impôts directs	3.3.7. Participation au calcul de l'impôt sur le revenu (IR)	Calculer le montant de l'IR en prenant en compte différents éléments	Une utilisation du tableur adaptée pour automatiser des procédures de calcul, simuler le calcul d'impôt selon différentes options simples catégorielles.	**3.1.** Développer des documents textuels

Situation professionnelle

M. et Mme Tardieu, qui résident à Fos-sur-Mer, ont toujours effectué eux-mêmes leurs déclarations de revenus, et assuré le suivi et le contrôle des sommes imposables au titre de l'impôt sur le revenu de leur foyer.

Les changements intervenus depuis le 1er janvier 2021, avec la constitution de la SAS WindWin (dont M. Tardieu est président) et de l'EIRL Univers de la Planche (dont Mme Tardieu est l'exploitante), ont conduit le couple à confier le calcul de son imposition au titre de l'IR pour l'année civile 2021 au collaborateur en charge de leur dossier au sein du cabinet d'expertise comptable ExpertPlus. Le manque de temps, la complexité des modalités d'imposition spécifiques à chacun des revenus perçus et la volonté de profiter d'options éventuelles justifient le recours aux services de ce cabinet.

ExpertPlus a déjà procédé à l'élaboration de la liasse fiscale des deux entreprises pour l'exercice comptable 2021.

Mission

Vous êtes stagiaire au sein du cabinet ExpertPlus. M. Firmin, votre tuteur, vous confie le dossier des époux Tardieu. Il vous demande tout d'abord de déterminer la composition du foyer fiscal puis d'identifier les catégories de revenus qui en constituent le revenu brut global. À votre demande, le couple Tardieu s'est engagé à fournir toutes les informations utiles à l'élaboration de leur déclaration de revenus.

Vous disposez d'une documentation fiscale.

Travail à faire

I Les revenus catégoriels imposables

De par ses nouvelles activités, le couple Tardieu s'interroge sur la nature des revenus perçus et leur modalité d'imposition.

1. Rappeler à quel impôt direct sera soumis le bénéfice fiscal réalisé par la SAS WindWin et qui en sera redevable. Justifier votre réponse.
2. Préciser à quel impôt direct sera soumis le résultat fiscal dégagé par l'EIRL Univers de la Planche et qui en sera redevable. Justifier votre réponse.
3. Préciser pourquoi le revenu imposable à l'IR est un revenu dit « global ».
4. Indiquer le statut social et fiscal de M. Tardieu au sein de la SAS WindWin. À ce titre, quel revenu catégoriel M. Tardieu devra-t-il déclarer pour l'imposition à l'IR de son foyer ?
5. Préciser quels sont les autres revenus versés par la SAS WindWin à M. Tardieu. Dans quelle catégorie de revenus seront-ils déclarés dans le cadre de l'imposition à l'IR du foyer fiscal Tardieu ?
6. Indiquer si un ou plusieurs autres revenus perçus par le couple sont à intégrer dans le revenu global imposable du foyer. Justifier votre réponse.

▶| Annexe 1
▶| Annexe 2
▶| Annexe 3
▶| Fiche ressource 1
▶| Fiche ressource 2
▶| Fiche ressource 4

II Le domicile et la composition du foyer fiscal

7. Justifier le fait que le domicile fiscal du foyer Tardieu est bien situé en France. Préciser si, en principe, tous les revenus perçus par le couple seront imposés en France.
8. Analyser la situation fiscale de chacun des quatre enfants du foyer Tardieu. Préciser le nombre de foyers fiscaux différents dans cette famille si aucune option n'a été exercée.
9. Rédiger le courriel adressé par le cabinet à Mme Tardieu en réponse à ses interrogations relatives au rattachement de son fils Florian au foyer fiscal des parents.
10. Si le rattachement de Florian est décidé, préciser quels seront les membres du foyer fiscal Tardieu.
11. Indiquez pourquoi l'IR est un impôt dit « personnel ». Quelle est la base d'imposition retenue pour le calcul de l'IR ? Comment ce caractère personnel de l'IR est-il pris en compte lors du calcul du montant de l'IR brut ?

▶| Annexe 1
▶| Annexe 3
▶| Annexe 4
▶| Fiche ressource 1
▶| Fiche ressource 3
▶| Fiche ressource 5

III Les prélèvements sociaux

12. Préciser, pour chacun des revenus perçus par le foyer fiscal Tardieu, les contributions sociales auxquelles il est soumis.
13. Indiquer si ces contributions sont déductibles du revenu imposable à l'IR et, si oui, dans quelle proportion. À quelle condition ces contributions deviennent-elles partiellement déductibles du revenu pour les revenus mobiliers ?
14. Préciser la conséquence d'une non-déductibilité de ces contributions.

▶| Annexe 2
▶| Fiche ressource 4

Données de la situation

Annexe 1 Présentation de la famille Tardieu

M. et Mme Tardieu sont mariés, depuis plus de vingt ans, sous le régime de la communauté réduite aux acquêts. M. Tardieu est né à Martigues et Mme Tardieu (née Faure) à La Réunion. Ils sont installés depuis 2010 à Fos-sur-Mer, où ils sont propriétaires d'une villa, lieu de leur résidence principale. Ils sont aussi propriétaires d'un appartement au Portugal, à Praia do Amado, station réputée qui accueille régulièrement des compétitions internationales de surf. La famille Tardieu y passe l'essentiel de ses vacances.

Le couple a quatre enfants. Amélie, née le 18 août 1999, titulaire du brevet d'État d'éducateur sportif des activités de la natation (BEESAN), exerce une activité salariée de maître-nageur sauveteur (MNS) auprès de communes et de clubs sportifs. Florian, né le 23 mars 2003, a obtenu le baccalauréat en juin 2021 et s'est inscrit en première année de licence STAPS à Marseille. Julien, collégien, est né le 6 juillet 2008, et Marylou est née le 19 octobre 2016.

Annexe 2 Informations professionnelles sur la famille Tardieu

• M. Tardieu, ex-champion de windsurf, a créé son entreprise individuelle de fabrication de planches de surf le 1er avril 2015, devenue l'EIRL WindWin.

Courant 2020, il obtient, après négociations, le référencement de ses produits auprès de la centrale d'achat d'un grand groupe de distribution de matériel sportif à compter de 2021. La création d'un nouveau site de fabrication est devenue incontournable. M. Tardieu décide alors d'apporter certains éléments de son EIRL à une société par actions simplifiée (SAS) afin de s'associer à des apporteurs de capitaux et d'assurer le financement des investissements nécessaires.

Les statuts de la société sont signés fin 2020 et l'immatriculation de la SAS au registre du commerce et des sociétés est effective au 1er janvier 2021. M. Tardieu a souscrit à 66 % du capital social de la SAS afin d'accéder à la direction de la société. Il a été désigné président de la SAS WindWin par les statuts.

Le cabinet ExpertPlus, en charge du dossier de la SAS, a communiqué, pour l'exercice comptable 2021, un résultat fiscal de 66 543 €.

En tant que président de la SAS, M. Tardieu bénéficie du régime des salariés tant du point de vue fiscal que social. Sa rémunération pour les deux premières années d'exploitation a été fixée à 48 000 € brut par an.

M. Tardieu est membre du conseil d'administration de la SAS. Il perçoit des jetons de présence ordinaires, au même titre que les autres membres du conseil (il ne perçoit pas de jetons de présence spéciaux en rémunération de sa fonction de dirigeant). Le versement de ces jetons a été effectué en une seule fois au mois de novembre 2021.

M. Tardieu a ouvert à la SAS, le 1er mars 2021, un compte courant d'associé pour un montant de 30 000 € rémunéré au taux de 2,30 % l'an.

La SAS a prévu de distribuer un dividende en 2022.

• Mme Tardieu : depuis le 1er janvier 2021, le commerce de détail exploité antérieurement par M. Tardieu (vente d'articles de sport : voiles, gilets, lunettes…) est exploité par son épouse sous la forme d'une EIRL dénommée « Univers de la Planche ».

Le résultat fiscal communiqué par ExpertPlus pour l'exercice comptable 2021 est de 36 800 €. Sur les conseils du cabinet, l'EIRL a maintenu son adhésion au centre de gestion agréé (CGA) du Pays d'Arles.

• Le couple détient des placements financiers :
- un Livret A où sont déposés 15 000 € et dont les intérêts sont versés une fois par an (taux de 0,75 % par an) ;
- un portefeuille de titres qui comprend des actions de sociétés françaises et des obligations.

N.B. : le couple Tardieu n'a pas opté pour une imposition de ses revenus mobiliers au barème progressif de l'IR.

Annexe 3 Documentation fiscale

Extraits du *Mémento fiscal Francis Lefebvre*

§ 23570 – [...] En rémunération de leur activité au conseil, les administrateurs perçoivent des jetons de présence. Leur montant est normalement imposable entre les mains de chaque bénéficiaire dans la catégorie des revenus mobiliers [...].

§ 24000 – Les produits du portefeuille-titres et des placements financiers des particuliers sont imposables à l'impôt sur le revenu dans la catégorie des revenus de capitaux mobiliers désignés plus brièvement par l'expression « revenus mobiliers » [...].

Annexe 4 Courriel de Mme Tardieu au cabinet ExpertPlus

Mme Tardieu s'interroge sur le rattachement de son fils Florian au foyer fiscal pour l'année civile 2021
Elle adresse le courriel suivant au cabinet ExpertPlus.

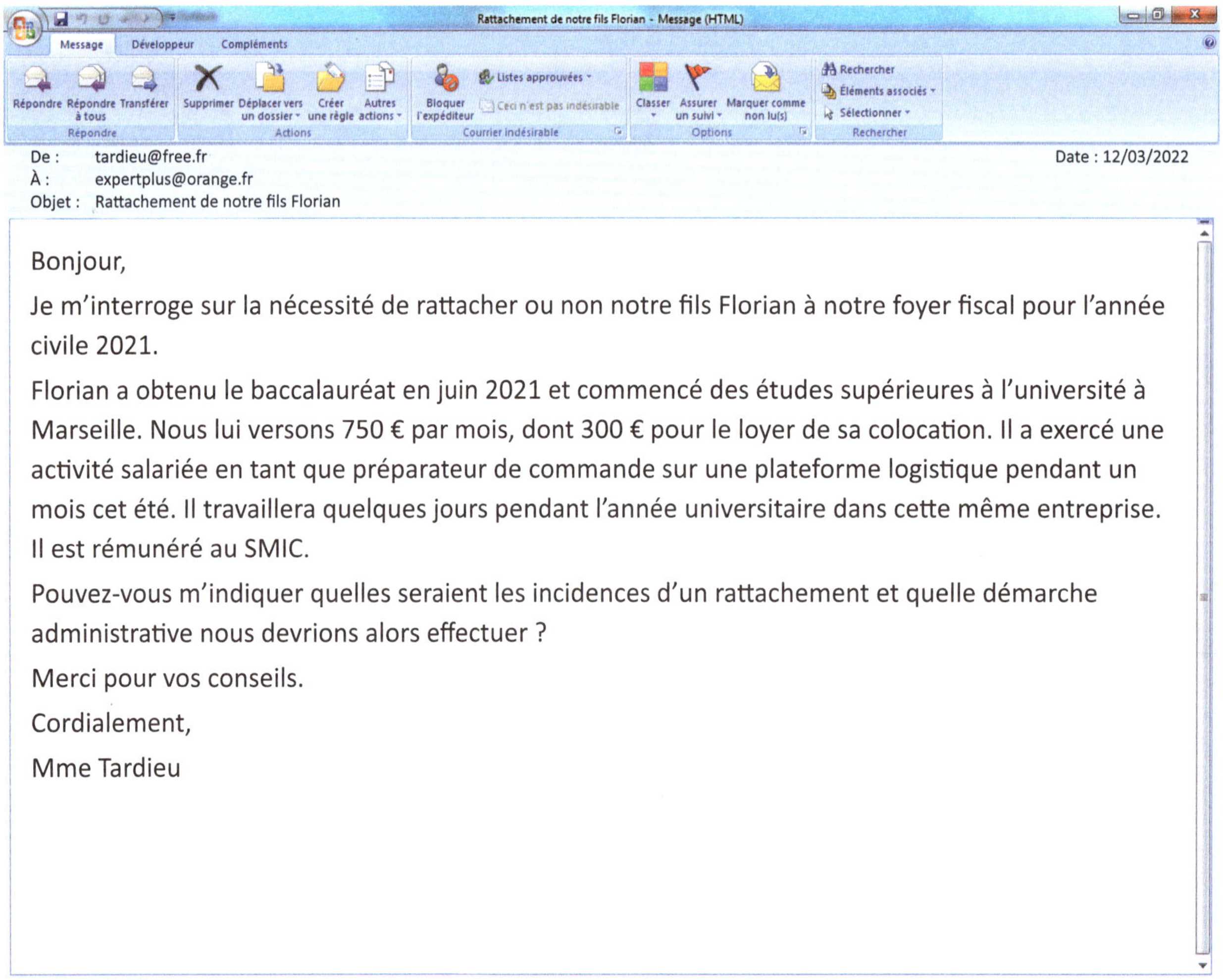

Rattachement de notre fils Florian - Message (HTML)

De : tardieu@free.fr
À : expertplus@orange.fr
Objet : Rattachement de notre fils Florian

Date : 12/03/2022

Bonjour,

Je m'interroge sur la nécessité de rattacher ou non notre fils Florian à notre foyer fiscal pour l'année civile 2021.

Florian a obtenu le baccalauréat en juin 2021 et commencé des études supérieures à l'université à Marseille. Nous lui versons 750 € par mois, dont 300 € pour le loyer de sa colocation. Il a exercé une activité salariée en tant que préparateur de commande sur une plateforme logistique pendant un mois cet été. Il travaillera quelques jours pendant l'année universitaire dans cette même entreprise. Il est rémunéré au SMIC.

Pouvez-vous m'indiquer quelles seraient les incidences d'un rattachement et quelle démarche administrative nous devrions alors effectuer ?

Merci pour vos conseils.

Cordialement,

Mme Tardieu

Fiche ressource 1

Définition et caractéristiques de l'impôt sur le revenu

Les revenus des personnes juridiques sont imposés à l'impôt direct :
– les sociétés sont imposées à l'impôt sur les sociétés (IS, voir chapitres précédents) ;
– les personnes physiques sont imposées à l'impôt sur le revenu (IR).

I Définition de l'IR

L'article 1er A du CGI précise : « Il est établi un impôt annuel unique sur le revenu des personnes physiques désigné sous le nom d'impôt sur le revenu. Cet impôt frappe le revenu net global du contribuable [...]. »

Ce revenu net global est constitué par le total des revenus nets des catégories suivantes :

- Revenus fonciers (revenus provenant des locations d'immeubles)
- Bénéfices industriels et commerciaux (BIC) *(voir ouvrage de 1re année)*
- Rémunération de certains dirigeants et gérants de sociétés (gérants majoritaires de SARL...) mentionnés à l'article 62 du CGI
- Bénéfices de l'exploitation agricole (BA)
- Traitements et salaires, indemnités, émoluments, pensions et rentes viagères
- Bénéfices des professions non commerciales et revenus assimilés (BNC)
- Revenus des capitaux mobiliers (RM) (produits de portefeuilles de titres et de placements financiers)
- Plus-values de cession à titre onéreux de biens et de droits (biens immobiliers, titres...)

L'impôt sur le revenu concerne les personnes physiques et frappe l'ensemble des huit revenus catégoriels perçu par le contribuable.

NB. Limites du programme de BTS CG : les catégories de revenus étudiées sont les traitements et salaires, les revenus de capitaux mobiliers, les BIC et les rémunérations des dirigeants de sociétés.

II Les caractéristiques de l'IR

- L'IR est un **impôt d'État** recouvré par **voie de rôle** à partir des **déclarations** des contribuables.
- C'est un **impôt direct** qui frappe les **personnes physiques** individuellement ou conjointement (ménage).
- Il est **calculé annuellement** à partir des déclarations du contribuable sur le montant global du revenu perçu au cours de l'**année civile**. Il est recouvré par prélèvement à la source, retenues (traitements et salaires, pensions...) ou acomptes (revenus des indépendants) calculés sur les revenus de l'année.
- C'est un **impôt général et global** calculé sur l'ensemble des **revenus du foyer fiscal**, quelle que soit leur nature ou leur origine.
- Les taux de l'IR sont **progressifs** (calcul par **tranches**). Le taux augmente au fur et à mesure que le revenu augmente.
- C'est un **impôt personnel** qui prend en compte la situation personnelle et familiale du contribuable (**quotient familial** calculé en fonction du nombre de parts liées à la composition du foyer fiscal).

Fiche ressource 2

Les caractéristiques du revenu net imposable

Le revenu imposable constitue la base d'imposition à l'IR du foyer fiscal.

Les caractéristiques du revenu imposable

C'est un **revenu familial.**	Règle de l'imposition par foyer fiscal
C'est un **revenu global.**	Le revenu imposable englobe la totalité des revenus de toute nature, quelle que soit leur provenance (sauf convention internationale).
C'est un **revenu net.**	Les différents **revenus perçus** par chaque membre du foyer au cours de l'année civile doivent être **ventilés entre les huit revenus catégoriels** (voir fiche ressource 1). Ces différents **revenus catégoriels** perçus doivent être **diminués** : – des **dépenses** effectuées **en vue d'acquérir ou de conserver** ces revenus ; – des **abattements éventuels** spécifiques à chaque catégorie de revenus. Ce calcul est effectué par l'administration fiscale (voir chapitre 6). Ces diminutions permettent d'obtenir les revenus nets catégoriels. Le **cumul de ces revenus nets catégoriels** forme le **revenu brut global (RBG)** du foyer fiscal. Ce revenu brut global bénéficie de déductions de charges et d'abattements pour former le revenu net global (**RNG**) soumis au barème progressif d'imposition (voir chapitre 6). Si un **déficit** est réalisé par un des membres du foyer fiscal dans l'une des catégories de revenus, il est, en règle générale : – imputé, en premier lieu, sur les bénéfices ou revenus de la même catégorie réalisés par les autres membres du foyer fiscal ; – puis, à défaut, compensé avec les revenus positifs des autres catégories de revenus. Le **déficit** subsistant pourra être **reporté** sur le revenu global des années suivantes **jusqu'à la 6e inclusivement.** Au-delà, il est définitivement perdu.
C'est un **revenu annuel.**	Le contribuable est imposable chaque année au titre des revenus perçus au cours de l'**année civile** en cours par prélèvement à la source depuis le 01/01/2019.
C'est un **revenu disponible.**	Un revenu est disponible à partir du moment où le contribuable en a eu la disposition au cours de l'année (volonté du contribuable de le percevoir).

Fiche ressource 3

Le champ d'application de l'IR

Le champ d'application de l'IR consiste à préciser les conditions territoriales d'imposition déterminées par le **domicile fiscal** et la composition du **foyer fiscal**.

I La territorialité : le domicile fiscal

L'IR est susceptible d'être dû par deux catégories de personnes physiques :
– celles qui **ont leur domicile fiscal en France** ;
– celles qui **n'ont pas leur domicile fiscal en France mais** qui **disposent de revenus de source française**.

1. Le territoire fiscal français en matière d'IR

La France comprend, du point de vue territorial : la France continentale, la Corse et les îles du littoral, ainsi que les cinq départements d'outre-mer (la Guadeloupe, la Guyane, la Martinique, Mayotte et La Réunion).

2. La notion de domicile fiscal

Pour qu'un contribuable soit considéré comme domicilié en France, il suffit qu'il réponde à l'**un des trois critères** suivants :

Critère d'ordre **personnel**	Son **foyer** est situé sur le territoire français (lieu de résidence habituel de la famille). *Ou* Son **lieu de séjour principal** est situé en France (la personne réside en France plus de 183 jours par an).
Critère d'ordre **professionnel**	Son **activité professionnelle principale** est exercée en France.
Critère d'ordre **économique**	Le centre de ses intérêts économiques est en France (lieu d'activités, d'investissements, d'administration des biens…).

- Le contribuable qui **a son domicile fiscal en France** est imposable en France sur **tous ses revenus de source française ou étrangère**.
- Le contribuable qui **n'a pas son domicile fiscal en France** n'est imposable en France que sur **ses revenus de source française**.

Attention : certaines **dérogations** issues de conventions fiscales internationales signées avec la France **modifient ces régimes généraux** afin d'éviter des doubles impositions.

II Le foyer fiscal

L'article 6 du CGI précise la règle de l'imposition à l'IR par foyer : « **Chaque contribuable est imposable à l'impôt sur le revenu, tant en raison de ses bénéfices et revenus personnels que ceux de ses enfants et des personnes considérées comme étant à sa charge […].** »
- L'imposition à l'IR concerne l'ensemble des revenus des membres du foyer fiscal.
- Dans une même famille, chaque foyer fiscal doit souscrire une déclaration séparée.

1. La composition du foyer fiscal

Le foyer fiscal comprend :
– le contribuable lui-même ;
– son conjoint, s'il est marié ou pacsé ;
– les personnes à sa charge, c'est-à-dire principalement :
  - les enfants célibataires âgés de moins de 18 ans,
  - les enfants infirmes, quel que soit leur âge,
  - les personnes titulaires de la carte d'invalidité vivant sous le même toit.

Peuvent demander le rattachement au foyer de leurs parents :
– les enfants célibataires majeurs si, au 1er janvier de l'année de réalisation des revenus :
- ils ont **moins de 21 ans**,
- ils ont **moins de 25 ans et poursuivent leurs études** ;
– les enfants non mariés chargés de famille et les enfants mariés ou pacsés si l'un des deux conjoints remplit les conditions d'âge :
- ils ont **moins de 21 ans**,
- ils ont **moins de 25 ans et poursuivent leurs études.**

2. Les dérogations à la règle d'imposition par foyer fiscal

Situation	Régime normal	Options possibles
Couple marié ou pacsé	Imposition commune sur toute l'année civile	Option pour imposition séparée l'année du mariage ou du Pacs
Couple séparé ou divorcé	Imposition séparée	
Décès d'un membre du couple	Imposition commune puis isolée à partir de la date du décès	
Enfant célibataire mineur âgé de moins de 18 ans au 1er janvier	Enfant à charge du foyer fiscal des parents	Imposition distincte à la demande des parents si l'enfant dispose de revenus propres. Il n'est plus considéré à charge.
Enfant célibataire âgé de 18 ans en cours d'année	Enfant à charge jusqu'à sa majorité	– Option pour être imposé séparément à compter du 1er janvier Ou – Option pour rattachement au foyer des parents à compter de l'âge de la majorité
Enfant majeur – Célibataire sans enfant, âgé de moins de 21 ans ou étudiant âgé de moins de 25 ans – Marié ou célibataire avec enfant, âgé de moins de 21 ans ou étudiant âgé de moins de 25 ans – Marié ou célibataire avec ou sans enfant, âgé de plus de 21 ans ou étudiant âgé de plus de 25 ans	Imposition séparée Foyer fiscal indépendant Foyer fiscal indépendant Imposition séparée	Option pour rattachement au foyer des parents Option pour rattachement au foyer des parents de l'un des deux conjoints Aucune option possible

Les conséquences du rattachement au foyer fiscal sont les suivantes :
– l'option pour le rattachement doit être **formulée par l'enfant** (par écrit) et **acceptée par le ou les parents concernés** ;
– le rattachement d'un enfant majeur célibataire et qui n'est pas chargé de famille **augmente le nombre de parts**. L'enfant est alors compté comme **enfant à charge** ;
– le rattachement d'un enfant marié, pacsé ou chargé de famille donne droit à un abattement sur le revenu global du foyer mais ne modifie pas le nombre de parts ;
– le ou les parents concernés doivent **inclure** dans leur revenu imposable les **revenus perçus par l'enfant célibataire** et **ne peuvent pas demander** conjointement la **déduction de la pension alimentaire** éventuellement versée pour l'entretien de l'enfant.

Fiche ressource 4

Les contributions sociales et les revenus imposables

Du fait des contributions sociales, le revenu qui sera imposable ne sera pas forcément celui qui aura été perçu par le contribuable au cours de l'année. *NB.* Seules les contributions relatives aux catégories de revenus au programme du BTS CG seront étudiées.

I Les différentes contributions sociales et leur déductibilité

Ces contributions regroupent la contribution sociale généralisée (CSG), la contribution au remboursement de la dette sociale (CRDS), le prélèvement social.

Elles participent au financement de la protection sociale et frappent les revenus du travail et du capital des personnes physiques. Elles font l'objet d'une retenue à la source.

Ces prélèvements ne sont pas en totalité déductibles du revenu imposable du contribuable. Leur part non déductible est donc ajoutée au revenu perçu pour déterminer le revenu soumis à l'imposition à l'IR.

II L'imposition des revenus du travail et des revenus de remplacement

Ces revenus sont soumis à la CSG et à la CRDS.

Type de revenus	Base	CSG Taux	CSG Part non déductible	CRDS
Revenus des salariés	Salaire brut (abattement de 1,75 %) Participation, intéressement Cotisations employeurs (prévoyance…)	9,2 %	CSG : 2,4 %	0,5 % Non déductible en totalité du revenu imposable à l'IR
Revenus de remplacement	Allocations chômage, indemnités journalières de sécurité sociale (maladie…)	6,2 %		
	Pensions retraite, invalidité…	8,3 % (1)		
Revenus des travailleurs non salariés	Revenu professionnel (BIC)	8,3 %		

(1) Taux compris entre 0 % et 8,3 % selon le revenu fiscal de référence.

III L'imposition des revenus du capital

Ces revenus comprennent les revenus des capitaux mobiliers, les revenus du patrimoine, etc.

Ils sont soumis à la CSG, au CRDS et au prélèvement social et autres contributions.

La déductibilité partielle de la CSG est conditionnée par une imposition du revenu au barème progressif de l'IR.

Avec la mise en place, au 1er janvier 2018, du prélèvement forfaitaire unique (PFU) de 30 %, soit 17,20 % au titre des contributions sociales et 12,80 % au titre de l'imposition forfaitaire à l'IR de ces revenus, la CSG devient en totalité non déductible du revenu imposable à l'IR sauf option du contribuable pour une imposition de ces revenus au barème progressif de l'IR.

Type de revenus	Imposition à l'IR	CSG Taux	CSG Part déductible	CRDS	Prélèvement social	Total des prélèvements sociaux
Dividendes d'actions Revenus d'obligations Produits de placement à revenu fixe (intérêts)	PFU	9,9%	0 %	0,5 % Non déductible en totalité	6,8 % Non déductible en totalité	17,20 %
	Option barème progressif		6,8 %			
Plus-values professionnelles et sur valeurs mobilières	PFU		0 %			
Intérêts livret A, livret jeune etc.	Exonéré	Exonéré		Exonéré	Exonéré	Exonéré

Fiche ressource 5

La détermination de l'IR dû

Au cours des chapitres qui vont suivre, les étapes qui permettent de déterminer l'impôt sur le revenu à payer par le foyer fiscal à partir des revenus catégoriels bruts perçus seront étudiées.

L'ensemble de ce processus de détermination de l'IR est présenté ci-dessous.

DÉTERMINATION DES REVENUS NETS CATÉGORIELS

Seuls sont au programme du BTS CG : – Traitements et salaires (TS)
– BIC
– Revenus de capitaux mobiliers (RM)

Penser à tous les abattements liés à chaque catégorie.

↓

DÉTERMINATION DU REVENU BRUT GLOBAL (RBG)

RBG = BIC + TS + RM(1) + RF …
– Déficits catégoriels

Si le RBG est négatif, le déficit sera reporté sur l'année suivante, jusqu'à la 6e.

(1) Si option pour l'imposition au barême progressif de l'IR

↓

REVENU NET GLOBAL ou REVENU NET IMPOSABLE

RNG = RBG – CHARGES DÉDUCTIBLES (pensions alimentaires…) – ABATTEMENTS

↓

DÉTERMINATION DU QUOTIENT FAMILIAL (QF)

QF = RNG / Nombre de parts

↓

CALCUL DE L'IR BRUT à taux progressif

IRB = QF × Barème progressif

Si on calcule l'IR pour une part, il faut penser à multiplier cet IR par le nombre de parts du foyer fiscal pour obtenir l'IRB.

↓

CALCUL DE L'IR NET à taux progressif

IRN = IRB – (Réductions d'impôts + Crédits d'impôts)

↓

DÉTERMINATION DE L'IMPOSITION TOTALE

IR NET à taux progressif
+ Prélèvement forfaitaire unique (PFU) à 12,80 % sur RM et plus-value
+ Prélèvements sociaux à 17,20 %

↓

DÉTERMINATION DE L'IR DÛ

IR NET à taux progressif
+ PFU sur RM(1) et plus-value 12,80 %
– Prélèvement forfaitaire obligatoire (PFO) sur RM à 12,80 %
– IR prélevé à la source (retenues + acomptes)

(1) sauf option imposition barème progressif

Applications

1 Foyers fiscaux et rattachements

Vous êtes stagiaire dans un cabinet d'expertise comptable. Avant de vous associer à la préparation des déclarations de revenus de quelques clients, votre tuteur vous interroge sur la composition de certains foyers fiscaux et sur les options de rattachement envisageables.

1. **Indiquer, pour chaque situation familiale évoquée ci-après, la composition du ou des foyers fiscaux en supposant qu'aucune option de rattachement n'a été formulée.**
2. **Exposer les modifications qui découleraient d'une option de rattachement.**

Document **Situations**

1. M. et Mme Martin sont mariés. Ils ont deux enfants : Marc, 12 ans, lycéen, et Marie, 17 ans, étudiante.

2. M. Gomez et Mme Girard sont pacsés. Ils ont deux enfants qui vivent chez eux : Martine, 20 ans, aide-comptable, et François, 22 ans, étudiant.

3. M. Rioux est veuf. Il a trois enfants : Sarah, 27 ans, célibataire qui est enseignante, Sophie, 26 ans, étudiante, et Chloé, 16 ans, lycéenne.

4. M. et Mme Vial sont divorcés. Madame a la garde de leur fille Lilou, 15 ans ; quant à leur fils Louis, 20 ans, maçon, il a choisi de vivre avec son père.

5. M. et Mme Théron sont mariés. Ils ont deux enfants : Lucas, 20 ans, étudiant, et Coralie, 23 ans, étudiante qui vit en union libre avec Paul, 24 ans, également étudiant. Ils sont parents d'un petit Léon âgé de 1 an.

2 Foyers fiscaux et revenus catégoriels

Votre tuteur vous confie à présent le dossier de la famille Carles, pour qui vous devez préparer la déclaration de revenus.

- **À l'aide des documents 1 et 2, identifier les revenus catégoriels des différents foyers fiscaux sans option de rattachement. Si des options existent, les envisager et en préciser les conséquences.**

Document 1 **Informations relatives aux revenus du foyer Carles**

M. et Mme Carles sont mariés depuis 26 ans sous le régime de la communauté réduite aux acquêts.
Monsieur, actionnaire majoritaire et dirigeant d'une SA, perçoit à ce titre un salaire de 70 000 € et 5 200 € de dividendes versés par la SA.
Madame est ingénieur informatique et perçoit un salaire annuel de 48 000 €.
Le couple est propriétaire de deux logements qu'il loue. Les loyers perçus s'élèvent à 14 000 €. Le couple détient un portefeuille de titres dont les revenus sont les suivants : dividendes perçus : 640 €, intérêts perçus d'obligations : 490 €.
Leur fille Magali, âgée de 24 ans, poursuit ses études. Elle a signé un contrat étudiant dans une grande surface et a perçu 9 000 € pour l'année. Ses parents lui versent une pension alimentaire de 350 € par mois.
Leur fils Luc, 17 ans, est lycéen. Il travaille dans un centre aéré le mercredi. Sa rémunération annuelle est de 1 300 €.

Document 2 **Extrait de la notice « Remplir sa déclaration de revenus »**

Traitements, salaires : les salaires perçus par les étudiants âgés de 25 ans au plus au 1er janvier en rémunération d'une activité exercée pendant ou en dehors des congés scolaires ou universitaires dans la limite annuelle de trois fois le montant mensuel du SMIC ne sont pas à déclarer.

3 Territorialité

Vous êtes en stage dans le Service des impôts des particuliers (SIP) de Perpignan au mois d'avril. Vous êtes chargé(e) de répondre aux questions des contribuables qui rencontrent des difficultés pour remplir leur déclaration de revenus.

- **Analyser la situation fiscale des contribuables (document 1) en précisant si leur domicile fiscal se situe ou non en France et si les revenus perçus sont imposables ou non en France. Justifier vos réponses à l'aide de vos connaissances et du document 2.**

Document 1 **Situations**

1. M. et Mme Courtois, de nationalité française, vivent à Perpignan. Madame est infirmière libérale et monsieur commercial pour une société française. M. Courtois a été amené à prospecter le marché espagnol et, à ce titre, à travailler et résider quatre mois à Barcelone.
Le couple s'est constitué un petit portefeuille d'actions de sociétés françaises et étrangères.

2. M. et Mme Sanchez ont la nationalité espagnole. Ils se sont installés à Perpignan, où ils tiennent un restaurant. Ils passent deux mois par an en Espagne, dans une maison à Figueras dont ils sont propriétaires. Ils louent un studio à Toulouse, dont ils sont aussi propriétaires.

3. M. et Mme Leroi, de nationalité française, sont salariés de la grande distribution. Ils travaillent tous les deux en Espagne, où ils se sont installés avec leurs deux enfants.

4. M. Carlo, de nationalité espagnole, est venu travailler à Perpignan pendant trois mois. Il a perçu des revenus de sources françaises pour 7 000 € en rémunération de son activité salariée.
Son habitation principale est en Espagne, où résident son épouse et ses enfants.

Document 2 **Documentation fiscale**

Extrait du *Mémento fiscal Francis Lefebvre*
§ 530 – Les personnes qui n'ont pas en France leur domicile fiscal [...] sont néanmoins susceptibles d'être soumises à l'impôt français. Leur situation diffère selon qu'elles disposent ou non d'une habitation en France.
Celles qui ne disposent pas dans notre pays d'une ou plusieurs habitations sont passibles de l'impôt français à raison de leurs seuls revenus de source française (sauf convention internationale).

Chapitre 6

Les revenus nets catégoriels

Activité	Composante d'activité	Compétence	P7	Vers Pix
3.3. Traitement des opérations relatives aux impôts directs	**3.3.7.** Participation au calcul de l'IR (IR)	Calculer le montant de l'IR en prenant en compte différents éléments.	Une utilisation du tableur adaptée pour automatiser des procédures de calcul, simuler le calcul d'impôt selon différentes options simples catégorielles	**1.3.** Traiter des données **3.1.** Développer des documents textuels

Situation professionnelle

M. Tardieu et son épouse, qui résident à Fos-sur-Mer, ont souhaité confier le calcul de leur imposition au titre de l'IR pour l'année civile 2021 au collaborateur en charge de leur dossier au sein du cabinet ExpertPlus.
Depuis le 1er janvier 2021, M. Tardieu est président de la SAS WindWin et Mme Tardieu est l'exploitante de l'EIRL Univers de la Planche. Le cabinet ExpertPlus a déjà procédé à l'élaboration de la liasse fiscale des deux entreprises pour l'exercice comptable 2021.
Courant 2022, le cabinet procède à la souscription de la déclaration des revenus perçus au titre de l'année civile 2021 par le foyer Tardieu. Il s'engage à répondre à toutes les questions que se posent M. et Mme Tardieu, mais jouera aussi un rôle de conseil afin que le couple profite au maximum des options et avantages fiscaux éventuels.

Mission

Vous êtes stagiaire dans le cabinet d'expertise comptable ExpertPlus. Vous avez déjà procédé à l'étude de la composition du foyer fiscal Tardieu et identifié ses catégories de revenus. M. Firmin, votre tuteur, vous demande de déterminer le revenu brut global de ce foyer fiscal après analyse des différents revenus catégoriels qu'il perçoit. Il attire votre attention sur la nécessité de mener un travail de veille pour actualiser les barèmes, les calendriers et prendre en compte les modifications prévues par la dernière loi de finances. À votre demande, le couple Tardieu s'est engagé à fournir toutes les informations utiles à l'élaboration de sa déclaration de revenus.
Vous disposez d'une documentation fiscale.

Travail à faire

P7 Vous allez procéder à l'analyse des différents revenus catégoriels déclarés par le foyer fiscal Tardieu et fournir toutes les informations sur leurs modalités d'imposition. Vous calculerez ensuite le revenu brut global du foyer.

Vous utiliserez le tableur pour automatiser les calculs et choisir entre les différentes options.

I Les caractéristiques du revenu brut global

1. Rappeler les caractéristiques du revenu brut global.
2. Indiquer les retraitements à effectuer afin d'obtenir le revenu catégoriel net imposable à partir du revenu catégoriel brut.

Fiche ressource 1

II Le revenu catégoriel des traitements et salaires (TS)

3. Rappeler qui sont les membres du foyer fiscal Tardieu dont les revenus relèvent de la catégorie des traitements et salaires et à quel titre. Sont-ils tous imposables ? Justifier votre réponse.

Annexe 1
Annexe 2
Annexe 9
Fiche ressource 2

M. Tardieu, dont le statut fiscal a changé depuis le 1er janvier 2021, vous interroge sur les modalités d'imposition des TS et sur l'option possible pour les frais réels.

4. Indiquer à M. Tardieu le montant du salaire à déclarer au titre de l'année 2021.
5. Présenter à M. Tardieu les deux modalités de déduction des frais professionnels.
6. Préciser, pour chacune des modalités, le régime fiscal qui s'applique aux allocations forfaitaires et aux remboursements de frais professionnels. Quelle est la particularité du régime d'imposition des dirigeants salariés ?
7. Indiquer les types de dépenses concernées et les conditions à respecter, en cas d'option pour les frais réels, pour que ces dépenses puissent être déduites.
P7 **8. Présenter sur tableur les calculs détaillés du montant du salaire net de frais professionnels en envisageant les deux modalités de déduction de ces frais.
Conseiller M. Tardieu sur l'option à retenir.**
P7 **9. Indiquer le montant du revenu catégoriel net soumis à l'IR au titre des traitements et salaires.**

Annexe 3
Annexe 4
Annexe 5
Fiche ressource 2
Fiche ressource 3

III Le revenu catégoriel des bénéfices industriels et commerciaux (BIC)

10. Indiquer quel revenu perçu par le foyer fiscal Tardieu relève de la catégorie des BIC. Justifier votre réponse.
P7 **11. Préciser si la majoration de 15 % s'appliquera à ce revenu. Justifier votre réponse. Compléter la feuille de calcul sur tableur.
Indiquer le montant du revenu catégoriel net soumis à l'IR au titre des BIC.**

Annexes 8
Fiche ressource 4

IV Le revenu catégoriel des revenus de capitaux mobiliers

Le cabinet ExpertPlus souhaite présenter à ses clients les modalités d'imposition des revenus mobiliers.

12. **Rédiger la note d'information à destination des clients du cabinet en précisant notamment :**
– le régime d'imposition des RCM ;
– la nature des prélèvements à la source opérés par l'établissement payeur ;
– l'option que peut exercer le contribuable et ses conséquences.

Vous poursuivez l'étude du dossier Tardieu et répondez aux différentes interrogations du couple.

13. **Conseiller M. Tardieu sur l'intérêt d'opter ou non pour une imposition des RCM perçus en 2021 au barème progressif de l'IR. Il vous précise que le taux marginal d'imposition de son revenu global 2020 déclaré en 2021 était de 11 %.**

Le foyer Tardieu, sur les conseils du cabinet ExpertPlus, a décidé de ne pas opter pour une imposition de ses revenus mobiliers au barème progressif et de bénéficier de l'imposition forfaitaire.

P7 **14.** **Indiquer le montant des jetons de présence à déclarer par M. Tardieu. Compléter la feuille de calcul.**

Annexe 2
Annexe 6
Fiche ressource 5

P7 **15.** **Indiquer les deux prélèvements à la source effectués par la SAS WindWin lors du versement des jetons de présence à M. Tardieu. Justifier par le calcul le montant des jetons nets perçus par M. Tardieu. Compléter la feuille de calcul.**

P7 **16.** **Préciser le montant des intérêts de compte courant à déclarer par M. Tardieu. Compléter la feuille de calcul.**

Annexe 2
Annexe 7
Fiche ressource 5

17. **Indiquer les deux prélèvements à la source effectués par la SAS WindWin lors du versement des intérêts de compte courant à M. Tardieu. Justifier par le calcul le montant des intérêts perçus par M. Tardieu.**

18. **Indiquer la particularité des revenus générés par le Livret A en termes d'imposition à l'IR.**

Annexe 10
Fiche ressource 5

19. **Indiquer la nature du revenu mentionné sur la déclaration récapitulative des opérations sur valeurs mobilières et revenus de capitaux mobiliers adressée par le CIC à M. Tardieu. À quelle condition l'abattement de 40 % sera-t-il appliqué à ce revenu ?**

Annexe 11
Fiche ressource 5

20. **Préciser la nature fiscale du montant mentionné dans la case « AD » de la déclaration récapitulative. Comment ce prélèvement sera-t-il pris en compte lors de la détermination de l'IR forfaitaire dû par le foyer fiscal ? Justifiez son montant par le calcul.**

P7 **21.** **Indiquer le montant des dividendes à déclarer. Compléter la feuille de calcul.**

P7 **22.** **Déterminer sur tableur le montant du revenu catégoriel net soumis au taux forfaitaire de 12,8 % au titre des RCM. Préciser le montant global du prélèvement forfaitaire obligatoire non libératoire à imputer sur l'imposition forfaitaire définitive à 12,8 %.**

V Le revenu brut global

P7 **23.** **Procéder sur tableur au calcul du revenu brut global du foyer Tardieu qui fera l'objet d'une imposition au barème progressif de l'IR. Rappeler pourquoi le revenu catégoriel RCM n'est pas pris en compte dans le calcul de ce revenu global.**

Fiche ressource 1

La règle générale d'arrondissement

Une règle unique d'arrondissement s'applique à l'ensemble des impôts et taxes. Les bases et cotisations fiscales sont arrondies à l'euro le plus proche :
• la part des bases et cotisations strictement inférieures à 0,50 € est négligée (arrondi à l'inférieur) ;
• la part des bases et cotisations égale ou supérieure à 0,50 € est arrondie à l'unité supérieure.
Tout élément venant modifier les bases (abattements) ou les cotisations (décotes, crédits d'impôt, réductions d'impôt) est arrondi à l'unité la plus proche.

Données de la situation

Vous avez contacté les époux Tardieu afin d'obtenir toutes les informations nécessaires à la souscription de leur déclaration de revenus. Vous avez aussi accès à tous les documents comptables, juridiques, sociaux et fiscaux nécessaires à la tenue de la comptabilité et à l'élaboration de la liasse fiscale de la SAS WindWin et de l'EIRL Univers de la Planche.

Annexe 1 Présentation de la famille Tardieu

M. et Mme Tardieu sont mariés depuis plus de vingt ans sous le régime de la communauté réduite aux acquêts. Ils sont installés depuis 2010 à Fos-sur-Mer, où ils sont propriétaires d'une villa, lieu de leur résidence principale.
Le couple a quatre enfants :
– Amélie, née le 18 août 1999, exerce une activité salariée de maître-nageur sauveteur (MNS) ;
– Florian, né le 23 mars 2003, est inscrit en première année de licence STAPS à Marseille ;
– Julien, né le 6 juillet 2008, est collégien ;
– Marylou est née le 19 octobre 2016.
Sur les conseils du collaborateur du cabinet d'expertise comptable, Florian a sollicité son rattachement au foyer fiscal de ses parents pour l'imposition à l'IR au titre de l'année 2021.

Annexe 2 Informations professionnelles concernant M. Tardieu

M. Tardieu assure la fonction de président de la SAS WindWin, dont l'immatriculation au registre du commerce et des sociétés est effective depuis le 1er janvier 2021. Il a souscrit à 66 % du capital social de la SAS afin d'accéder à la direction de la société.
En tant que président de la SAS, il bénéficie du régime des salariés tant du point de vue fiscal que social.
M. Tardieu est aussi membre du conseil d'administration de la SAS. En tant que mandataire social, il est rémunéré par le versement de jetons de présence.
Il a ouvert à la SAS un compte courant d'associé pour un montant de 30 000 €.

Annexe 3 Rémunérations et allocations pour frais perçues par M. Tardieu

La rémunération de M. Tardieu en tant que président de la SAS a été fixée, pour les deux premières années d'exploitation, à 4 000 € brut par mois, dont 180 € au titre d'une allocation forfaitaire liée à ses frais professionnels. Cette dernière est soumise aux cotisations sociales et comprise dans le salaire à déclarer.
La SAS WindWin a remis le document suivant à M. Tardieu :

Fiche individuelle de déclaration des salaires de François TARDIEU au titre de l'année 2021
N° de Sécurité sociale : 1 66 07 13 056 045
Nom Prénom : François TARDIEU
Fonction : Président
Montant des rémunérations à déclarer : 40 610,23 €

M. Tardieu a aussi bénéficié du remboursement d'une partie des frais professionnels engagés dans l'exercice de sa fonction.
La SAS WindWin n'a pas tenu compte de ces remboursements de frais pour déterminer le montant des rémunérations à déclarer par M. Tardieu.

Extrait du grand-livre de la SAS WindWin

625000 – Déplacements, missions et réceptions						
Date	**Journal**	**N° de pièce**	**Libellé**	**Débit**	**Crédit**	**Solde**
31/12/2021	OD	759	Rembt frais réels président	670,00		670,00

Annexe 4 Frais professionnels réels de M. Tardieu

M. Tardieu a gardé toutes les factures justificatives des frais professionnels réellement payés au cours de l'année 2021.
Lors de ses déplacements professionnels, il a utilisé sa voiture personnelle et a eu à sa charge des frais de restauration et d'hébergement. Le total de ses notes de frais s'élève à 658 €. M. Tardieu a aussi souscrit un abonnement à une revue technique pour 75 €.
Il utilise son véhicule personnel pour effectuer le trajet domicile-lieu de travail entre Fos-sur-Mer et Saint-Martin-de-Crau (35 km). Son véhicule est une Peugeot 4008, dont la puissance fiscale est de 8 CV. M. Tardieu se rend sur son lieu de travail à raison de cinq jours par semaine en moyenne et il a pris cinq semaines de congés payés dans l'année.

Annexe 5 Frais de trajet domicile-travail

Seuls les frais justifiés et exposés à titre professionnel sont déductibles. Vous devez pouvoir justifier du montant des frais engagés (facture, ticket de péage..) quelle que soit la distance parcourue.

1. Les frais exposés pour votre trajet domicile-travail sont déductibles, mais pour un kilométrage limité.

– Vous habitez à moins de 40 km (ou à 40 km) de votre lieu de travail

Lorsque la distance séparant votre domicile de votre lieu de travail n'excède pas 40 km (soit 80 km aller-retour), vous pouvez prendre en compte l'intégralité du kilométrage dans le calcul de vos frais de transport.

– Vous habitez à plus de 40 km de votre lieu de travail

Lorsque la distance séparant votre domicile de votre lieu de travail excède 40 km (soit 80 km aller-retour), la prise en compte du kilométrage ne s'effectue que pour 40 km.

Quelle que soit la distance entre votre domicile et votre lieu de travail, vous ne pouvez déduire qu'un seul aller-retour par jour.

2. Vous disposez de deux méthodes afin d'évaluer le montant des frais déductibles.

– Solution 1 : vous déduisez vos dépenses réelles

Si vous possédez tous les justificatifs, vous pouvez déduire le montant réel de vos dépenses afférentes à l'utilisation professionnelle du véhicule.

Les frais déductibles comprennent la dépréciation du véhicule au cours de l'année, les frais d'entretien, de carburant, de réparations, d'assurance, de stationnement… pour leur fraction afférente au kilométrage parcouru à titre professionnel.

Toutefois, les frais réels déductibles autres que les frais de péage, de garage ou de parking et les intérêts afférents à l'achat à crédit du véhicule ne peuvent pas excéder le montant qui résulte de l'application du barème kilométrique publié par l'administration. Vous devez donc limiter à ce montant maximal le montant des frais dont vous demandez la déduction.

– Solution 2 : vous appliquez les barèmes de l'administration

Les barèmes kilométriques publiés chaque année par l'administration prennent en considération : la dépréciation du véhicule ; les frais de réparations et d'entretien ; les dépenses de pneumatiques ; la consommation de carburant ; les primes d'assurance.

Ces barèmes ne comprennent pas les frais de stationnement et de péages qui peuvent être déduits en supplément sous réserve de pouvoir présenter les justificatifs.

Vous ne devez pas joindre les pièces justificatives à votre déclaration mais les conserver au moins pendant trois ans pour les produire, si nécessaire, à votre service des impôts.

Barème kilométrique applicable aux voitures non électriques (en €)

Puissance administrative (en CV)	Distance (d) jusqu'à 5 000 km	Distance (d) de 5 001 km à 20 000 km	Distance (d) au-delà de 20 000 km
3 CV et moins	d × 0,456	(d × 0,273) + 915	d × 0,318
4 CV	d × 0,523	(d × 0,294) + 1 147	d × 0,352
5 CV	d × 0,548	(d × 0,308) + 1 200	d × 0,368
6 CV	d × 0,574	(d × 0,323) + 1 256	d × 0,386
7 CV et plus	d × 0,601	(d × 0,340) + 1 301	d × 0,405

NB pour les véhicules électriques, le montant des frais est majoré de 20 %

https://www.impots.gouv.fr/portail/simulateur-bareme-kilometrique pour accéder au simulateur en ligne

Annexe 6 Rémunération de M. Tardieu, membre du conseil d'administration

Le conseil d'administration est composé de trois administrateurs associés. En tant qu'administrateur mandataire social, M. Tardieu est rémunéré par l'intermédiaire de jetons de présence ordinaires.

Le versement de ces jetons de présence a été effectué en une seule fois au mois de novembre à chacun des trois administrateurs, soit 1 800 € brut.

M. Tardieu a réellement perçu 1 260 € au titre des jetons de présence.

Extrait du grand-livre de la SAS WindWin

653000 – Jetons de présence						
Date	Journal	N° de pièce	Libellé	Débit	Crédit	Solde
23/11/2021	OD	770	Montant brut pour les 3 administrateurs	5 400,00		5 400,00

Annexe 7 Rémunération du compte courant d'associé de M. Tardieu

M. Tardieu a ouvert un compte courant d'associé à la SAS le 1er mars 2021 pour un montant de 30 000 €. Ce compte est rémunéré au taux de 2,30 % l'an.

Extrait du grand-livre de la SAS WindWin

661500 – Intérêts des comptes courants et des dépôts créditeurs						
Date	Journal	N° de pièce	Libellé	Débit	Crédit	Solde
31/12/2021	OD	746	Intérêts bruts	575,00		575,00

M. Tardieu a encaissé par un virement 402,50 € en rémunération de ce placement en compte courant après prélèvement à la source.

Annexe 8 Résultat fiscal de l'EIRL Univers de la Planche

Depuis le 1er janvier 2021, le commerce de détail exploité antérieurement par M. Tardieu (vente d'articles de sport : voiles, gilets, lunettes…) est exploité par son épouse sous la forme d'une EIRL dénommée « Univers de la Planche ». L'imprimé 2031 « Impôt sur le revenu – Bénéfices industriels et commerciaux » mentionne un résultat fiscal pour l'exercice comptable 2021 de 36 800 €.

L'EIRL a maintenu son adhésion au CGA du Pays d'Arles.

Annexe 9 Rémunération de Florian

Florian a exercé une activité salariée pendant les vacances d'été et certains week-ends pendant le premier trimestre de l'année universitaire 2021-2022.
Son employeur lui a remis le document nécessaire à la déclaration de ses revenus salariaux au titre de 2021 :

Fiche individuelle de déclaration des salaires de Florian TARDIEU au titre de l'année 2021
N°de Sécurité sociale : 1 03 03 13 056 028
Nom Prénom : Florian TARDIEU
Fonction : Cariste
Montant des rémunérations imposables à déclarer : 1 714,89 €

Annexe 10 Extrait de relevé de compte du Livret A

M. et Mme Tardieu sont titulaires d'un Livret A sur lequel ils effectuent des versements réguliers. Ce livret génère le versement d'intérêts annuels virés par l'organisme bancaire.

Historique du Livret A n° 12258879
Titulaires du Livret A : M. ou Mme Tardieu François
Solde créditeur au 31/12/2021 : 15 112,50 €

Dates	Opérations	Débit	Crédit
[...]	[...]	[...]	[...]
31/12/2021	Intérêts au 31/12/2021		112,50

Annexe 11 Imprimé reçu par courrier du CIC

Les époux Tardieu détiennent un portefeuille de titres dont la gestion est assurée par l'agence du CIC de Fos-sur-Mer. Sur les conseils de leur responsable clientèle, ils ont acquis des actions Vivendi, Vinci et Générale de Santé.

Début 2022, ils ont reçu l'imprimé ci-après, qu'ils vous ont fait parvenir avec toutes les pièces relatives à la déclaration de revenu au titre de 2021.

•••

RÉPUBLIQUE FRANÇAISE
Liberté Égalité Fraternité

2021

cerfa
N°11428*22
N°2561

DÉCLARATION RÉCAPITULATIVE DES OPÉRATIONS SUR VALEURS MOBILIÈRES ET REVENUS DE CAPITAUX MOBILIERS

DÉSIGNATION DU PAYEUR			
Raison sociale	ZM		
Complément d'adresse	ZN		
N° de la voie	ZO	12	Bis, ter quater
Nature et nom de la voie	ZP	Avenue Camille Peltan	
Commune (libellé)	ZQ	Fos sur Mer	
Code postal	ZR	13270	
Bureau distributeur	CR		
N° SIRET au 31-12-2021	ZS	54201638101328	
N° SIRET au 31-12-2020	ZT		
CORRESPONDANT — Nom	ZX		
Tél.	ZZ	Courriel	ZY

INFORMATIONS GÉNÉRALES		
Code bénéficiaire	AB	B
Période de référence (MMJJ)	AQ	
Code établissement	BO	
Code guichet	AG	18292
Référence du compte	AI	
Nature du compte	AH	
Type de compte	BR	
Prénom	ZW	
@		

DÉSIGNATION DU BÉNÉFICIAIRE			
Nom de famille	ZC	TARDIEU	
Prénoms	ZD	François	
ou raison sociale	ZE		
Complément d'adresse	ZF		
N° de la voie	ZG	28	Bis, ter quater
Nature et nom de la voie	ZH	Allée de la Méditerranée	
Commune (libellé)	ZI	Fos sur Mer	
Code postal	ZJ	13270	

COMPLÉMENT D'IDENTIFICATION DU BÉNÉFICIAIRE		
Date de naissance (AAAAMMJJ)	AC	19660725
Ou n° SIRET	CU	
Commune de naissance (libellé)	AE	Martigues
Département naissance (code)	AF	13
Code sexe	AO	1 [X] 2
Nom d'usage	CT	

MONTANT BRUT À DÉCLARER			
Avances, prêts ou acomptes	2TS	AW	
Distributions non éligibles à l'abattement de 40 %	2TS	AZ	
Dont valeurs étrangères		BA	
Jetons de présence	2TS	BW	
Revenus distribués éligibles à l'abattement de 40 %	2DC	AY	380
Produits attachés aux retraits en capital des PER	2TZ	BJ	
Revenus exonérés		BB	

REVENUS SOUMIS A PRÉLÈVEMENT LIBÉRATOIRE			
Base du prélèvement	2EE	BN	
Montant du prélèvement		BP	
Établissement financier européen : base de la retenue de la source		BV	

PRODUITS POUR LESQUELS LES PRÉLÈVEMENTS SOCIAUX ONT DÉJÀ ÉTÉ APPLIQUÉS			
Produits n'ouvrant pas droit à CSG déductible	2CG	BS	
Produits susceptibles d'ouvrir droit à CSG déductible en cas d'option pour le barème progressif	2BH	DQ	380
Produits ouvrant toujours droit à CSG déductible	2DF	BU	

DISPOSITIONS « DE RUYTER »			
Produits déjà soumis au seul prélèvement de solidarité	2DG	BX	

PRODUITS DES CONTRATS D'ASSURANCE-VIE ET PRODUITS ASSIMILÉS			
PRODUITS DES CONTRATS DE MOINS DE HUIT ANS			
Produits des versements effectués avant le 27/09/17 soumis au barème	2YY	AV	
Produits des versements effectués avant le 27/09/17 soumis à PFL	2XX	AX	
Montant du PFL appliqué aux produits des versements effectués avant le 27/09/17		AT	
Produits des versements effectués à compter du 27/09/17	2ZZ	AP	
PRODUITS DES CONTRATS DE PLUS DE HUIT ANS			
Produits des versements effectués avant le 27/09/17 avec abattement soumis au barème	2CH	BG	
Produits des versements effectués avant le 27/09/17 avec abattement soumis à PFL	2DH	AM	
Produits des versements effectués à compter du 27/09/17	2UU	AL	

ÉCHANGES DIRECTIVE EUROPÉENNE « DAC 1 »		
CONTRATS ET BONS DE CAPITALISATION ET PLACEMENTS DE MÊME NATURE (ASSURANCE-VIE)		
Produits et gains versés à des résidents de l'UE	KB	
Retenue à la source appliquée à des résidents de l'UE	KC	
AUTRES REVENUS		
Jetons de présence versés à des résidents de l'UE	KA	

PRODUITS DE PLACEMENT À REVENU FIXE			
Gains	2TR	AR	
Pertes		AS	

PRODUITS DES MINIBONS ET DES PRÊTS DANS LE CADRE DU FINANCEMENT PARTICIPATIF			
Produits	2TT	KR	
Pertes	2TY	KS	

CESSIONS DE VALEURS MOBILIÈRES		
Montant total des cessions	AN	
Soultes reçues lors d'opérations d'échange ou d'apport de titres	AK	

PLAN D'ÉPARGNE EN ACTIONS			
Produits éligibles à l'abattement de 40 % des titres non cotés	2FU	BC	
Produits non éligibles à l'abattement de 40 % des titres non cotés	2TS	BQ	
Crédit d'impôt sur titres non cotés étrangers	8VL	BT	
Références du plan		BD	
Date d'ouverture du plan		BE	
Date du premier retrait		BF	
En cas de retrait ou clôture avant 5 ans ou PEA en perte	Cumul des Versements	BI	
	Valeur liquidative	BH	
Retraits autorisés sur PEA de moins de 5 ans		BM	

ÉPARGNE RETRAITE			
Cotisations PERP et assimilées	6RS	CV	
Cotisations des contrats « Madelin »	6QS	CX	
Exercice ne coincidant pas avec l'année civile		CY	
Cotisations plan d'épargne retraite (PER)	6NS	JA	
Retraits en capital des PER	1AI	JB	

CRÉDIT D'IMPÔT			
Crédit d'impôt restituable	2CK	AJ	
Crédit d'impôt non restituable	2AB	AA	
Crédit d'impôt prélèvement	2CK	AD	49

PLAN D'ÉPARGNE POPULAIRE (PEP)		
Références du PEP	BK	
Date d'ouverture du PEP	BL	

FRAIS			
Montant des frais	2CA	KF	

Les renvois 2AB à 8VL correspondent aux lignes de la déclaration n° 2042

Fiche ressource 1

Des revenus catégoriels au revenu brut global

Afin de déterminer la base imposable à l'IR d'un foyer fiscal, il convient tout d'abord de déterminer le revenu brut global. Le total des revenus nets catégoriels diminué, le cas échéant, du montant des déficits, constitue ce revenu brut global (voir la fiche ressource 5 du chapitre 5).

I Les caractéristiques du revenu brut global

1. Un revenu global

Le revenu brut global d'un foyer fiscal comprend la totalité des revenus nets catégoriels des différents membres de ce foyer. Cependant, certains revenus sont expressément exonérés de l'impôt pour des motifs d'ordre social, économique ou financier.

> Exemple
> Le RSA et les intérêts du Livret A sont exonérés.

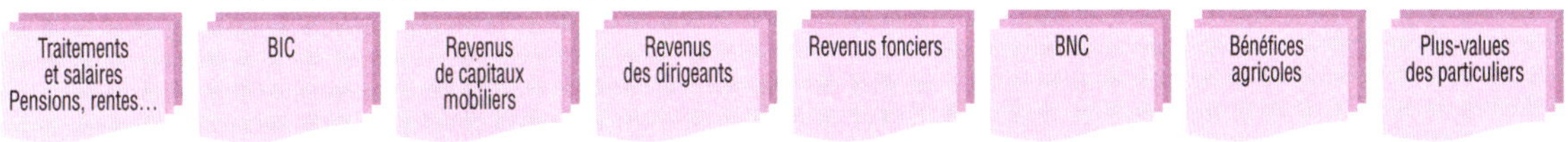

2. Un revenu composé de revenus catégoriels nets

Le revenu catégoriel retenu pour le calcul de l'impôt est un revenu net. Aussi, afin de déterminer les revenus catégoriels imposables, les dépenses engagées en vue d'acquérir et de conserver ces revenus seront déduites de chacun des revenus bruts catégoriels.

> Exemple
> Les salariés peuvent déduire leurs frais professionnels de leur salaire imposable.

3. Un revenu annuel

L'IR est dû chaque année à raison des bénéfices ou revenus que le contribuable réalise ou dont il dispose au cours de la même année. Les revenus de l'année N sont donc imposés « au titre de N » bien que la déclaration soit souscrite normalement par le contribuable courant N+1.

4. Un revenu disponible

L'impôt porte sur les revenus dont le contribuable a pu disposer au cours de l'année d'imposition et non sur les revenus acquis.

> Exemple
> Des intérêts, payables annuellement et à terme échu, sont acquis au jour le jour durant l'année N, mais ils ne seront pas disponibles avant la date de leur échéance en N+1 et seront donc imposables au titre des revenus de N+1.

II Le principe de détermination du revenu brut global du foyer fiscal

Pour chacune des huit catégories de revenus catégoriels soumis à l'IR, le CGI précise les règles spécifiques concernant :
– la détermination du revenu imposable : éléments exonérés et éléments soumis ;
– les charges déductibles de ce revenu ;
– les abattements éventuels.

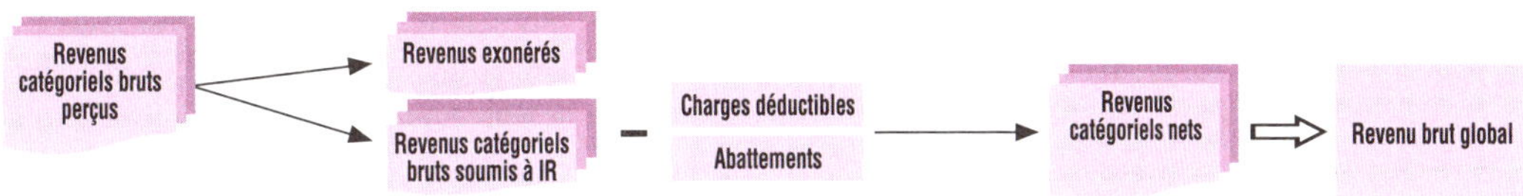

III Les déficits

Certaines catégories de revenus peuvent être déficitaires (ex. : les BIC). Ces déficits, sauf certaines exceptions, sont traités de la manière suivante :
– imputation : le déficit constaté pour une année dans une catégorie de revenus est, sauf dérogation, imputé sur le revenu global de la même année ;
– report déficitaire : si le revenu global n'est pas suffisant pour que l'imputation puisse être intégralement opérée, l'excédent du déficit est, en principe, reporté, successivement, sur le revenu global des années suivantes, jusqu'à la sixième année inclusivement.

Fiche ressource 2

Les traitements et salaires, pensions et rentes

I Le champ d'application

Les traitements et salaires sont les sommes perçues par des personnes placées dans un état de subordination à l'égard de leur employeur, dans le cadre de leur activité professionnelle. Est donc considéré comme salarié tout contribuable dont la rémunération trouve sa source dans un contrat de travail.

1. Les rémunérations imposables

Rémunérations principales	– Rémunération du travail principal (salaire fixe ou commissions, pourboires, gages…), et indemnités de congés payés – Traitements des salariés de la fonction publique – Salaire versé au conjoint de l'exploitant individuel dont le résultat fiscal de l'entreprise est soumis aux BIC.
Rémunérations accessoires	Primes, gratifications, allocations et indemnités professionnelles…
Avantages en nature	Ils sont évalués pour leur valeur réelle ou à partir de barèmes forfaitaires fournis par l'Administration. Ils concernent l'utilisation privée d'un véhicule ou d'un logement mis à disposition par l'entreprise, de nourriture, d'outils issus des nouvelles technologies de l'information et de la communication (NTIC : ordinateur portable, connexion Internet…).
Revenus de remplacement	– Indemnités chômage – Indemnités versées par la Sécurité sociale (maladie, maternité…) – Indemnités compensatrices de préavis, congés payés, fin de contrat **CDD** et intérim…
Pensions et allocations	– Pensions de retraite et préretraite – Pensions d'invalidité – Pensions alimentaires – …

2. Les rémunérations exonérées

Allocations et remboursements de frais d'emploi	Sommes versées au salarié par l'employeur pour couvrir les frais inhérents à l'activité professionnelle et réellement supportées par le salarié qui peut les justifier de façon précise (voir II). (Voir fiche ressource 3 pour le cas particulier du dirigeant.)
Rémunération des apprentis	Salaires versés aux apprentis dans la limite du montant moyen du SMIC annuel, soit 18 654 € pour les salaires versés en 2021.
Gratifications versées aux stagiaires	Les gratifications sont exonérées dans la limite du montant moyen du SMIC annuel, soit 18 654 € pour 2021.
Heures supplémentaires et complémentaires	A compter du 01/01/2019, les heures supplémentaires et complémentaires sont exonérées d'IR dans la limite annuelle de 5 000 €. Au-delà de ce plafond, elles sont imposables.
Rémunérations des étudiants	Les salaires versés aux lycéens ou étudiants âgés de 25 ans au plus le 1er janvier de l'année d'imposition, en rémunération de l'activité exercée pendant l'année scolaire ou pendant les congés scolaires, sont exonérés dans la limite de 3 fois le montant mensuel moyen du SMIC (soit, pour 2021, 4 664 € le surplus est imposable).
RSA	Le revenu de solidarité active et la prime d'activité sont exonérés en totalité.
Indemnités de Sécurité sociale	Les indemnités journalières allouées aux victimes d'accident du travail ou de maladies professionnelles sont exonérées pour 50 % de leur montant.
Participation et intéressement	Les sommes provenant de la participation et de l'intéressement sont exonérées (respect de période de blocage de cinq ans, et sous certaines conditions de seuil et de placement).
Indemnités de licenciement et de retraite	– Indemnités de licenciement ou de départ volontaire versées dans le cadre d'un plan de sauvegarde de l'emploi et indemnités de licenciement abusif ou irrégulier. – Indemnité de rupture du contrat de travail dans le cadre d'un congé mobilité ou d'une rupture conventionnnelle collective. – Autres indemnités de licenciement et indemnités de retraite dans la limite du montant légal ou conventionnel.
Autres	Allocations et prestations familiales, bourses d'enseignement…

II La détermination du revenu net catégoriel « Traitements et salaires » (TS)

Le salarié déclare les rémunérations qui ont fait l'objet d'un paiement effectif au cours de l'année civile écoulée. Il bénéficie ensuite d'une déduction pour frais professionnels soit forfaitaire de 10 %, soit sur option en déclarant ses frais réels.

1. Le salaire à déclarer

Sur le bulletin de salaire remis chaque mois au salarié, figurent le salaire net à payer et le salaire net imposable du mois. Ce salaire net imposable, à déclarer, diffère du salaire net à payer notamment du fait de la non-déductibilité d'une part des contributions CSG et CRDS (CSG : 2,4 % et CRDS : 0,5 %).

2. La déduction des frais professionnels

Le salarié déduit du salaire à déclarer le montant de ses frais professionnels selon deux modalités : la déduction forfaitaire de 10 % (régime de droit commun) ou, sur option, la déduction des frais réels.

a) Le régime de la déduction forfaitaire de 10 %

La déduction forfaitaire de 10 % couvre les frais professionnels que le contribuable est amené à engager dans l'exercice de ses fonctions (les frais de déplacement du domicile au lieu de travail, les frais de repas, les frais de documentation technique et de mise à jour des connaissances…). Cette déduction est calculée sur l'ensemble des revenus taxés dans la catégorie des traitements et salaires (y compris les allocations de chômage, indemnités journalières…).
Le montant de cette déduction est compris entre un minimum (442 € pour les revenus 2020) et un plafond (12 652 € pour les revenus 2020), revalorisés chaque année, qui s'appliquent distinctement à chaque membre du foyer fiscal.

b) Le régime de la déduction des frais réels

Le contribuable peut renoncer à la déduction forfaitaire de 10 % et opter pour le régime des frais réels afin de faire état des frais professionnels réellement supportés pendant l'année.

Les frais susceptibles d'être déduits sont principalement :
- les frais de transport du domicile au lieu de travail ;
- les frais de double résidence ;
- les frais de formation, de documentation et de voyage ;
- les frais vestimentaires (bleus de travail, blouses, chaussures spéciales…) ;
- les frais de repas ;
- les frais d'informatique.

Pour être déduites, ces dépenses doivent :
- avoir un caractère professionnel : être engagées dans le cadre de l'exercice de l'activité professionnelle du contribuable ;
- être justifiées : il convient de fournir un relevé détaillé des frais réels (précisant leur nature et leur montant) et tenir à la disposition de l'Administration toutes les pièces justificatives correspondantes afin de justifier que les frais déduits ont été effectivement payés au cours de l'année d'imposition considérée.

Le cas des allocations pour frais d'emploi

Afin de couvrir les frais professionnels, l'employeur verse au salarié des allocations pour frais d'emploi, qui peuvent prendre la forme soit d'allocations forfaitaires, soit de remboursement de frais.

L'exonération de ces allocations pour frais d'emploi dépend du mode de déduction des frais professionnels retenu par le salarié (forfaitaire de 10 % ou frais réels).

• Dans le cas où le salarié a choisi la **déduction forfaitaire de 10 %** : les **allocations forfaitaires** et les **remboursements de frais** sont **exonérés**.

• Dans le cas où le salarié opte pour la **déduction des frais réels** : le salarié fait état de ses frais réels. Il doit donc inclure dans ses revenus à déclarer la totalité des allocations forfaitaires et des remboursements de frais perçus, quelle qu'en soit la forme. Les **allocations forfaitaires** et les **remboursements de frais** deviennent **imposables**.

Attention : les allocations forfaitaires versées aux dirigeants salariés sont toujours imposables.

III Synthèse

Revenu perçu	Le salarié perçoit le salaire net à payer.	
Revenu à déclarer	Le contribuable déclare le montant du salaire net imposable indiqué sur sa fiche de paie.	
Revenu net imposable au titre des TS	**Déduction forfaitaire de 10 %**	**Déduction des frais réels**
	• Cette **déduction** comporte un minimum et un maximum (respectivement 442 € et 12 652 € pour 2020). • Les **remboursements de frais** et les **allocations forfaitaires** sont **exonérés**. Revenus à déclarer – Frais professionnels 10 % = **Revenu net au titre des TS**	• Le salarié demande la **déduction de ses frais réels**. Il devra fournir un relevé détaillé de ses frais et tenir à la disposition de l'Administration toute **pièce justificative**. • Les **remboursements de frais** et les **allocations forfaitaires** sont **imposables** et doivent être **ajoutés aux revenus à déclarer**. Revenus à déclarer + Allocations forfaitaires + Remboursements de frais – Frais professionnels réels = **Revenu net au titre des TS**

Exemple

Pour l'année 2020, la famille Mary vous communique les rémunérations perçues au titre de leur activité salariée.

• M. Mary, cadre administratif d'entreprise, a perçu un salaire annuel de 162 000 € ainsi que 950 € de remboursement de frais professionnels. Il utilise son véhicule personnel pour se rendre sur son lieu de travail et peut justifier à ce titre de 2 560 € de frais professionnels réels.

• Mme Mary, salariée de la grande distribution, a perçu un salaire annuel de 62 000 € ainsi qu'un remboursement de 450 € pour frais. Elle habite à 38 km de son lieu de travail et utilise son véhicule personnel pour effectuer ses déplacements. En appliquant le barème administratif, elle peut justifier de 6 960 € de frais réels de déplacement.

• Lucas, leur fils aîné âgé de 20 ans, a terminé ses études. Il a effectué des missions d'intérim et a perçu une rémunération annuelle de 4 100 €. Il ne justifie pas de frais professionnels réels.

• Dorian, leur fils cadet âgé de 19 ans, est étudiant. Il a travaillé pendant les vacances scolaires et a perçu une rémunération annuelle de 1 350 €.

Les deux enfants ont demandé le rattachement au foyer fiscal des parents.

Déterminer le revenu net catégoriel imposable.

Il faut envisager les deux méthodes de déduction des frais professionnels.

• M. Mary

Éléments	Déduction forfaitaire de 10 %		Déduction des frais réels	
Salaire à déclarer Indemnité pour frais professionnels	 Non imposable	162 000 0	 Imposable	162 000 + 950
Frais professionnels à déduire	162 000 × 10 % = 16 200 (mais plafond de 12 652 €)	– 12 652		– 2 560
Salaire net de frais professionnels		**149 348**		**160 390**

M. Mary retiendra la déduction forfaitaire de 10 %.

• Mme Mary

Éléments	Déduction forfaitaire de 10 %		Déduction des frais réels	
Salaire à déclarer Indemnité pour frais professionnels	 Non imposable	62 000 0	 Imposable	62 000 + 450
Frais professionnels à déduire	62 000 × 10 % = 6 200 (compris entre 442€ et 12 652 €)	– 6 200		– 6 960
Salaire net de frais professionnels		**55 800**		**55 490**

Mme Mary retiendra la déduction des frais réels.

• Lucas Mary

Éléments	Déduction forfaitaire de 10 %		Déduction des frais réels	
Salaire à déclarer		4 100		
Frais professionnels à déduire	4 100 × 10 % = 410 (inférieur à 442 €)	– 442	Lucas ne peut justifier d'aucuns frais réels.	
Salaire net de frais professionnels		**3 658**		

• Dorian Mary
Il est étudiant. La rémunération qu'il a perçue au titre de l'activité exercée pendant les congés scolaires est exonérée dans la limite de 3 fois le montant mensuel moyen du SMIC. La rémunération annuelle perçue de 1 350 € sera exonérée d'IR.

Le revenu net imposable dans la catégorie « Traitements et salaires » du foyer fiscal Mary au titre de 2020 est de : 149 348 + 55 490 + 3 658 = 208 496 €.

Fiche ressource 3

La rémunération des dirigeants de société

Le régime d'imposition des rémunérations des dirigeants dépend à la fois du statut juridique de l'entreprise et de l'imposition ou non de la société à l'IS.
Les dirigeants et associés peuvent être rémunérés pour leur travail de direction (traitements et salaires ou part des bénéfices), leur travail de contrôle (jetons de présence) ou leur placement de capitaux dans l'entreprise (intérêts de comptes courants et dividendes).

I Les régimes d'imposition des dirigeants et le statut juridique de l'entreprise

	Statut du dirigeant	Type de rémunération	Catégorie d'imposition à l'IR
EIRL	Entrepreneur individuel	Rémunération sur le bénéfice fiscal distribué	BIC, BNC ou BA selon l'activité
EURL	Sans option pour l'IS : gérant	Rémunération sur le bénéfice fiscal distribué	BIC, BNC ou BA selon l'activité
	Avec option pour l'IS : gérant	Mêmes règles que les traitements et salaires	Article 62 du CGI
SARL	Soumise à l'IS : Gérant majoritaire	Mêmes règles que les traitements et salaires	Article 62 du CGI
	Gérant minoritaire	Traitements et salaires	Traitements et salaires
	Gérant non associé	Traitements et salaires	Traitements et salaires
	Option pour le régime des sociétés de personnes (SARL familiale) : Gérant associé	Rémunération sur le bénéfice fiscal distribué	BIC, BNC ou BA selon l'activité
	Gérant non associé	Traitements et salaires	Traitements et salaires
SA ou SAS	Président du conseil d'administration, directeur général, membre du directoire	Rémunération du travail de direction	Traitements et salaires
		Jetons de présence spéciaux	Traitements et salaires
		Jetons de présence ordinaires	Revenus de capitaux mobiliers
	Membres du conseil d'administration ou du conseil de surveillance	Jetons de présence ordinaires	Revenus de capitaux mobiliers

II Les caractéristiques des régimes d'imposition

1. Les dirigeants soumis au régime fiscal des salariés

Ces dirigeants salariés sont soumis aux mêmes règles que les salariés ordinaires en matière de salaire à déclarer. Toutefois, les **allocations forfaitaires** pour frais professionnels perçues sont **toujours imposables** pour ces dirigeants.

Le régime des frais professionnels est celui des salariés : soit bénéficier de la déduction forfaitaire de 10 %, soit opter pour la déduction des frais réels.

2. Les dirigeants soumis au régime des rémunérations de l'article 62 du CGI

Ce régime concerne notamment les gérants majoritaires de SARL et les gérants associés en nom des sociétés de personnes ou d'EURL ayant opté pour l'imposition à l'IS.
Les rémunérations perçues par ces dirigeants sont soumises à l'IR avec des règles d'imposition identiques à celles des traitements et salaires. Comme pour les salariés dirigeants, les **allocations forfaitaires pour frais** sont **toujours imposables**.
Ces dirigeants bénéficient aussi de la déduction forfaitaire pour frais de 10 %. **S'ils optent pour la déduction aux frais réels** avec justificatifs, les **remboursements de frais réels** deviennent alors **imposables**.

Fiche ressource 4

Les bénéfices industriels et commerciaux (BIC)

I Le champ d'application

Dans la catégorie des BIC, l'IR frappe les bénéfices provenant de l'exercice d'une profession commerciale, industrielle ou artisanale.
Les BIC concernent les entrepreneurs individuels et les associés de sociétés relevant de l'IR (sociétés de personnes ou, sur option, SARL familiale).

II La rémunération de l'exploitant individuel

La rémunération que s'alloue l'exploitant en contrepartie de son travail ne constitue pas une charge de l'entreprise car ce travail est rémunéré par le bénéfice net.
Dans le cas où la rémunération de l'exploitant est comptabilisée en charges, celle-ci fait l'objet d'une réintégration afin de déterminer le résultat fiscal de l'entreprise (voir *Processus 3 BTS1*).

III Le régime d'imposition

L'exploitant déclare le résultat fiscal figurant sur l'imprimé 2031 de déclaration des BIC de l'entreprise qu'il joint à la déclaration des revenus du foyer.
Si l'entreprise n'est pas adhérente à un CGA, le bénéfice fiscal déclaré et imposé est majoré pour le calcul de l'IR. Les professionnels de l'expertise comptable peuvent également délivrer un visa fiscal qui dispense leurs clients de cette majoration. Cette majoration sera progressivement supprimée d'ici 2023.

Base d'imposition à l'IR des BIC

Revenus	2019	2020	2021	2022	2023
Adhérents CGA ou visa fiscal	Bénéfice	Bénéfice	Bénéfice	Bénéfice	Bénéfice
Non adhérents CGA sans visa fiscal	Bénéfice majoré de 25 %	Bénéfice majoré de 20 %	Bénéfice majoré de 15 %	Bénéfice majoré de 10 %	Bénéfice

Les plus-values nettes à long terme professionnelles (PVNLT) dégagées par l'activité de l'entreprise font l'objet d'une imposition au prélèvement forfaitaire unique (PFU) de 12,8 % au titre de l'impôt sur le revenu auquel s'ajoutent les prélèvements sociaux de 17,20 %, soit une imposition globale de 30 % (voir chapitre 5, FR 4).

IV La rémunération du conjoint de l'exploitant

Le salaire versé au conjoint de l'exploitant individuel, déductible du bénéfice imposable aux BIC, est déclaré dans la catégorie des Traitements et salaires pour une imposition à l'IR.

Fiche ressource 5

Les revenus de capitaux mobiliers (RCM)

Remarque : seuls sont étudiés les RCM de source française perçus par des personnes physiques domiciliées en France.

I Le champ d'application

Les revenus mobiliers concernent :
– les produits de placements à revenus variables : revenus des actions et parts sociales distribués par les sociétés relevant de l'IS (dividendes…) ;
– les produits de placements à revenus fixes : intérêts d'emprunts obligataires, d'emprunt d'État, de compte courants, de dépôts, de créances, etc.
Depuis le 1er janvier 2018, les RCM font l'objet d'un **prélèvement forfaitaire unique** ou « flat tax » de 30 % composé de :
• **12,8 %** au titre de l'imposition de plein droit à l'impôt sur le revenu (PFU)
• 17,2 % au titre des prélèvements sociaux (CSG,CRDS et prélèvements)
À titre d'acompte sur l'imposition à l'IR, ces RCM sont soumis à un **prélèvement forfaitaire obligatoire non libératoire (PFO) de 12,8 %** opéré à la source par l'établissement payeur. Cet acompte d'IR s'imputera en N+1 sur l'imposition définitive calculée au taux forfaitaire de 12,8 % (PFU).
Le contribuable peut, s'il y a intérêt, opter de façon **globale** et **irrévocable** pour une imposition de ces RCM au **barème progressif de l'IR.** Ces revenus mobiliers s'ajoutent aux autres revenus du foyer fiscal, puis l'ensemble est soumis au barème progressif par tranches de l'impôt sur le revenu. L'acompte de 12,8 % s'imputera sur le montant de l'IR dû. Si ce crédit d'impôt excède le montant de l'impôt dû, l'excédent sera restitué.
Les prélèvements sociaux font l'objet d'un prélèvement à la source lors du versement du revenu mobilier.

II L'imposition des dividendes

Définition	Le bénéfice net comptable après impôt réalisé par les sociétés soumises à l'IS est soit mis en réserves soit distribué aux associés ou actionnaires sous forme de dividendes. L'associé, contribuable personne physique, qui détient à titre privé ces titres déclare ces dividendes et est imposé à l'IR au titre de l'année où le versement des dividendes a eu lieu
Régime d'imposition	Le montant brut des dividendes perçus en N et déclarés en N+1est soumis de **plein droit** à la **taxation forfaitaire de 12,8 % (PFU)**
	Le montant brut des dividendes peut sur **option** du contribuable être soumis à l'imposition au **barème progressif.** Le contribuable bénéficie d'un abattement de 40 % sur ces dividendes bruts et de la possibilité de déduire les frais et charges supportés pour la gestion de ces revenus et la part déductible de 6,8 % de la CSG
	Dans tous les cas, **l'acompte d'IR de 12,8 %, prélèvement forfaitaire obligatoire non libératoire (PFO)**, est **retenu à la source.** Il s'impute soit sur le montant de l'IR forfaitaire, (PFU) de 12,8 %, soit sur le montant de l'IR dû au titre de l'imposition des revenus au barème progressif.
	Le contribuable peut demander à être **dispensé du versement du PFO** si : le revenu fiscal de l'année N-2 est inférieur à : • **50 000 €** pour **une personne seule ;** • **75 000 €** pour un **couple** soumis à l'imposition commune (mariés ou pacsés). La dispense n'est pas automatique et doit être demandée par le bénéficiaire, sous la forme d'une attestation sur l'honneur, auprès de l'établissement payeur au plus tard le 30 novembre de l'année précédant celle du paiement.

<table>
<tr>
<td rowspan="1">Année 2021
Versement des dividendes</td>
<td colspan="2">Dividendes bruts perçus en 2021
–
Prélèvements à la source par la société distributrice
Acompte non libératoire d'IR PFO(1) de 12,8 % | Prestations sociales de 17,20 %
=
Dividendes nets perçus en 2021</td>
</tr>
<tr>
<td rowspan="3">Année 2022
Déclaration des dividendes imposition à l'IR</td>
<td colspan="2">Dividendes bruts percus en 2021 déclarés en 2022
Au choix du contribuable</td>
</tr>
<tr>
<td>Imposition forfaitaire à l'IR de plein droit</td>
<td>Option pour le barème progressif</td>
</tr>
<tr>
<td>PFU(2) de 12,8 % calculé sur le montant brut
–
Imputation du PFO(1) de 12,8 %

(1) PFO : prélèvement forfaitaire obligatoire
(2) PFU : prélèvement forfaitaire unique</td>
<td>Dividendes bruts
– abattement de 40%
– <u>frais et charges déductibles</u>
= Revenu net imposable au titre des RCM intégré au revenu global
↓
IR dû au titre du barème progressif
–
Imputation du PFO(1) de 12,8 %
NB : 6,8 % de la CSG prélevée en 2021 est déductible du revenu global</td>
</tr>
</table>

Exemple

Le couple PARY a perçu 16 000 € de dividendes bruts en 2021. Il peut justifier de 73,00 € de frais d'encaissement facturés par la banque. Sachant que le taux marginal d'imposition de ce foyer fiscal, compte tenu de l'ensemble des revenus perçus du foyer, est de 41 %, vérifier si le couple a intérêt ou non à opter pour l'imposition au barème progressif de ces dividendes.

Dividendes bruts perçus en 2021	**16 000**
Prélèvements sociaux 17,2 % : 16 000 × 17,2 % =	– 2 752
Acompte IR PFO de 12,8 % : 16 000 × 12,8 % =	<u>– 2 048</u>
Dividendes nets perçus en 2021	**11 200**

Soit un prélèvement à la source de 17,2 % + 12,8 % = 30 % : 16 000 × 30 % = 4 800 €

Imposition forfaitaire à l'IR de plein droit		**Option pour le barème progressif**	
Dividendes bruts déclarés en 2022	16 000	Dividendes bruts déclarés en 2022	16 000
		– abattement de 40 % : 16 000 × 40 % =	– 6 400
		– frais déductibles	<u>– 73</u>
		= Dividendes nets imposés RCM	9 527
		– CSG déductible part 6,8 % 16 000 × 6,8 %	<u>– 1 088</u> (1)
Dividendes imposés au PFU	16 000	= Dividendes nets soumis au barème progressif	8 439
IR sur dividendes : 16 000 × 12,8 %	**2 048**	IR sur dividendes : 8 439 × 41 %	**3 460**
– Imputation PFO	<u>– 2 048</u>	– Imputation PFO	<u>– 2 048</u>
IR sur dividendes dû	0	IR sur dividendes dû	1 412
Imposition globale des dividendes : IR + Prélèvements sociaux = 2 048 + 2 752 = **4 800 €**		Imposition globale des dividendes : IR + Prélèvements sociaux = 3 460 + 2 752 = **6 212 €** (1) La part déductible de CSG, 6,8 %, viendra en déduction du revenu brut global imposable du foyer (voir chapitre 8)	
Le contribuable n'a pas intérêt à opter pour une imposition au barème progressif : 3 460 € > 2 048 €			

III L'imposition des jetons de présence ordinaires

Définition	Les jetons de présence ordinaires distribués aux administrateurs et membres du conseil de surveillance des SA ou SAS constituent la rémunération du mandat social de ces administrateurs et sont imposés dans la catégorie des revenus de capitaux mobiliers
Régime d'imposition	Le montant brut des jetons perçus en N et déclarés en N+1 est soumis de **plein droit** à la **taxation forfaitaire de 12,8 % (PFU)**
	Le contribuable peut exercer l'option pour le **barème progressif** mais les jetons ne bénéficient d'aucun abattement. Aussi, l'imposition forfaitaire reste plus avantageuse pour le contribuable si le taux marginal d'imposition au barème progressif est supérieur à 12,8 %.
	Les jetons sont soumis comme les dividendes au **PFO non libératoire de 12,8 %** majoré des prélèvements sociaux de 17,2 %. L'acompte d'impôt que constitue le PFO s'impute sur l'imposition définitive.
	Le contribuable peut demander à être **dispensé** du versement de ce **PFO** comme pour les dividendes, si le revenu fiscal de l'année N-2 est inférieur à 50 000 € pour une personne seule ; ou 75 000 € pour un couple soumis à l'imposition commune (mariés ou pacsés).

IV L'imposition des revenus des obligations et autres titres d'emprunt

Définition	Ils concernent les intérêts qui rémunèrent les emprunts obligataires émis par les sociétés et les emprunts négociables émis une collectivité locale ou l'État. Ils sont imposés dans la catégorie des revenus de capitaux mobiliers
Régime d'imposition	Le montant brut des intérêts perçus en N et déclarés en N+1 est soumis de **plein droit** à la **taxation forfaitaire de 12,8 % (PFU)**
	Le contribuable peut exercer l'option pour le **barème progressif** mais les intérêts ne bénéficient d'aucun abattement. Aussi, l'imposition forfaitaire reste plus avantageuse pour le contribuable si le taux marginal d'imposition au barème progressif est supérieur à 12,8%.
	Les intérêts sont soumis au **PFO non libératoire de 12,8 %** majoré des prélèvements sociaux de 17,2%. L'acompte d'impôt que constitue le PFO s'impute sur l'imposition définitive.
	Le contribuable peut demander à être **dispensé** du versement de ce **PFO** si le revenu fiscal de l'année N-2 est inférieur à 25 000 € pour une personne seule ; ou 50 000 € pour un couple soumis à l'imposition commune.

V L'imposition des revenus des créances, dépôts, comptes courants

Définition	Ces revenus concernent les intérêts qui rémunèrent toutes sortes de prêts ou de dépôts : les intérêts versés par les entreprises aux associés pour les sommes déposées en compte courant mais aussi les intérêts versés par les institutions financières. Ils sont imposés dans la catégorie des revenus de capitaux mobiliers
Régime d'imposition	Le régime d'imposition est identique à celui des revenus des obligations et emprunts (voir ci-dessus IV).
	Exceptions : Certains de ces revenus sont **exonérés d'IR** et concernent les intérêts : des livrets A, livrets de développement durable, livret d'épargne entreprise, livret d'épargne populaire, livrets jeunes. NB : Sont soumis au prélèvement de 12,8 % les intérêts des comptes épargne logement et plans d'épargne logement ouvert à compter du 01/01/2018. Ceux ouverts avant continuent à bénéficier d'une exonération d'IR pendant les 12 premières années.

Applications

1 Foyer fiscal Leblanc

M. Leblanc, cadre d'une entreprise pétrochimique, et Mme Leblanc, fonctionnaire au sein d'une collectivité locale, sont mariés sous le régime de la communauté. Ils ont deux enfants, Marie et Louis, qui ont tous deux demandé le rattachement au foyer fiscal de leurs parents.

NB : il sera fait abstraction des prélèvements de CSG et CRDS ; le couple n'a exercé aucune option en matière d'imposition de ses revenus mobiliers ; il ne peut justifier d'aucune charge déductible ni d'aucun abattement à imputer sur son revenu brut global à soumettre au barème progressif de l'IR ; le revenu fiscal de N-2 était de 56 988 €.

1. **Identifier, à l'aide du document, pour chaque revenu, la catégorie de revenus à laquelle il se rapporte.**
2. **Préciser le montant des revenus à déclarer et le montant du revenu catégoriel net imposable au barème de l'IR au titre des traitements et salaires, en choisissant la solution la plus avantageuse.**
3. **En supposant que le couple n'a exercé aucune option, préciser le montant des revenus à déclarer et le montant du revenu catégoriel net imposable au titre des revenus mobiliers. Préciser le régime d'imposition à l'IR de ces revenus.**
4. **Préciser le montant des prélèvements obligatoires non libératoires qui a fait l'objet d'un prélèvement à la source. Indiquer si ce foyer peut demander à être dispensé de ces prélèvements.**
5. **Calculer le montant de l'impôt liquidé au barème progressif de l'IR dont sera redevable ce couple en appliquant la formule directe de calcul : impôt = (R × 0,11) – (1 109,24 × N). (R) représente le montant du revenu global et N le nombre de parts soit 3 pour ce couple.**
6. **Calculer le montant de l'impôt forfaitaire à 12,8 % dont sera redevable le couple. Indiquer quel prélèvement sera imputé sur cet impôt et par conséquent, quel sera le montant de l'IR à taux forfaitaire restant à payer. Présenter le calcul de l'IR total dû.**
7. **Préciser quelles seraient les conséquences d'une option du couple pour une imposition des revenus mobiliers au barème progressif de l'IR. Proposer une évaluation chiffrée de cet impact sur l'imposition à l'IR du couple. On retiendra la même formule de calcul direct de l'impôt au barème progressif.**

Document Données relatives aux rémunérations perçues courant N

Au cours de l'année N, les membres de la famille Leblanc ont perçu les rémunérations suivantes :

• Mme Leblanc a perçu un traitement annuel net imposable après cotisations déductibles de 29 425 €. Son employeur lui a versé une allocation forfaitaire annuelle pour frais de 400 €. Elle prend son véhicule personnel (6 CV) pour se rendre sur son lieu de travail et peut justifier de 3 372 € de frais professionnels réels.

• M. Leblanc a relevé sur son bulletin de salaire de décembre N un salaire mensuel brut de 3 500 € et un salaire net imposable cumulé pour l'année de 33 280 €. Il a aussi perçu, au titre de la participation des salariés, 1 323 € qui seront bloqués cinq ans. Il ne peut pas justifier de frais professionnels réels.

• Marie, 19 ans, est étudiante. Elle a effectué un stage de trois mois au dernier trimestre N. L'entreprise lui a versé une gratification de 1 663,20 €.

• Louis, 20 ans, a obtenu un BTS Informatique de gestion. Il a été recruté en tant que technicien informatique à compter du 1er octobre N. Son salaire net imposable annuel s'élève à 3 751 €.

Le couple s'est constitué un portefeuille de titres qui a généré 1 685 € de dividendes bruts et 987 € de revenus d'obligations. L'organisme bancaire qui gère leur portefeuille a prélevé sur leur compte bancaire 115 €, qui constituent des frais déductibles (frais de garde).

Chacun des enfants est titulaire d'un Livret jeune. Marie a perçu 53,20 € d'intérêts et Louis 68,85 €.

2 Foyer fiscal Arno

Loïc Arno est exploitant de l'EIRL Arbo, qui a pour activité la distribution de produits cosmétiques. Son épouse Julie est salariée de l'EIRL avec le statut de conjoint salarié. M. et Mme Arno sont mariés sous le régime de la communauté. L'EIRL a confié la tenue de sa comptabilité au cabinet d'expertise comptable Héraut, qui délivre un visa fiscal. Sur les conseils du cabinet, le couple n'a pas opté pour une imposition de ses revenus mobiliers au barème progressif de l'**IR**.

Stagiaire dans le cabinet d'expertise comptable, vous êtes en charge du dossier de l'EIRL Arbo. Le couple vous interroge sur l'imposition à l'IR de leurs revenus.

1. **Identifier, à l'aide des documents 1, 2 et 3, les différents revenus perçus par le couple et indiquer la catégorie de revenus à laquelle il se rapporte.**
2. **Préciser si les revenus sont tous soumis à l'imposition au barème progressif.**
3. **Déterminer le revenu brut global du foyer Arno.**
4. **Indiquer quelle serait la conséquence en matière d'imposition des revenus à l'IR de l'absence du visa fiscal.**

Document 1 Opérations réalisées par l'EIRL Arbo au cours de l'exercice comptable 2021

- L'exploitant se rémunère chaque mois par un prélèvement de 2 300 € comptabilisé au débit du compte 108 « Compte de l'exploitant ».
- Mme Arno perçoit, au titre de conjoint salarié, un salaire brut mensuel de 2 000 €. Ce salaire n'est pas excessif et correspond à un travail effectif.
- L'entreprise effectue des placements de trésorerie dans l'acquisition d'actions comptabilisées en VMP. Les dividendes perçus en 2021 s'élèvent à 1 980 €.
- Elle a cédé en septembre 2021 une partie de ses titres acquis en 2018. La cession de ces titres a généré une plus-value de 4 860 €.

Document 2 Document remis par le cabinet d'expertise Héraut

Attestation de l'employeur : EIRL ARBO

Déclaration fiscale des salaires perçus au cours de l'année 2021

N° de Sécurité sociale : 2 83 06 69 058 077

Nom Prénom : Julie ARNO

Fonction : Conjoint salarié

Montant des rémunérations imposables à déclarer : 18 260,22 €

Document 3 Imprimé 2031 de déclaration des BIC de l'EIRL Arbo pour l'exercice comptable 2021

cerfa

N° 11085*21

Formulaire obligatoire (art 53 A ou 302 septies A bis du Code général des impôts)

DIRECTION GÉNÉRALE DES FINANCES PUBLIQUES

Liberté • Égalité • Fraternité
RÉPUBLIQUE FRANÇAISE

N° 2031-SD
2021

IMPÔT SUR LE REVENU
Bénéfices industriels et commerciaux

(Cocher la ou les cases correspondantes)

Exercice ouvert le	01/01/2021	Régime "simplifié d'imposition"	✓	ou "réel normal"	
et clos le	31/12/2021	Option pour la comptabilité super-simplifiée		TVA	
		Option pour le régime de la taxation au tonnage			

A IDENTIFICATION

Dénomination de l'entreprise : EIRL ARBO	Adresse du déclarant (quand celle-ci est différente de l'adresse du destinataire) et/ou adresse du domicile de l'exploitant si elle est différente de l'adresse de la direction de l'entreprise :
Adresse de l'entreprise :	
Mél :	
Téléphone :	
SIREN	Mél :
Préciser l'ancienne adresse en cas de changement :	**B DIVERS**
	Activités exercées (souligner l'activité principale) : Vente de cosmétiques
	Personne inscrite au répertoire des métiers (cocher la case) ☐

C RÉCAPITULATION DES ÉLÉMENTS D'IMPOSITION (cf. notice, page 3)

			Col. 1	Col. 2
1 Résultat fiscal Bénéfice col. 1, Déficit col.2 (report XN ou XO du 2058-A-SD ou 370 ou 372 du 2033-B-SD)			41 650	
2. Revenus de valeurs et capitaux mobiliers (compris dans les résultats ci-dessus)				
- Revenus exonérés de l'impôt sur le revenu	a			
à déduire : quote-part des frais et charges correspondants ❶	b			
revenus nets exonérés (a – b)	c			
- Revenus soumis à l'impôt sur le revenu	d	1 980	Total c + d	1 980
3. Total			41 650	1 980
4. Bénéfice imposable (col. 1 – col. 2) ou **Déficit déductible** (col. 2 – col. 1) ❷			39 670	

4. *bis* Revenus compris dans le bénéfice imposable mais exclus de l'assiette de l'acompte du prélèvement à la source (art. 204 G du CGI)

- Quote-part de subvention d'équipement, d'indemnités d'assurance compensant la perte d'un élément de l'actif immobilisé et des plus-values à court terme définies à l'article 39 *duodecies* du CGI — e
- Moins-values à court terme définies à l'article 39 *duodecies* du CGI — f

5. Plus-values

taxées selon les règles prévues par les particuliers ❸		à court terme et à long terme exonérées ❹		à long terme imposables à 12,8 % ❸	4 860
à long terme différée de 2 ans (art. 39 *quindecies* I-1 du CGI) ❸		dont plus-values à long terme exonérées (art. 151 *septies* A du CGI) ❺			

6. Exonérations, Abattements et crédits d'impôt

Entreprise nouvelle art. 44 *sexies* ☐ — ZRR art. 44 *quindecies* ☐ — Zone franche d'activité art.44 *quaterdecies* ☐ — Autres dispositifs❼ ☐

ZFU art. 44 *octies* et 44 *octies* A ☐ — Zone de restructuration de la défense art. 44 *terdecies* ☐ — Jeunes entreprises innovantes (JEI) art. 44 *sexies* A ☐

Bassins urbains à dynamiser (BUD) art. 44 *sexdecies* ☐

Exonération ou abattement pratique ❻ ⇨ sur les plus-values à long terme imposables à 12,8 % — sur le bénéfice

Option pour le crédit d'impôt outre-mer dans le secteur productif (art. 244 quater W) ☐

7. BIC non professionnels (2031 *Bis*-SD) a – BÉNÉFICE — b – DÉFICIT — c – PLUS-VALUE

8. Régime des sociétés de personnes ❽
Cadre réservé aux sociétés de personnes dont les associés sont des personnes morales soumises à l'impôt sur le revenu et d'autres à l'impôt sur les sociétés.
Résultat fiscal issu du mode de calcul de l'impôt sur les sociétés

9. Comptabilité informatisée
L'entreprise dispose-t-elle d'une comptabilité informatisée ? OUI (entouré) — NON — Si oui, indication du logiciel utilisé : CEGID

ATTENTION : toutes les entreprises soumises à un régime réel d'imposition en matière de résultats ont l'obligation de souscrire leur déclaration de résultats et ses annexes par voie dématérialisée. Le non respect de cette obligation est sanctionné par l'application de la majoration prévue par l'article 1738 du code général des impôts (CGI). Vous trouverez toutes les informations utiles pour télédéclarer sur le site www.impots.gouv.fr
La notice n° 2033-NOT-SD est également accessible sur le site www.impots.gouv.fr.

OGA/OMGA ☐ Viseur conventionné ✓ (Cocher la case correspondante)

Nom et coordonnées du CGA/OMGA	Nom et coordonnées du viseur conventionné
	Cabinet d'Expertise Héraut
N° d'agrément du CGA/OMGA ou du viseur conventionné	Identité du déclarant:
	Lieu: Date: 31/12/2021
	Qualité et nom du déclarant: Loïc ARNO
	Signature: ARNO

Les dispositions des articles 39 et 40 de la loi n° 78-17 du 6 janvier 1978 relative à l'informatique, aux fichiers et aux libertés, modifiée par la loi n° 2004-801 du 6 août 2004, garantissent les droits des personnes physiques à l'égard des traitements de données à caractère personnel.

MINISTÈRE DE L'ACTION ET DES COMPTES PUBLICS

3 Revenu de placements financiers

M. Jarre s'apprête à effectuer sa déclaration de revenus pour l'année civile N.
Il s'est connecté sur le site des impôts afin de contrôler les montants que l'administration fiscale a mentionnés. Il vous interroge sur l'imposition de ses revenus de capitaux mobiliers.

À l'aide des documents 1 et 2, présenter le mail rédigé en réponse aux interrogations de M. Jarre.

Document 1 Mail envoyé par M. Jarre

Déclaration des revenus de placements financiers - Message (HTML)

De : jarre@orange.fr
À : etud@orange.fr
Cc :
Objet : Déclaration des revenus de placements financiers
Date : 02/05/N+1

Bonjour,
Je m'interroge sur l'imposition de mes revenus de capitaux mobiliers. Je détiens un portefeuille de titres composé d'actions de différentes sociétés et d'obligations. Je suis aussi titulaire d'un livret d'épargne populaire (LEP). Ma banque m'a transmis les informations suivantes : montant brut des dividendes : 1 290 €, montant brut des intérêts d'obligations : 2 375 € et des intérêts du LEP : 450 €. Sur la déclaration pré-remplie je ne vois pas trace des intérêts qui ont rémunérés mon LEP. Pourquoi ces montants déclarés ne correspondent ils pas aux revenus qui ont été virés sur mon compte ? A quoi correspond le montant qui figure en 2CK et comment a-t-il été calculé ? Dans quel cas faut-il cocher la case 2OP ? Et compléter les cases 2CG et 2BH ? Enfin est ce que j'ai intérêt à opter pour une imposition au barème progressif si mon taux marginal d'imposition est de 11 % ? Et s'il est de 30 % ?
Merci pour vos réponses,
Cordialement,
M Jarre.

Document 2 Extrait de la déclaration en ligne effectuée par M. Jarre

REVENUS DES VALEURS ET CAPITAUX MOBILIERS		
Vos revenus des valeurs et capitaux mobiliers ouvrant droit à abattement (ne les déduisez pas)		
Revenus des actions et parts	2DC	1290
Revenus imposables des titres non cotés détenus dans le PEA ou le PEA-PME	2FU	
Vos revenus des valeurs et capitaux mobiliers n'ouvrant pas droit à abattement		
Produits des contrats d'assurance-vie d'une durée inférieure à 8 ans et distributions	2TS	
Autres revenus distribués et revenus des structures soumises hors de France à un régime fiscal privilégié	2GO	
Intérêts et autres produits de placement à revenu fixe	2TR	2375
Intérêts des prêts participatifs et des minibons	2TT	
Vos autres revenus des valeurs et capitaux mobiliers		
Revenus indiqués ci-dessus déjà soumis aux prélèvements sociaux sans CSG déductible	2CG	
Revenus indiqués ci-dessus déjà soumis aux prélèvements sociaux avec CSG déductible	2BH	
Frais et charges déductibles	2CA	
Crédits d'impôt sur valeurs étrangères	2AB	
Crédit d'impôt égal au prélèvement forfaitaire non libératoire effectué en 2021	2CK	469
Vous optez pour l'imposition au barème de l'ensemble de vos revenus et gains mobiliers, cochez la case	2OP ☐	

Chapitre 7

Liquidation de l'impôt sur le revenu

Activité
3.3. Traitement des opérations relatives aux impôts directs

Composante d'activité
3.3.7. Participation au calcul de l'impôt sur le revenu (IR)

Compétence
Calculer le montant de l'IR en prenant en compte différents éléments.

P7
Une utilisation du tableur adaptée pour automatiser des procédures de calcul, simuler le calcul d'impôt selon différentes options simples catégorielles

Vers Pix
1.3. Traiter des données

Situation professionnelle

Vous poursuivez votre stage dans le cabinet d'expertise comptable Expert-Plus, auquel M. Tardieu et son épouse ont souhaité confier le calcul de leur imposition au titre de l'IR pour l'année civile 2021.
Depuis le 1er janvier 2021, M. Tardieu est président de la SAS WindWin et Mme Tardieu est l'exploitante de l'EIRL Univers de la Planche. Le cabinet ExpertPlus a déjà procédé à l'élaboration de la liasse fiscale des deux entreprises pour l'exercice comptable 2021. Courant 2022, le cabinet procède à la souscription de la déclaration des revenus perçus au titre de l'année civile 2021 par le foyer Tardieu.

Mission

Vous avez déjà déterminé le revenu brut global du foyer fiscal Tardieu après analyse des différents revenus catégoriels qu'il perçoit. M. Firmin, votre tuteur, vous charge à présent de finaliser cette mission par la détermination du montant de l'IR dont le foyer sera redevable au titre de l'année 2021. Il attire votre attention sur la nécessité de mener un travail de veille pour actualiser les barèmes, les calendriers et prendre en compte les modifications prévues par la dernière loi de finances. À votre demande, le couple Tardieu s'est engagé à fournir toutes les informations utiles à l'élaboration de sa déclaration de revenus.
Vous disposez d'une documentation fiscale.

Travail à faire

Afin de déterminer le montant de l'IR dont le foyer Tardieu est redevable au titre de l'année 2021, vous allez tout d'abord calculer le revenu net imposable puis l'impôt brut et, enfin, l'impôt net après déduction des réductions et des crédits d'impôts.

Remarque : par souci de simplification, les prélèvements de CSG et de CRDS sont exclus de l'analyse de ce dossier.

P7 **Vous utiliserez le tableur pour automatiser les calculs.**

I Le revenu net imposable

1. **Rappeler le montant du revenu brut global soumis au barème progressif calculé précédemment.**

2. **Indiquer les retraitements à effectuer afin d'obtenir le revenu net imposable à partir du revenu brut global.** — Fiche ressource 1

3. **Indiquer la ou les charges supportées par le foyer Tardieu qui sont susceptibles d'être déduites de leur revenu brut global.** — Annexe 1, Annexe 2, Annexe 3, Fiche ressource 1

4. **Vérifier si la pension alimentaire versée à la mère de Mme Tardieu remplit les conditions pour être admise en déduction du revenu brut global du foyer fiscal.**

5. **Préciser si un plafond de déduction est fixé pour cette pension alimentaire. Calculer le montant de la pension qui sera admis en déduction pour le calcul du revenu net global.**

6. **Préciser les conditions de déduction d'une pension alimentaire versée au profit d'un enfant majeur. La pension versée à Florian remplit-elle ces conditions ?**

7. **Indiquer si le couple remplit les conditions pour bénéficier des abattements spéciaux.**

P7 **8.** **Calculer sur tableur le montant du revenu net imposable du foyer Tardieu au titre de 2021.**

II Le calcul de l'IR brut

Le revenu net imposable est déterminé. Vous allez pouvoir procéder au calcul du montant de l'IR brut.

9. **Préciser pourquoi l'IR est qualifié d'« impôt personnel ».** — Fiche ressource 2

10. **Indiquer la base qui servira de calcul au montant de l'IR brut. Quels sont les éléments dont il faut disposer afin de calculer cette base ?** — Annexe 1, Fiche ressource 2, Fiche ressource 3

11. **Déterminer le nombre de parts attribuées au foyer fiscal Tardieu. Justifier votre réponse.**

P7 **12.** **Calculer sur tableur le montant du quotient familial qui sera retenu pour le calcul de l'IR brut du foyer Tardieu.**

13. **Procéder au calcul du montant de l'IR brut non corrigé du foyer Tardieu en appliquant le barème par tranches.** — Fiche ressource 4

P7 **14.** **Vérifier le montant de l'IR obtenu précédemment (question 13) en procédant au calcul de cet impôt par application de la formule directe sur tableur.**

P7 **15.** **Vérifier par le calcul sur tableur que le montant de l'impôt brut obtenu précédemment ne subit pas le plafonnement de l'avantage procuré par le quotient familial.** — Fiche ressource 5

III Le calcul de l'IR net

16. Définir les termes « réductions d'impôt » et « crédits d'impôt ». Préciser ce qui différencie ces deux notions. ▸ Fiche ressource 6

17. Indiquer la nature de la dépense effectuée par M. Tardieu au profit des Restaurants du Cœur. ▸ Annexe 4 ▸ Fiche ressource 6

P7 18. Préciser la nature de l'avantage fiscal dont bénéficie cette dépense. Calculer le montant de cet avantage. Justifier votre réponse.

P7 19. Indiquer de quelle autre réduction d'impôt bénéficie le foyer fiscal au titre des enfants à charge et son montant global. ▸ Annexe 1 ▸ Fiche ressource 6

20. Préciser l'avantage fiscal que procurent au foyer fiscal les dépenses engagées pour la garde de la plus jeune fille. Vérifier que les conditions pour en bénéficier sont bien respectées. ▸ Annexe 5 ▸ Annexe 6 ▸ Fiche ressource 6

P7 21. Calculer le montant de cet avantage fiscal. Justifier votre réponse.

22. Indiquer la nature fiscale de la dépense réalisée par le foyer Tardieu au profit du Jardin des Alpilles. Vérifier que les conditions pour bénéficier de l'avantage fiscal lié à cette dépense sont bien remplies. ▸ Annexe 7 ▸ Annexe 8 ▸ Fiche ressource 6

P7 23. Procéder au calcul sur tableur du montant de cet avantage.

P7 24. Indiquer la nature fiscale des prélèvements obligatoires à la source opérés sur les revenus de capitaux mobiliers (RCM). Préciser comment ils seront imputés. Compléter la feuille de calcul. ▸ Annexes 9 ▸ Fiche ressource 6

Vous avez terminé l'analyse des réductions et des crédits d'impôts à imputer sur l'IR brut du foyer Tardieu.

IV Le calcul de l'IR dû

P7 25. Vérifier si le plafonnement des niches fiscales s'applique à la somme des avantages fiscaux accordés au foyer Tardieu. ▸ Fiche ressource 6 ▸ Annexes 9

P7 26. Calculer le montant de l'IR proportionnel au taux forfaitaire de 12,8 % dû par le foyer Tardieu.

P7 27. Procéder au calcul du montant total de l'IR dû dont est redevable le foyer Tardieu au titre de 2021.

28. Vérifier que cet IR dû sera bien mis en recouvrement par l'administration fiscale.

Données de la situation

Vous avez contacté les époux Tardieu afin d'obtenir toutes les informations nécessaires à la souscription de leur déclaration de revenus. Vous avez aussi accès à tous les documents comptables, juridiques, sociaux et fiscaux nécessaires à la tenue de la comptabilité et à l'élaboration de la liasse fiscale de la SAS WindWin et de l'EIRL Univers de la Planche.

Annexe 1 Présentation de la famille Tardieu

M. et Mme Tardieu sont mariés depuis plus de vingt ans sous le régime de la communauté réduite aux acquêts. Ils sont installés depuis 2010 à Fos-sur-Mer, où ils sont propriétaires d'une villa, lieu de leur résidence principale.

Le couple a quatre enfants :

– Amélie, née le 18 août 1999, exerce une activité salariée de maître-nageur sauveteur (MNS) ;
– Florian, né le 23 mars 2003, est inscrit en première année de licence STAPS à Marseille ;
– Julien, né le 6 juillet 2008, est collégien ;
– Marylou est née le 19 octobre 2016.

Sur les conseils du collaborateur du cabinet d'expertise comptable, Florian a sollicité son rattachement au foyer fiscal de ses parents pour l'imposition à l'IR au titre de l'année 2021.

Annexe 2 Informations extraites du relevé de banque du foyer

La famille Tardieu a fourni, parmi les pièces justificatives, les relevés mensuels du compte dont ils sont titulaires au CIC.

Parmi les dépenses régulières mentionnées sur le relevé de compte, figure un prélèvement mensuel de 250 au profit de la résidence Les Palmiers, établissement d'hébergement pour personnes âgées dépendantes (EHPAD) situé à Toulon. La mère de Mme Tardieu y séjourne depuis novembre 2020 mais ses ressources personnelles ne lui permettent pas d'assurer seule cette dépense. Mme Tardieu et sa sœur assurent le complément de ce financement, qui reste raisonnable au regard de leurs propres ressources. La résidence établit chaque mois une facture.

Annexe 3 Impôt sur le revenu – Pension alimentaire versée à un ascendant

[...] Vous pouvez déduire de vos revenus, sous certaines conditions, les pensions alimentaires que vous versez à un parent ascendant qui a besoin de votre aide.

- **Conditions de forme**

Vous pouvez déduire de vos revenus une pension alimentaire si elle remplit les 3 conditions suivantes :

– elle est destinée à un ascendant envers lequel vous avez une obligation alimentaire ;
– elle se limite à couvrir les besoins essentiels de votre parent (nourriture, logement, santé...) ;
– elle est proportionnée à vos ressources, compte tenu de vos charges.

• • •

• • •

• Formes de la pension

Vous pouvez verser une pension alimentaire sous plusieurs formes :
- en argent (chèques, virement…) ;
- en payant à la place de votre parent diverses dépenses (frais médicaux, frais de maison de retraite…) ;
- en hébergeant votre parent ou en mettant à sa disposition un logement.

• Montant de la déduction

Cas général : si les conditions sont remplies, vous pouvez déduire une pension alimentaire à condition de pouvoir justifier vos versements (relevés bancaires…) et la réalité des dépenses supportées (factures…).
Le montant n'est pas plafonné. […]

www.service-public.fr

Annexe 4 Reçus fiscaux

Mme Tardieu vous a remis le document ci-dessous.

Les Restaurants du Cœur – Les Relais du Cœur
8 rue d'Athènes
75009 Paris

VOTRE REÇU FISCAL

À joindre à votre déclaration de revenus
Modèle obligatoire (art. 200-5 du CGI)

Numéro d'ordre
87745552

NOM ET ADRESSE DU DONATEUR M. François TARDIEU 28 allée de la Méditerranée 13270 FOS-SUR-MER	Les Restaurants du Cœur reconnaissent avoir reçu, au titre des versements ouvrant droit à déduction fiscale, la somme de : 150 €. Somme en lettres : cent cinquante euros.
Les Restaurants du Cœur **Association de loi 1901 à but non lucratif et reconnue d'utilité publique – décret du 7 février 1992** **Objet social :** aider et apporter assistance bénévole aux personnes démunies, notamment dans le domaine alimentaire, par l'accès à des repas gratuits et par la participation à leur insertion sociale et économique, ainsi qu'à toute action contre la pauvreté sous toutes ses formes.	Date du don : 12/11/2021 Mode de versement : chèque Forme du don : numéraire Fait à Paris, le 08/03/2022

Annexe 5 Frais de garde de Marylou

Compte tenu de leurs obligations professionnelles, M. et Mme Tardieu ont recours aux services d'une assistante maternelle pour garder Marylou, leur plus jeune fille. L'assistante maternelle agréée s'occupe de Marylou le soir après l'école, le mercredi et parfois le samedi ainsi que pendant les vacances scolaires.
Au titre de l'année 2021, le montant annuel déboursé, restant à la charge du couple après déduction des différentes aides, est de 2 650 €.

Annexe 6 Documentation fiscale

Frais de garde de jeunes enfants à l'extérieur du domicile

Les parents qui font garder à l'extérieur de leur domicile leurs enfants, âgés de moins de six ans au 1er janvier 2021 (nés après le 31 décembre 2014), bénéficient d'un crédit d'impôt.

Cette réduction concerne les dépenses effectivement supportées pour la garde de l'enfant et versées :
– à des crèches, des haltes-garderies, des garderies ;
– dans les centres de loisirs sans hébergement ainsi que les garderies scolaires assurées en dehors des heures de classe (garderies périscolaires et postscolaires) ;
– à des assistantes ou assistants maternels agréés.

Les aides perçues au titre de la garde des enfants, notamment le complément de libre choix du mode de garde (qui constitue l'une des aides versées dans le cadre de la prestation d'accueil du jeune enfant), doivent être déduites de la base de calcul du crédit d'impôt.

Le crédit d'impôt s'élève à 50 % des sommes versées en 2021, retenues dans la limite de 2 300 € par enfant, soit un crédit d'impôt maximum de 1 150 €.

Aucune condition relative à l'exercice d'une activité professionnelle par le ou les parents n'est exigée.

www.impots.gouv.fr

Annexe 7 Documentation fiscale

Aide fiscale pour l'emploi d'un salarié à domicile

Plafond de droit commun. Pour le calcul de l'avantage fiscal, les dépenses sont retenues dans la limite de 12 000 €. Ce plafond s'apprécie par foyer fiscal. Il est identique pour les contribuables mariés, veufs, célibataires ou divorcés et quel que soit le nombre de salariés employés.

La limite de 12 000 € est majorée de 1 500 € par enfant à charge ou rattaché.

Les majorations ne peuvent pas avoir pour conséquence de porter le plafond de 12 000 € au-delà de 15 000 €.

À l'intérieur du plafond de 12 000 €, certaines dépenses sont limitées, par an et par foyer fiscal.

Les activités éligibles concernent notamment :

Activités éligibles	Observations
Entretien de la maison et travaux ménagers	–
Petits travaux de jardinage, y compris les travaux de débroussaillage	Travaux d'entretien courant des jardins des particuliers effectués à leur domicile (tâches occasionnelles de très courte durée ne requérant pas de qualification particulière), tels que taille des haies et arbustes, travaux de débroussaillement. Le montant des interventions de petits travaux de jardinage des particuliers est plafonné à 5 000 € par an et par foyer fiscal.
Travaux de petit bricolage dits « hommes toutes mains »	Tâches occasionnelles, de très courte durée, ne requérant pas de qualification particulière (changer une ampoule, revisser une prise électrique, etc.). La durée d'une intervention ne doit pas excéder deux heures. Le montant total de ces prestations est plafonné à 500 € par an et par foyer.
Soutien scolaire à domicile ou cours à domicile	Les cours doivent être dispensés exclusivement au domicile du contribuable et doivent être en lien avec les programmes d'enseignement scolaire.

Annexe 8 **Travaux de jardinage**

Mme Tardieu a aussi fait parvenir les documents ci-dessous.

Organisme déclaré n°SAP/650234578 du 05/06/2013 – SAS Professionnels à domicile
Capital variable mini 13 470 €
Siret : 50401949800022 - NAF 9609Z - BP 69784 - 15 rue Buffon - 13100 Aix-en-Provence

Facture n° 1126/0005 du 28/04/2021 Intervention du 14/04/2021	Adresse de l'intervention : M. TARDIEU 13270 FOS-SUR-MER

N° sociétaire intervenant 1126 **LES JARDINS DES ALPILLES** **MICHAEL LLOPIS** **35 chemin des Alpilles** **13890 MOURIES**	**M. TARDIEU FRANÇOIS** **28 allée de la Méditerranée** **13270 FOS-SUR-MER**

Prestation	Quantité	Prix unitaire TTC	Montant TTC
Petits travaux de jardinage effectués à domicile **Intervention forfaitaire frais de déplacement inclus.** **Le petit jardinage ne comprend pas les travaux agricoles et forestiers, la conception et la réalisation de parcs paysagers, les travaux de terrassement, la vente de graines, de plantes, de matériel.** **Travaux d'entretien courant des jardins et potagers** **À titre indicatif, dans cette rubrique sont compris :** **Nettoyage des espaces** **Désherbage préventif** **Entretien, protection et amendement du sol** **Tonte, taille des haies, taille des massifs, taille des arbustes et arbres de moins de 3,5 m** **Ré-engazonnement, refleurissement, arrosage, évacuation des déchets**	**1**	**1411,20**	**1411,20**
TOTAL DES HEURES OU FORFAIT	**Forfait**		

FACTURE ACQUITTÉE	☐ Virement ☐ Prélèvement ☐ CESU ☐ iCESU ☑ Chèque 1411.20 CIC 0001805	**TOTAL HT** **TVA 20 %** **TOTAL TTC**	**1 176,00** **235,20** **1 411,20**

COOPÉRATIVE PROFESSIONNELS À DOMICILE
BP 69784
15 rue Buffon
13100 Aix-en-Provence
Service facturation : 04.42.44.20.87
Service commercial : 04.42.44.59.20
Siret : 50401949800022 NAF 9609Z
Email : contact@professionnelsadomicile.com
N° et date d'enregistrement de la déclaration :
SAP 650 23 45 78 du 05/06/2013

M. TARDIEU François
28 allée de la Méditerranée
13270 FOS-SUR-MER

Attestation fiscale pour l'année 2021
N° 428

Montant total annuel : 1 411,20 €

Nature des prestations
3 - Petits travaux de jardinage effectués à domicile

Nom artisan	N° sociétaire	Date	Durée	Montant	N° chèque ou CESU
Les Jardins des Alpilles	1126	14/04/2021	40	1 411,20	Chèque 1 411,20 CIC 0001805

Attention : le plafond maximum pris en compte pour le jardinage est de 5 000 €.
La limite des dépenses est de 12 000 € par an et par foyer fiscal.

Sur la déclaration d'impôt, le montant est à reporter soit :
– case 7DB (pour les personnes salariées ou demandeurs d'emploi) ;
– case 7DF (pour les retraités et autres situations).
Le client doit conserver à des fins de contrôle les factures remises par le prestataire de services qui précisent dates et durées des interventions.
La partie préfinancée par l'employeur du CESU est exonérée d'impôt. Seule la partie autofinancée par le bénéficiaire du CESU ouvre droit à la réduction de l'impôt de l'article 199 sexdecies du Code général des impôts (*cf.* article L129-15 du Code du travail). La distinction des montants sera portée sur l'attestation émise par l'employeur à son salarié bénéficiaire en vue de la déclaration fiscale annuelle.

Le 27/01/2022

Annexe 9 **Revenus de capitaux mobiliers (RCM)**

Le couple a déclaré différents revenus relevant de la catégorie des RCM. Leur analyse a été menée lors de la détermination du revenu brut global du foyer Tardieu (voir chapitre 6, « Travail à faire » IV).

Ces revenus concernent les dividendes d'actions du portefeuille de titres du couple ainsi que les jetons de présence ordinaires et les intérêts de compte courant versés par la SAS WindWin à M. Tardieu en tant qu'associé.

Ces revenus perçus en 2021 ont donné lieu au paiement d'un prélèvement forfaitaire obligatoire de 12,8 % opéré à la source par les établissements payeurs pour un montant global de 353 €.

Fiche ressource 1

Le revenu net imposable

Le revenu net imposable calculé par l'administration fiscale est obtenu en déduisant du revenu brut global la CSG sur les revenus du patrimoine et des produits de placements financiers, des charges déductibles, limitativement énumérées par la loi et qui ne se rapportent à aucun revenu en particulier, et des abattements spéciaux.

Revenu brut global du foyer fiscal	
– CSG à 6,8 % sur revenus du patrimoine et placements financiers[1]	
– Charges déductibles, dont	Pension alimentaire versée Frais d'accueil d'une personne âgée Épargne retraite
– Abattements spéciaux	
= **Revenu net imposable**	

[1] Option pour imposition au barème progressif

I La déduction de la CSG

La part déductible de 6,8 % de la CSG payée en N sur les revenus du patrimoine et les revenus de placements financiers viendra en déduction du revenu brut si le contribuable a opté pour l'imposition des RCM au barème progressif.

II Les charges déductibles

1. Les conditions de déductibilité

Pour être déductibles, ces charges doivent :
– être prévues par la loi, qui en donne une liste limitative ;
– être payées au cours de l'année ;
– ne pas avoir été déjà déduites d'un revenu catégoriel ;
– être justifiées et mentionnées sur la déclaration de revenu ;
– ne pas créer un déficit global.

2. Les principales charges déductibles

Charges	Conditions de déductibilité
Pensions alimentaires Elles résultent : • de l'obligation alimentaire réciproque entre ascendants et descendants ; • dans le cadre d'un divorce et de la séparation de corps : – des obligations des parents envers leurs enfants mineurs, – des obligations entre les époux ou les ex-époux.	• Ascendant dans le besoin Déduction dans la limite des besoins du bénéficiaire démuni de ressources
	• Enfants mineurs de parents divorcés ou séparés La pension est en général versée en vertu d'une décision de justice & déduction.
	• Enfants majeurs célibataires, mariés, pacsés, chargés de famille La déduction est plafonnée à 5 959 € par enfant (maximum 11 918 € si l'enfant est marié, pacsé ou chargé de famille) *NB :* l'enfant ne doit pas être rattaché au foyer fiscal de ses parents pour l'impôt sur le revenu.
	• Conjoint ou ex-conjoint La déduction est conditionnée par une décision de justice.
Remarque : dans tous les cas, la pension reçue est imposable pour le bénéficiaire.	

Charges	Conditions de déductibilité
Frais d'accueil d'une personne âgée Le contribuable accueille sous son toit une personne : – de plus de 75 ans au 31 décembre de l'année ; – non comptée à charge ; – dont les ressources n'excèdent pas, pour 2020, 10 838 € (16 827 € pour un ménage).	Le contribuable peut déduire ces frais d'accueil dans la limite de 3 542 € par personne accueillie pour 2020.
Épargne retraite Elle concerne les cotisations versées : – plan d'épargne retraite populaire ; – régime complémentaire des fonctionnaires (PREFON, COREM…).	La déduction est plafonnée. Le plafond est mentionné sur l'avis d'imposition reçu par le contribuable.

III Les abattements spéciaux

Deux types d'abattements spéciaux sont prévus.

1. Abattement accordé aux personnes âgées ou aux invalides

Les contribuables invalides ou âgés de plus de 65 ans au 31 décembre de l'année bénéficient d'un abattement, pour 2020, de :
– 2 448 € si le revenu net global n'excède pas 15 340 € ;
– 1 224 € si le revenu net global est compris entre 15 340 € et 24 690 €.

2. L'abattement pour rattachement au foyer d'enfants mariés, pacsés ou chargés de famille

Les enfants mariés, pacsés ou chargés de famille constituent normalement un foyer fiscal distinct de celui de leurs parents.
Ils peuvent cependant demander le rattachement au foyer fiscal des parents si l'un d'entre eux est âgé de moins de 21 ans ou de moins de 25 ans s'il est étudiant.
Ce rattachement ne permet pas aux parents de bénéficier de parts supplémentaires pour le calcul du quotient familial.
Par contre, les parents bénéficient, pour 2020, d'un abattement de 5 959 € par personne rattachée.

Fiche ressource 2

La liquidation de l'impôt sur le revenu : généralités

I Principes de calcul de l'IR

L'impôt est calculé à partir du revenu net imposable, mais le contribuable n'effectue pas le calcul du montant de l'impôt.

Les services fiscaux vont, à partir des informations fournies par le contribuable lors de sa déclaration de revenu, calculer l'impôt et adresser au contribuable un avis d'imposition mentionnant le montant de cet impôt.

L'impôt sur le revenu, impôt personnel, prend en compte la situation familiale du contribuable par le calcul du quotient familial. Le barème comporte plusieurs tranches soumises à différents taux qui augmentent progressivement en fonction de l'importance des revenus.

Des réductions et des crédits d'impôts s'imputent sur le montant de l'impôt brut, obtenu par application du barème.

II Les étapes de la détermination de l'IR

Le calcul est réalisé en différentes phases :

Revenu net imposable du foyer fiscal (R)

↓

Détermination du nombre de parts selon la composition du foyer fiscal (N)

↓

Calcul du quotient familial (Q = R/N)

↓

Calcul de l'impôt brut selon le barème progressif
Plafonnement du quotient, décote

↓

Imputation des réductions d'impôt

↓

Intégration de l'impôt à taux proportionnel
Taxation des RCM et des plus-values professionnelles
au taux forfaitaire de 12,8 % (PFU)

↓

Imputation des crédits d'impôt
(dont le PFO sur les RCM)

↓

Calcul de l'impôt dû
Plafonnement des niches fiscales et contribution exceptionnelle

↓

Calcul de l'impôt à payer après imputation de l'impôt
prélevé à la source sur les revenus de l'année (chap 8)

Fiche ressource 3

Le quotient familial

I Principes de calcul du quotient familial

Le quotient familial Q correspond au revenu imposable pour une part.
Il est obtenu en divisant le revenu net imposable du foyer par le nombre de parts.

$$Q = \frac{\text{Revenu net imposable du foyer fiscal}}{\text{Nombre de parts}} = \frac{R}{N}$$

II La détermination du nombre de parts

Un nombre de parts est attribué au foyer fiscal en fonction de la situation familiale du contribuable et du nombre de personnes à charge dans ce foyer.
Les personnes à charge sont les enfants mineurs, les enfants infirmes et les enfants majeurs qui ont demandé leur rattachement.
La situation matrimoniale et les charges de famille sont appréciées au 1er janvier de l'année. Toutefois, en cas d'augmentation de ces charges en cours d'année, la situation au 31 décembre sera retenue.

Règles générales de détermination du nombre de parts

Situation et charges de famille	Nombre de parts	Observations
Contribuables mariés ou pacsés	2	On ajoute s'il y a lieu : – une demi-part pour chacune des deux premières personnes à charge ; – une part entière pour chaque personne à charge à compter de la troisième.
Célibataires ou divorcés ne vivant pas seuls (en couple)	1	On ajoute s'il y a lieu : – une demi-part pour chacune des deux premières personnes à charge ; – une part entière pour chaque personne à charge à compter de la troisième.
Célibataires ou divorcés vivant seuls	1	On ajoute s'il y a lieu : – une part entière pour la première personne à charge ; – une demi-part pour la deuxième personne à charge ; – une part entière pour chaque personne à charge à compter de la troisième.
Célibataires, divorcés ou veufs sans personne à charge	1	Ils bénéficient d'une demi-part supplémentaire s'ils ont eu un ou plusieurs enfants et s'ils ont supporté la charge de l'un des enfants pendant au moins cinq années au cours desquelles ils vivaient seuls.
Veufs ayant une ou plusieurs personnes à charge	2	Ils bénéficient du même quotient familial que les couples mariés.

NB : les enfants mineurs en résidence alternée réputés à charge égale de l'un ou de l'autre de leur parent ouvrent droit, pour chacun des parents, à un quart de part pour chacun des deux premiers et à une demi-part à compter du troisième.

Exemple

Calcul du nombre de parts dans les situations suivantes :
– contribuable marié avec un enfant : 2 + 0,5 = 2,5 parts ;
– contribuable pacsé avec 4 enfants : 2 + 0,5 + 0,5 + 1 + 1 = 5 parts ;
– contribuable divorcé vivant seul avec 3 enfants en charge exclusive : 1 + 1 + 0,5 + 1 = 3,5 parts ;
– contribuable divorcé ne vivant pas seul avec 2 enfants en garde alternée : 1 + 0,25 + 0,25 = 1,5 part.

Fiche ressource 4

Le calcul de l'impôt brut

I Principes de calcul de l'impôt brut

Deux modalités de calcul de l'impôt brut sont présentées à partir de barèmes fournis par l'administration fiscale et actualisés chaque année. Cet impôt brut fera l'objet de corrections (voir FR5).

II Application des barèmes

1. L'application du barème par tranches

Le calcul est effectué en deux étapes :
– Calcul par tranches de l'impôt pour une part de quotient familial
– Calcul de l'impôt pour le foyer fiscal : impôt pour une part multiplié par le nombre de parts.

Barème de l'impôt sur les revenus perçus en 2020

Tranches Pour une part de quotient familial	Taux	Etendue de la tranche
Jusqu'à 10 084 €	0 %	Jusqu'à 10 084 €
De 10 084 € à 25 710 €	11 %	15 626 €
De 25 710 € à 73 516 €	30 %	47 806 €
De 73 516 € à 158 122 €	41 %	84 606 €
Au-delà de 158 122 €	45 %	Plus de 158 122 €

Exemple

Calcul de l'IR brut pour un couple (2 parts) ayant perçu un revenu net imposable de 56 000 € soit un quotient familial de 56 000/2 = 28 000 €.
Le quotient de 28 000 € est compris dans la tranche de 25 710 € à 73 516 €
- Fraction jusqu'à 10 084 € : 0 €
- De 10 084 € à 25 710 € : (25 710 – 10 084) × 11 % = 15 626 x 11 % = 1 718,86 €
- De 25 710 € à 28 000 € : (28 000 – 25 710) × 30 % = 2 290 x 30 % = 687,00 €

Total des montants obtenus par tranche pour une part de quotient 2 405,86 €
Montant de l'impôt brut du foyer soit pour 2 parts : 2 405,86 × 2 = 4 811,72 € soit 4 812 €.

2. Calcul direct de l'impôt par la formule fournie par l'administration fiscale

Le calcul se fait à partir d'une formule qui donne directement l'impôt brut.

Barème de l'impôt sur les revenus perçus de 2020

Tranches Pour une part de quotient familial	Impôt brut (1)
Jusqu'à 10 084 €	0
De 10 084 € à 25 710 €	(R × 0,11) — (1 109,24 × N)
De 25 710 € à 73 516 €	(R × 0,30) — (5 994,14 × N)
De 73 516 € à 158 122 €	(R × 0,41) — (14 080,90 × N)
Au-delà de 158 122 €	(R × 0,45) — (20 405,78 × N)

(1) Attention : le montant de l'impôt obtenu est celui du foyer fiscal puisque le nombre de parts (N) est pris en compte dans la formule de calcul. R représente le revenu imposable et N le nombre de parts.

Exemple (suite)

Le montant de l'impôt brut est obtenu directement :
(R × 0,30) – (5 994,14 × N) = (56 000 x 0,30) – (5 994,14 x 2) = 4 811,72 € soit 4 812 €.

3. Exemples

■ **Exemple 1**

Le revenu net imposable du couple Marco avec 2 enfants mineurs à charge s'élève à 56 850 €.
Déterminer le montant de l'impôt brut non corrigé par application de la formule directe.

• Détermination du nombre de parts
Couple marié avec 2 enfants à charge, soit : 2 + 0,5 + 0,5 = 3 parts
• Détermination du quotient familial
Revenu net imposable / Nombre de parts = 56 850 / 3 = 18 950 €

Détermination de l'impôt brut non corrigé

« Le quotient est compris entre 10 084 € à 25 710 €

L'impôt brut s'établit à ((R × 0,11) – (1 109,24 × N)

Soit : (56 850 × 0,11) – (1 109,24 × 3) = 6 253,50 – 3 327,72 = 2 925,78 € soit 2 926 €. »

■ **Exemple 2**

La famille Mary vous communique les informations suivantes :
– M. Mary est cadre administratif d'entreprise et Mme Mary est salariée de la grande distribution.
– Lucas, leur fils aîné (20 ans), a terminé ses études ; il a effectué des missions d'intérim.
– Dorian, leur fils cadet (19 ans), est étudiant. Les deux enfants ont demandé le rattachement au foyer fiscal des parents.
– Leur fille Louise (15 ans) est lycéenne.
– Le foyer Mary dispose d'un revenu brut global de 208 994 €.
– Afin de se constituer un revenu supplémentaire pour la retraite, Mme Mary a souscrit à un PERP auprès de sa banque. Elle effectue des versements mensuels de 150 € chaque mois. Le plafond de déductibilité de ces versements notifié par les services fiscaux s'élève à 4 892 €.

Déterminer le montant de l'impôt brut non corrigé par application de la formule directe.

• Détermination du revenu net imposable

Revenu brut global	208 994 €
– Versements PERP : 150 × 12 = 1 800 < 4 892 €	– 1 800 €
= Revenu net imposable	207 194 €

• Détermination du nombre de parts
Couple marié avec 3 enfants à charge, soit : 2 + 0,5 + 0,5 + 1 = 4 parts

• Détermination du quotient familial
Revenu net imposable / Nombre de parts = 207 194 / 4 = 51 798,50 € arrondis à 51 799 €

Détermination de l'impôt brut non corrigé

« Le quotient est compris entre 25 710 € à 73 516 €
L'impôt brut s'établit à (R × 0,30) – (5 994,14 × N)
Soit (207 194 × 0,30) – (5 994,14 × 4)
= 62 158,20 – 23 976,56 = 38 181,64 arrondis à 38 182 €. »

Fiche ressource 5

Corrections de l'impôt brut : le plafonnement du quotient, la décote et la réduction dégressive en fonction du revenu

I Le plafonnement de l'avantage procuré par le quotient familial

1. Principe du plafonnement

Ce plafonnement a pour objet de réduire l'avantage fiscal lié à l'application du quotient familial. Il ne s'applique qu'aux parts supplémentaires pour personnes à charge.
La **diminution d'impôt par demi-part** s'ajoutant à la part du contribuable célibataire ou divorcé ou aux deux parts des conjoints mariés ou pacsés est plafonnée à **1 570 €** pour les revenus de 2020.

2. Les effets du plafonnement

Concrètement, il faut :
- calculer l'impôt en tenant compte du quotient réel du foyer ;
- calculer l'impôt sans tenir compte des personnes à charge et donc des parts additionnelles ;
- calculer l'avantage lié à la prise en compte des demi-parts additionnelles.

Si cet avantage ne dépasse pas le plafond de 1 570 € multipliés par le nombre de demi-parts additionnelles, le plafonnement ne s'applique pas.
S'il dépasse le plafond, il est limité à ce plafond. L'impôt brut est alors corrigé à la hausse du fait de ce plafonnement du quotient familial.

Exemple

Calculer l'impôt brut corrigé de la famille MARY avec 3 enfants à charge qui dispose d'un revenu net imposable de 207 194 € (voir FR4)

	IR brut non plafonné avec personnes à charge (3 enfants soit 4 parts)	IR brut sans personnes à charge 2 parts
Calcul du quotient familial Revenu net imposable / Nombre de parts	207 194/ 4 = 51 799 €	207 194/2 = 103 597 €
Calcul de l'IR brut	Le quotient est compris entre 25 710 € à 73 516 € L'IR brut s'établit à : (R × 0,30) – (5 994,14 × N) Soit (207 194 × 0,30) – (5 994,14 × 4) = 38 181,64 arrondis à 38 182 €	Le quotient est compris entre 73 516 € à 158 122 € L'impôt brut s'établit à (R × 0,41) – (14 080,90 × N) = (207 194 × 0,41) – (14 080,90 × 2) = 56 787,74 arrondis à 56 788 €
Avantage lié aux parts supplémentaires	L'avantage lié aux demi-parts supplémentaires IR sans personnes à charge : 56 788 € IR avec personne à charge non plafonné : – 38 182 € Avantage 18 606 €	
IR brut avec personnes à charge mais plafonné dont le foyer sera redevable	**→ IR BRUT PLAFONNÉ** Cet avantage est plafonné à 1 570 × 4 demi parts = 6 280 € (2 parts soit 4 demi-parts) Or l'avantage lié aux demi-parts supplémentaires de 18 606 € > plafond 6 280 € Donc l'IR brut plafonné : – IR brut sans demi-parts supplémentaires : 56 788 € – Plafond de l'avantage procuré par les demi-parts : – 6 280 € – IR brut plafonné dont le foyer sera redevable : 50 508 €	

II La décote

Afin d'alléger leur charges d'imposition, les contribuables peuvent bénéficier d'une décote si le montant brut de leur impôt ne dépasse pas 1 722 € pour une imposition individuelle ou 2 849 € pour une imposition commune.

Le montant de l'impôt résultant de l'application du barème progressif est diminué, dans la limite de son montant, de la différence entre :

– 779 € et 45,25 % du montant de l'impôt brut pour les contribuables célibataires, divorcés ou veufs ;

– 1 289 € et 45,25 % du montant de l'impôt brut pour les contribuables soumis à imposition commune.

Exemples

• Un couple dont l'impôt brut est de 1 892 €, bénéficie au titre des revenus de 2020, d'une décote de : 1 289 – (45,25% × 1 892) = 432,87 € soit 433 €.
L'impôt après décote est donc de : 1 892 – 433 = 1 459 €.

• Un célibataire dont l'impôt brut est de 1 087 €, bénéficie au titre des revenus de 2020, d'une décote de : 779 – (45,25% × 1 087) = 287,13 € soit 287 €.
L'impôt après décote est donc de : 1 087 – 287 = 800 €.

• Un célibataire dont l'impôt brut est de 500 €, bénéficie au titre des revenus de 2020, d'une décote de : 779 – (45,25% × 500) = 552,75 € plafonnée à 500 € car la décote reste dans la limite de l'impôt brut.
L'impôt après décote est donc de : 500 – 500 = 0 € .

Fiche ressource 6

La détermination de l'impôt net

Pour obtenir le montant de l'impôt net dû par le foyer fiscal, il faut procéder essentiellement à l'imputation des réductions et des crédits d'impôts.

Certaines dépenses engagées par les contribuables peuvent être, sous certaines conditions, imputées sur l'impôt calculé après corrections. Il s'agit essentiellement des dons, de dépenses liées à la famille, à la dépendance ou handicap, au logement et à la transition énergétique.

Il convient de distinguer :

– les réductions d'impôt : en cas d'excédent de ces réductions par rapport à l'impôt dû, cet excédent ne sera pas remboursé ;

– les crédits d'impôt : ils donnent lieu à un remboursement lorsque leur montant excède celui de l'impôt dû.

I Les réductions d'impôt

Elles sont listées par la loi, qui en précise les conditions d'application. Seules les principales réductions à vocation sociale ou familiale sont présentées.

Nature des dépenses	Taux	Conditions
Dons aux associations d'aide aux personnes en difficulté qui fournissent gratuitement nourriture, hébergement et soins et aux associations d'aide aux violences domestiques.	75 %	Plafond : les dépenses sont retenues dans la limite d'un plafond de 552 € pour les revenus de 2020, plafond porté par dérogation à 1 000 € pour 2020 et2021, soit une réduction maximum de 1 000 × 75 % = 750 €. La fraction des dons excédant le plafond est prise en compte avec les autres dons et bénéficie de la réduction au taux de 66 %.
Dons : – aux organismes et œuvres d'intérêt général ; – aux associations reconnues d'utilité publique ; – au financement des élections et des partis politiques.	66 %	Plafond : les dépenses sont retenues dans la limite de 20 % du revenu imposable. L'excédent des dons peut être reporté sur les années suivantes jusqu'à la 5e inclusivement.
Frais de scolarisation des enfants à charge	61 € 153 € 183 €	Par enfant collégien Par enfant lycéen Par enfant étudiant
Frais de séjour en établissement pour personnes dépendantes	25 %	Plafond : les dépenses sont retenues dans la limite de 10 000 € par an et par personne hébergée, quel que soit son âge. Ces dépenses concernent les frais liés à la dépendance et à l'hébergement.

II Les crédits d'impôt

Ils sont listés par la loi qui en précise les conditions d'application. Seuls les principaux crédits seront présentés.

Il convient de distinguer :

– les crédits d'impôt des entreprises à l'IR ;

– les autres crédits d'impôt.

1. Les crédits d'impôt des entreprises à l'IR

Le contribuable peut déduire de l'impôt brut des crédits d'impôt dégagés dans le cadre de son activité professionnelle relevant des BIC (ex. : le crédit d'impôt pour la compétitivité et l'emploi, CICE).

2. Les autres crédits d'impôt

Nature des dépenses	Taux	Conditions
Prélèvement obligatoire de 12,8 % sur les revenus de capitaux mobiliers (RCM)	100 %	Il concerne le prélèvement à la source de 12,8 % sur les dividendes et les produits de placement à revenu fixe (voir chapitre 7, fiche ressource 5).
Cotisations syndicales	66 %	Elles sont versées aux organisations syndicales des salariés, fonctionnaires ou retraités. Plafond : 1 % du revenu brut des TS Le salarié ne doit pas avoir opté pour les frais réels.
Frais d'emploi d'un salarié à domicile Ces frais ouvrent droit à un crédit d'impôt pour tous les contribuables, quelle que soit leur situation. Ces frais concernent les activités de garde d'enfants, soutien scolaire, entretien et travaux ménagers, jardinage, bricolage, assistance aux personnes âgées et aide informatique. Le service doit être rendu : – par un salarié dont le contribuable est l'employeur direct ; – par une association, une entreprise ou un organisme déclaré ; – par un organisme habilité au titre de l'aide sociale ou conventionné ; – par un organisme de sécurité sociale.	50 %	Plafond : les dépenses sont retenues dans la limite de 12 000 €. Ce plafond s'apprécie par foyer fiscal. La limite de 12 000 € est majorée de 1 500 € : – par enfant à charge ou rattaché ; – par membre du foyer fiscal âgé de plus de 65 ans ; – par ascendant âgé de plus de 65 ans lorsque le contribuable supporte personnellement les frais pour l'emploi d'un salarié au domicile d'un ascendant. Les majorations ne peuvent pas avoir pour conséquence de porter le plafond de 12 000 € au-delà de 15 000 €.
Dépenses en faveur de la transition énergétique (CITE). Régime transitoire : Seules les dépenses payées en 2020 et 2021 sont éligibles au CITE si le contribuable peut justifier de l'acceptation d'un devis ou du versement d'un acompte entre le 01/01/2019 et le 31/12/2020. Les travaux éligibles concernent des équipements limitativement énumérés par arrêtés et répondant à des caractéristiques précises.	Montant forfaitaire par dépense mais plafonné à 75 % de la dépense	Le CITE est réservé aux frais supportés par les contribuables propriétaires de leur habitation principale achevée depuis plus de 2 ans et sous conditions de ressources. Limite : le montant des dépenses ne doit pas excéder, pour une période de 5 ans, 2 400 € pour une personne seule, 4 800 € pour un couple. Cette somme est majorée de 120 € par personne à charge. *À compter de 2020, sauf régime transitoire le CITE disparait et seuls les contribuables plus modestes vont bénéficier d'une prime forfaitaire pour la transition énergétique, MaPrimeRénov.*
Acquisition et pose d'une borne de recharge pour véhicules électriques	75 %	Il est ouvert à tous les contribuables sans conditions de ressources pour les dépenses supportées dans le logement affecté à la résidence principale, qu'ils soient propriétaires, locataires ou résidents à titre gratuit ou dans une résidence secondaire. Limite : 300 € par système de charge.
Frais de garde de jeunes enfants à l'extérieur du domicile	50 %	Ils concernent les dépenses pour faire garder les enfants de moins de 6 ans au 1er janvier de l'année en dehors du domicile familial. Limite : 2 300 € par an et par enfant
Équipements et installation dans la résidence principale de personnes âgées ou handicapées	25 %	Limite : le montant des dépenses ne doit pas excéder, pour une période de 5 ans, 5 000 € pour une personne seule, 10 000 € pour un couple. Cette somme est majorée de 400 € par personne à charge.

III Dernières opérations à effectuer

Afin d'obtenir le montant de l'impôt dû, les dernières opérations concernent :

– le plafonnement des niches fiscales : le total des avantages fiscaux accordés au contribuable sous forme de réductions et de crédits d'impôt ne peut pas procurer une diminution de l'impôt dû supérieure à 10 000 €.

– la contribution exceptionnelle sur hauts revenus : l'impôt dû par les foyers dont le revenu fiscal dépasse 250 000 € pour un célibataire, 500 000 € pour un couple est majoré d'une contribution de 3 % ou 4 %.

– l'impôt dû n'est pas mis en recouvrement si son montant n'excède pas 61 €.

– l'imputation du prélèvement à la source : l'impôt sur les revenus payé dans l'année sous forme d'acompte ou de retenue à la source s'impute sur l'impôt dû (voir chapitre 8).

Applications

1 Foyer fiscal Lejeune

M. Lejeune est exploitant d'un EIRL et doit déclarer au titre des BIC un revenu de 24 250 €. Il est adhérent à un CGA.

Son épouse est directrice commerciale d'une entreprise de distribution de mobilier. Son salaire net imposable à déclarer s'élève à 52 778 €. Elle ne peut justifier d'aucuns frais professionnels réels.

Ils ont deux enfants : Léa (16 ans), lycéenne, et Victor (22 ans), étudiant qui réside dans une ville universitaire.

Les époux Lejeune versent à leur fils 600 € tous les mois.

Le foyer s'interroge sur l'opportunité ou non de rattacher Victor à leur foyer fiscal. Vous êtes sollicité(e) pour conseiller ce couple, chiffres à l'appui.

1. **Repérer, avant de commencer vos calculs, quelles seront les incidences fiscales du rattachement ou non de Victor au foyer de ses parents sur le revenu net imposable, sur le quotient familial et sur l'IR net du foyer.**
2. **Calculer le revenu brut global du foyer.**
3. **Calculer, dans l'hypothèse d'un rattachement de Victor, le revenu net imposable, l'IR brut et l'IR net dont sera redevable le foyer.**
4. **Procéder aux mêmes calculs dans l'hypothèse où Victor n'opte pas pour un rattachement au foyer de ses parents.**
5. **Conclure sur l'option à retenir.**

NB : il pourra ou non être tenu compte du plafonnement de l'avantage procuré par le quotient familial.

P7 L'utilisation d'un tableur est conseillée.

2 Foyer fiscal Bonnet

Michel Bonnet est marié depuis 16 ans avec Corinne Lenoir. Les époux se sont installés depuis cinq ans à Nantes. Ils sont propriétaires de leur appartement, situé 2 rue Montaigne, où ils vivent avec leurs deux enfants, Lucien (collégien, 14 ans) et Julie (8 ans).

Ils vous consultent au moment où ils doivent souscrire leur déclaration des revenus perçus en 2021.

1. **Calculer le revenu brut global du foyer Bonnet en retenant la solution la plus avantageuse. Justifier votre réponse.**
2. **Calculer le montant des prélèvements obligatoires de 12,8 % opérés à la source sur les revenus de capitaux mobiliers.**
3. **Calculer le revenu net imposable du foyer.**
4. **Calculer le montant de l'IR brut par la formule directe de calcul.**
5. **Calculer le montant de l'IR net dont le foyer sera redevable au titre de l'année 2021. Justifier votre réponse.**

NB : il pourra ou non être tenu compte du plafonnement de l'avantage procuré par le quotient familial.

P7 L'utilisation d'un tableur est conseillée.

Document 1 Détails relatifs à leur situation professionnelle

Michel Bonnet occupe le poste de DRH dans une entreprise de transport. Son salaire à déclarer au titre de 2021 est de 48 600 €. Il a perçu une allocation forfaitaire pour frais d'emploi de 300 € par mois, qui ne compense que partiellement ses frais professionnels. Il peut justifier, pour l'année 2021, de frais professionnels réels de 4 800 €.
Corinne Lenoir, épouse Bonnet, est salariée d'une entreprise de construction mécanique. Elle y occupe le poste de responsable de la communication. Son salaire à déclarer au titre de 2021 est de 37 650 €. Elle ne peut justifier d'aucuns frais professionnels réels.

Document 2 Détails de leurs revenus mobiliers de placement

M. et Mme Bonnet ont un compte-titres en commun qui a généré 450 € brut de dividendes d'actions françaises cotées et 355 € brut de revenus d'obligations.
M. Bonnet a prêté 11 000 € à une SARL créée par son cousin (dans laquelle il n'a aucune part sociale). Cette SARL lui a versé pour l'année 340 € d'intérêts bruts.
Les époux Bonnet ont ouvert des Livrets A au nom de leurs deux enfants. Les intérêts perçus pendant l'année sont les suivants :
– Julie : 18,05 € ;
– Lucien : 54,28 €.
L'ensemble des frais déductibles (frais de garde, d'encaissement de coupons) s'est élevé à 78 €.
NB : • le couple Bonnet n'a pas exercé l'option pour une imposition de ses RCM au barème d'imposition ;
• faire abstraction de la CSG, de la CRDS, du prélèvement social et des contributions additionnelles.

Document 3 Détails relatifs à leur situation personnelle

Mme Bonnet a souscrit à un plan d'épargne populaire depuis plusieurs années. Elle effectue des versements mensuels réguliers de 95 €. Ces versements ne dépassent pas la limite du plafond global fixé pour leur déductibilité.
Le couple a effectué un versement de 100 € au profit d'AMF-Téléthon, association reconnue d'utilité publique par décret du 14 juin 1976. Un justificatif fiscal de versement lui a été adressé par l'association.
Les enfants sont scolarisés : Lucien est en 3e et Julie à l'école maternelle.

Document 4 Documentation fiscale

Le plan d'épargne retraite populaire (PERP) est un produit d'épargne à long terme qui permet d'obtenir, à partir de l'âge de la retraite, un revenu régulier supplémentaire.
Pour souscrire à un PERP, il faut s'adresser à l'un des établissements suivants : une banque, une compagnie d'assurances, un organisme de prévoyance ou une mutuelle.
Il n'y a pas de condition d'âge spécifique, même si le produit s'adresse particulièrement aux personnes en activité.
Les versements sur le PERP peuvent être programmés ou libres, sans conditions de montant.
Chaque année, les sommes versées sur un PERP sont déductibles pour chaque membre du foyer fiscal, dans la limite d'un plafond global.

Chapitre 8

Déclaration et paiement de l'impôt sur le revenu

Activité
3.3. Traitement des opérations relatives aux impôts directs

Composante d'activité
3.3.7. Participation au calcul de l'impôt sur le revenu (IR)

Compétence
Calculer le montant de l'IR en prenant en compte différents éléments.

P7
Une utilisation du tableur adaptée pour automatiser des procédures de calcul, simuler le calcul d'impôt selon différentes options simples catégorielles.

Vers Pix
1.1. Mener une recherche et une veille d'information
1.3. Traiter des données

Situation professionnelle

Vous poursuivez votre stage dans le cabinet d'expertise comptable ExpertPlus, auquel M. Tardieu et son épouse ont confié le calcul de leur imposition au titre de l'IR pour l'année civile 2021.
Vous avez, dans les chapitres précédents, déterminé les différents revenus nets catégoriels, les charges déductibles et les charges ouvrant droit à réduction et crédit d'impôts. Enfin, vous avez procédé au calcul de l'impôt à payer par le couple au titre des revenus perçus en 2021.

Mission

M. Firmin, votre tuteur, vous demande de terminer votre mission en complétant et contrôlant en ligne la déclaration de revenus. Pour finir, vous présenterez les modalités de recouvrement de l'IR dû au titre des revenus perçus en 2021 et 2022. M. Firmin attire votre attention sur la nécessité de mener un travail de veille afin d'actualiser les barèmes, les calendriers et de prendre en compte les modifications prévues par la dernière loi de finances.
À votre demande, le couple Tardieu s'est engagé à fournir toutes les informations utiles à l'élaboration de sa déclaration de revenus. Vous disposez d'une documentation fiscale.

Travail à faire

Le service de déclaration en ligne sur le site www.impots.gouv.fr vient d'ouvrir. À votre demande, le couple Tardieu vous a communiqué son numéro fiscal et son mot de passe afin d'avoir accès à leur espace sécurisé Particulier. Vous pouvez procéder à la finalisation de sa déclaration de revenus perçus au titre de 2021.

I La déclaration d'impôt

1. Indiquer si le foyer fiscal Tardieu est concerné en 2022 par la déclaration de revenus tacite au titre des revenus de 2021. Préciser la date limite de souscription de leur déclaration en ligne et la date de mise en ligne de leur avis d'imposition.

Fiche ressource 1
Annexe 2

2. Préciser les modèles d'imprimé que le couple devra compléter afin de déclarer ses différents revenus catégoriels au titre de 2021. Justifier votre réponse.

Fiche ressource 1
Annexe 1

Vous prenez connaissance de la déclaration de revenus 2022 au titre des revenus 2021 du couple Tardieu. Vous allez signaler tous les changements qui les concernent, corriger et compléter si nécessaire cette déclaration.

NB : la déclaration peut être simulée en ligne sur le site https://www3.impots.gouv.fr/simulateur/calcul_impot.

L'étudiant a accès à une déclaration vierge, aucun montant n'a été prérempli. Il lui appartient de saisir toutes les informations.
Le document récapitulatif mentionnant les éléments essentiels et le montant de l'impôt sur le revenu dont le foyer Tardieu est redevable au titre des revenus de 2021 est généré à la dernière étape de la simulation.

Vous commencez par l'analyse des revenus catégoriels à déclarer.

3. Préciser l'information à ajouter pour que la situation familiale du foyer Tardieu prenne en compte l'option exercée par Florian, étudiant. Compléter la déclaration en conséquence.

Fiche ressource 1
Annexe 1
Annexe 8

4. Préciser quel est le revenu dont le montant est prérempli case 1AJ. Indiquer par quel tiers déclarant il a été communiqué aux services de la Direction générale des Finances publiques (DGFiP).

Fiche ressource 1
Annexe 1
Annexe 8

5. Indiquer la raison pour laquelle les salaires perçus par Florian ne figurent pas sur la déclaration. Faut-il les mentionner ? Justifier votre réponse.

6. Rappeler l'option exercée par M. Tardieu en matière de frais professionnels. Préciser quel élément de rémunération est à ajouter au montant du salaire pré-rempli et l'information qu'il convient de communiquer à l'administration fiscale. M. Tardieu doit-il fournir des pièces justificatives ? Corriger et compléter la déclaration en conséquence.

Fiche ressource 1
Annexe 1
Annexe 4
Annexe 5
Annexe 8

7. Précisez la nature des revenus pré remplis dans la rubrique « Revenus des valeurs et capitaux mobiliers » en case 2DC, 2TS et 2TR. Précisez la nature du montant préinscrit en 2CK. Justifiez par le calcul votre réponse. Indiquez si le foyer Tardieu doit cocher la case 2OP. Justifiez votre réponse.

Fiche ressource 1
Annexe 1
Annexe 6
Annexe 8

8. **Préciser le revenu que le foyer fiscal Tardieu doit déclarer dans la rubrique « Revenus industriels et commerciaux professionnels ». Indiquer la case où le mentionner. Justifier votre réponse. Compléter la déclaration.**

Fiche ressource 1
Annexe 1
Annexe 8

Vous poursuivez le travail de souscription de la déclaration du foyer Tardieu par l'analyse des charges et imputations diverses.

9. **Rappeler les charges susceptibles d'être imputées sur le revenu brut global d'un foyer fiscal. Préciser la charge que le foyer Tardieu va pouvoir déclarer. Dans quelle case faut-il la mentionner ? Compléter la déclaration en conséquence.**

Fiche ressource 1
Annexe 7
Annexe 8

Vous allez achever cette mission par la déclaration des charges ouvrant droit à une réduction ou à un crédit d'impôt.

10. **Indiquer la case où sont à déclarer :**
- **le montant du don aux Restos du Cœur. Justifier votre réponse ;**
- **le montant des frais supportés pour la garde de Marylou, la plus jeune fille du couple Tardieu ;**
- **le montant des sommes versées pour l'emploi d'un salarié à domicile ;**
- **le nombre d'enfants poursuivant leurs études.**

Fiche ressource 1
Annexe 7
Annexe 8

11. **Indiquer si le foyer Tardieu doit fournir des pièces justificatives à l'appui des montants déclarés ci-dessus. Combien de temps doit-il conserver ces pièces ?**

P7 Vous pouvez contrôler que le montant de l'impôt sur le revenu net indiqué à l'issue de la déclaration effectuée sur le site https://www3.impots.gouv.fr/simulateur/calcul_impot correspond bien à celui que vous avez déterminé sur tableur au cours des missions menées dans les chapitres précédents.

II Le paiement de l'impôt sur le revenu dû

12. **Justifier la mise en place du prélèvement à la source (PAS) de l'impôt sur le revenu depuis le 01/01/2019.**

Fiche ressource 2
Annexe 3

13. **Préciser les revenus qui entrent dans le champ d'application du PAS, ceux qui en sont exclus et la nature du prélèvement mis en place. Indiquer la nature des prélèvements mensuels dont le foyer Tardieu est redevable en 2021.**

14. **Indiquer et caractériser les différents types de taux prévus pour le calcul du prélèvement, retenue ou acompte. Comment et quand ces taux sont-ils actualisés ?**

Fiche ressource 2
Annexe 3
Annexe 8
Annexe 9
Annexe 10

15. **Expliquer comment et par qui est calculé le montant de la retenue à la source mensuelle acquittée par les salariés. Procéder au calcul de la retenue acquittée par M. Tardieu de janvier à août 2021. Recalculer pour cette même période cette retenue dans le cas d'une option de M. Tardieu pour le taux neutre.**

16. **Expliquer pourquoi le taux de PAS appliqué au calcul de la retenue sur salaire est modifié à partir de septembre 2021. Préciser la période pendant laquelle ce nouveau taux va s'appliquer. Procéder au calcul de la retenue mensuelle acquittée par M Tardieu à compter de septembre 2021.**

17. Présenter les modalités de calcul de l'acompte mensuel dû au titre des BIC. Pourquoi et comment une variation de l'activité sera-t-elle prise en compte ? Présenter l'échéancier établi par l'administration fiscale et adressé à Mme Tardieu, exploitante de l'EIRL au titre de 2021.

18. Calculer le montant total de l'impôt prélevé à la source dont s'est acquitté le foyer Tardieu sur les revenus perçus au cours de l'année 2021. Préciser les cases de la déclaration où sont mentionnés ces prélèvements.

19. Préciser la période pendant laquelle le taux de 3,8 % mentionné en annexe 9 sur le « document récapitulatif des éléments déclarés et du montant de l'IR à payer » va s'appliquer au PAS. Retrouver par le calcul, le montant de l'acompte mensuel de 117 € qui sera prélevé au titre des BIC.

20. Expliquez au couple Tardieu pourquoi une avance de crédits et réductions d'impôt lui a été versée en janvier 2022. Où et pourquoi cette avance figure-t-elle sur la déclaration de revenus. Justifier son montant par le calcul.

21. Justifier par le calcul le solde d'IR mentionné sur l'avis d'imposition reçu courant juillet 2022 par le couple Tardieu au titre des revenus de 2021.

Données de la situation

Annexe 1 Présentation de la famille Tardieu

M. et Mme Tardieu sont mariés depuis plus de vingt ans sous le régime de la communauté. Ils sont installés depuis 2010 à Fos-sur-Mer, où ils sont propriétaires d'une villa, lieu de leur résidence principale.
Le couple a quatre enfants, dont trois à charge :
– Florian, né le 23 mars 2003, est étudiant et a sollicité son rattachement au foyer fiscal de ses parents pour l'imposition à l'IR au titre de l'année 2021 ;
– Julien, né le 6 juillet 2008, est collégien ;
– Marylou, née le 19 octobre 2016, est écolière.
M. Tardieu est le président de la SAS WindWin depuis le 1er janvier 2021 et Mme Tardieu est l'exploitante de l'EIRL Univers de la Planche, dont le résultat fiscal pour l'exercice comptable 2021 est de 36 800 €. L'EIRL est adhérente au CGA du Pays d'Arles.

Annexe 2 Calendrier de souscription des déclarations et de mise à disposition des avis d'imposition

Date d'ouverture du portail de déclaration en ligne sur le site www.impots.gouv.fr	8 avril 2021	
Dates limites de souscription des déclarations en ligne	Zone 1 (Départements N° 01 à 19)	26 mai 2021
	Zone 2 (Départements N° 20 à 54)	1er juin 2021
	Zone 3 (Départements N° 55 à 976)	8 juin 2021
Date de mise en ligne de l'avis d'imposition dans l'espace sécurisé du contribuable	Fin juillet 2021	
Source : www.impots.gouv.fr pour l'actualisation du calendrier 2022.		

Annexe 3 Extrait du calendrier fiscal annuel sur les revenus 2021

Année 2021	Depuis l'espace « gérer mon prélèvement à la source » sur le site impots.gouv.fr : le contribuable peut tout au long de l'année : – signaler tout changement de situation afin d'actualiser le taux, moduler les acomptes… – opter pour le taux individualisé ou pour les salariés opter pour le taux neutre
1er janvier 2021	Le taux de PAS calculé sur les revenus 2019 s'applique du 1er janvier au 31 août 2021 pour le calcul des retenues et acomptes sur les revenus perçus en 2021.
15 janvier 2021	Versement de l'avance de 60 % sur certains crédits et réductions d'impôt.
1er janvier au 31 décembre 2021	Pour les revenus avec tiers collecteur (salaires, pensions, revenus assimilés…) l'impôt est retenu chaque mois au moment du versement du revenu.
15 janvier 2021 […] 15 décembre 2021	Pour les revenus sans tiers collecteur (BIC, revenus fonciers…), prélèvement par l'administration fiscale d'acompte mensuel chaque 15 du mois.
17 février 2021 15 mai 2021 17 août 2021 15 novembre 2021	Pour les revenus sans tiers collecteur (BIC, revenus fonciers…), option possible pour prélèvement d'acompte trimestriel en février, mai, août et novembre
Printemps 2021	Déclaration par le contribuable des revenus perçus en 2020
Eté 2021	Avis d'imposition 2021 sur les revenus 2020 mentionnant : – le montant de l'impôt dû et le solde à payer ou restituer après • imputation des réductions et crédits d'impôt sur les dépenses 2020 • imputation des retenues et acomptes payés en 2020 par PAS – le taux de PAS qui s'applique pour le calcul des retenues ou acomptes du 1er septembre 2021 au 31 août 2022.
1er septembre 2021	Le taux de PAS calculé sur les revenus 2020 s'applique du 1er septembre 2021 au 31 août 2022 pour le calcul des retenues ou acomptes
[…………………..]	[……… ………………………………………………………..]
Printemps 2022	Déclaration par le contribuable des revenus perçus en 2021
Été 2022	Avis d'imposition 2022 sur les revenus 2021 mentionnant : – le montant de l'impôt dû et le solde à payer ou restituer après • imputation des réductions et crédits d'impôt sur les dépenses 2021 • imputation des retenues et acomptes payés en 2021 par PAS – le taux de PAS qui s'applique pour le calcul des retenues ou acomptes du 1er septembre 2022 au 31 août 2023

Annexe 4 Déclaration des frais réels

Frais réels (cases 1AK à 1DK)

Si vous estimez que vos dépenses professionnelles sont supérieures au montant de la déduction de 10 %, vous pouvez demander la déduction de vos frais pour leur montant réel et justifié. Pour être déductibles, ces frais doivent être nécessités par votre profession, être payés au cours de l'année et pouvoir être justifiés (conservez vos factures). Vous devez joindre à votre déclaration une note précisant le détail et le calcul de vos frais réels.
Si vous demandez la déduction de vos frais réels, les remboursements et allocations pour frais d'emploi, y compris l'avantage que constitue la mise à disposition d'une voiture pour vos déplacements professionnels, doivent être déclarés. Additionnez les montants de vos revenus d'activité et de remboursements de frais et portez ce total dans les cases 1AJ et/ou 1BJ.

Extrait de la notice « Remplir la déclaration de revenus », www.impots.gouv.fr

Annexe 5 Détail du calcul des frais réels professionnels de M. Tardieu

M. Tardieu a perçu de la SAS 670 € au titre de remboursement de frais professionnels engagés dans l'exercice de sa fonction de Président.

Par ailleurs, M. Tardieu peut justifier des frais professionnels réels suivants :

Frais de restauration et hébergement	658,00 €
Frais de documentation / abonnement revue technique	75,00 €
Frais de trajet domicile-lieu de travail[a]	6 894,00 €
Montant total des frais professionnels réels	7 627,00 €

(a) Évaluation forfaitaire à partir du barème kilométrique fourni par l'administration fiscale

Annexe 6 État des capitaux et revenus mobiliers du foyer Tardieu

Le foyer fiscal Tardieu peut justifier au titre des RCM des revenus suivants :
- Jetons de présence perçus par M. Tardieu, membre du CA de la SAS : 1 800 €
- Intérêts de compte courant d'associés perçus par M. Tardieu : 575 €
- Dividendes d'actions générés par le portefeuille titres du couple : 380 €.

Le couple n'a pas exercé l'option pour une imposition de ses revenus de capitaux mobiliers au barème progressif de l'impôt sur le revenu.

Annexe 7 État des charges et imputations diverses à déclarer par le couple Tardieu

Le foyer fiscal Tardieu peut justifier des charges suivantes :
- une pension alimentaire est versée à la mère de Mme Tardieu qui réside dans un établissement d'hébergement pour personnes âgées dépendantes. Le montant mensuel s'élève à 250 € soit 3 000 € annuels. Cette pension remplit les conditions de déductibilité.
- Un reçu fiscal atteste d'un don de 150 € effectué au profit des Restaurants du Cœur, association loi 1901 dont l'objet social est d'apporter aide et assistance aux personnes démunies.
- Le couple confie la garde de leur plus jeune fille à une assistante maternelle. Les dépenses supportées se chiffrent à 2 650 €.
- Le Jardin des Alpilles, adhérente à une coopérative Professionnels à domicile, a réalisé des travaux de jardinage. Elle a délivré une attestation fiscale faisant mention d'une dépense de 1 411 €.
- Deux des enfants à charge du couple poursuivent leurs études : Julien est collégien et Florian étudiant.

Annexe 8 Extraits des déclarations 2042 et 2042 C PRO préremplies

Mi-avril 2022, le service de déclaration en ligne sur le site www.impots.gouv.fr est accessible aux contribuables. Seuls les extraits des déclarations à contrôler, modifier et compléter sont reproduits. Ces déclarations ont été préremplies par l'administration fiscale en fonction des informations dont elle dispose.

VOTRE ÉTAT CIVIL

Vous êtes :

Marié(e)s	Date du mariage (s'il a eu lieu en **2021**) x jour mois **2021**	?	◉ M
PACSé(e)s	Date du PACS (s'il a eu lieu en **2021**) x jour mois **2021**	?	○ O
Vous êtes marié(e)s ou pacsé(e)s et vous optez pour la déclaration séparée de vos revenus **2021** (Attention vous ne pouvez opter pour cette imposition séparée que si vous vous êtes marié(e)s ou avez conclu un PACS en **2021**, vous devez alors indiquer une situation de famille ("Célibataire", "Divorcé" ou "Veuf") et indiquer une date de mariage ou de conclusion du PACS en **2021** et cocher la case B).			☐ B
Célibataire (ou vivant en union libre)			○ C
Divorcé(e) ou séparé(e)	Date du divorce ou de la séparation ou de la rupture du PACS (s'il a eu lieu en **2021**) x jour mois **2021**	?	○ D
Veuf ou veuve	Date du décès du conjoint (s'il a eu lieu en **2021**) x jour mois **2021**	?	○ V

• • •

• • •

Vous vivez en :

Métropole	◉
Guadeloupe, Martinique ou Réunion	○
Guyane, Mayotte	○

Vos années de naissance :

Déclarant 1 (4 chifres) 1966 (champ obligatoire)   Déclarant 1 (4 chifres) 1967 (champ obligatoire)

Avez-vous des personnes à charge ?

Nombre d'enfants non mariés de moins de 18 ans au 1er janvier **2021**, ou nés en **2021**, ou handicapés quelque soit leur âge — 2 F

Années de naissance (4 chiffres) : 2008 | 2016 | | | |

Avez-vous des enfants majeurs ou mariés rattachés ?

Nombre d'enfants majeurs célibataires (ou veufs ou divorcés) sans enfant qui demandent leur rattachement		J
Nombre d'enfants mariés/pacsés et d'enfants non mariés chargés de famille (y compris le conjoint et les enfants)		N

VOS REVENUS

TRAITEMENTS ET SALAIRES

	Déclarant 1		Déclarant 2		1re personne à charge		2e personne à charge	
Indiquez vos seuls revenus d'activités (salaires, avantages en nature et indemnités journalières)	1AJ	40610	1BJ		1CJ		1DJ	
Revenus des salariés des particuliers employeurs	1AA		1BA		1CA		1DA	
Abattement forfaitaire : assistants maternels / familiaux et journalistes	1GA		1HA		1IA		1JA	
Revenu d'heures supplémentaires exonérés	1GH		1HH		1IH		1JH	
Indiquez vos autres revenus imposables (indemnité de préretraite, allocation chômage…)	1AP		1BP		1CP		1DP	
Revenus des associés et gérants article 62 du CGI	1GB		1HB		1IB		1JB	
Vos frais réels	1AK		1BK		1CK		1DK	

REVENUS DES VALEURS ET CAPITAUX MOBILIERS

Vos revenus des valeurs mobiliers ouvrant droit à abattement (ne les déduisez pas)		
Revenus des actions et parts	2DC	380
Dividendes imposables des titres non cotés détenus dans le PEA ou le PEA-PME	2FU	
Vos revenus des valeurs et capitaux mobiliers n'ouvrant pas droit à abattement		
Autres revenus distribués et assimilés	2TS	1800
Intérêts et produits de placement à revenu fixe	2TR	575
Vos autres revenus des valeurs et capitaux mobiliers		
Revenus indiqués ci-dessus déjà soumis aux prélèvements sociaux sans CSG déductible	2CG	2755
Revenus indiqués ci-dessus déjà soumis aux prélèvements sociaux avec CSG déductible (si option barème)	2BH	
Autres revenus déjà soumis aux prélèvements sociaux avec CSG déductible	2DF	
Revenus soumis au seul prélèvement de solidarité de 7,5 %	2DG	
Revenus soumis au seul prélèvement de solidarité à soumettre à la CSG/CRDS	2DI	
Frais et charges déductibles	2CA	
Crédits d'impôt sur valeurs étrangères	2AB	
Prélèvement forfaitaire non libératoire déjà versé	2CK	353
Vous optez pour l'imposition au barème de l'ensemble de vos revenus et gains mobiliers, cochez la case	20P	☐

REVENUS INDUSTRIELS ET COMMERCIAUX PROFESSIONNEL

Régime du bénéfiche réel

	Déclarant 1				Déclarant 2				Personnes à charge			
	Avec OGA ou viseur		Sans		Avec OGA ou viseur		Sans		Avec OGA ou viseur		Sans	
Revenus exonérés *(y compris plus-values)*	5KB		5KH		5LB		5LH		5MB		5MH	
Revenus imposables	5KC		5KI		5LC		5LI		5MC		5MI	
– dont plus-values à court terme, subvention d'équipement, indemnités d'assurance pour perte d'élément d'actif	5DK		5DL		5EK		5EL		5FK		5FL	
– dont moins-values à court terme	5DM		5DN		5EM		5EN		5FM		5FN	
Revenus imposables de source étrangère ouvrant à un crédit d'impôt égal à l'impôt français	5DF		5DG		5EF		5EG		5FF		5FG	
Déficits	5KF		5KL		5LF		5LL		5MF		5ML	
Plus-values nettes à long terme	5KE				5LE				5ME			
Produits de la propriété industrielle	5UI				5VI				5WI			

• • •

• • •

VOS CHARGES

VOS CHARGES ET IMPUTATIONS DIVERS

CSG déductible calculée sur les revenus du patrimoine		6DE	
Pensions alimentaires versées à des enfants majeurs en vertu d'une décision de justice devenue définitive avant 2006	1er enfant	6GI	
	2e enfant	6GJ	
Autres pensions alimentaires versées en vertu d'une décision de justice devenu définitive avant 2006	1er enfant	6EL	
	2e enfant	6EM	
Autres pensions alimentaires		6GU	
Frais d'accueil sous votre toit d'une personne de plus de 75 ans dans le besoin		6EU	
	Nombre de personnes	6EV	
Déductions divers		6DD	
Sommes à ajouter au revenu imposable		6GH	

Épargne retraite PERP et PRODUITS ASSIMILÉS (PREFON, COREM et G.G.O.S)

Épargne versée en 2021			*Cotisations ou primes*
	Déclarant 1	6RS	
	Déclarant 2	6RT	
	Personne à charge	6RU	

VOS CHARGES OUVRANT DROIT À RÉDUCTION D'IMPÔTS

Vos dons à des organismes établis en France

A des organismes d'aide aux personnes en difficulté	7UD	
Aux œuvres reconnues d'utilité publique ou fiscalement assimilées en matière de dons, aux œuvre d'intérêts général	7UF	

Vos autre charges ouvrant droit à réduction d'impôt ou à crédit d'impôt

Primes des rentes survie - Contrats d'épargne handicap		7GZ	
Enfants à charge poursuivant leurs études indiquez le nombre d'enfants concernés (niveau d'études au 31 décembre **2021**)	Dans un collège		7EB
	Dans un lycée		7ED
	Dans l'enseignement supérieur		7EF
Enfants, en résidence alternée, à charge poursuivant leurs études indiquez le nombre d'enfants concernés (niveau d'études au 31 décembre **2021**)	Dans un collège		7EB
	Dans un lycée		7ED
	Dans l'enseignement supérieur		7EG
Dépenses d'accueil dans un établissement pour personnes dépendantes	1re personne	7CD	
	2e personne	7CE	
Frais de garde des enfants de moins de 6 ans au 01/01/**2021** en résidence alternée	1re enfant	7GA	
	2e enfant	7GB	
	3e enfant	7GC	
Service à la personne : emploi à domicile – sommes versées en **2021**		7DB	

Avance sur réductions et crédits d'impôt perçue en début d'année

– Indiquez ici le montant de l'avance sur réductions et crédits d'impôts perçue en début d'année	8EA	690

Prélèvement à la source

		Déclarant 1		Déclarant 2
Prélèvement à la source déjà payé : – retenue à la source sur les salaires et pensions	8HV	1633	8IV	
	8HW		8IW	1464
	8HX		8IX	
Régularisations déjà obtenues : – impôts sur le revenu	8HY		8IY	
– prélèvement sociaux	8HZ		8IZ	

Annexe 9 Extrait du document récapitulatif des éléments déclarés et du montant de l'IR à payer

Résultat

Nombre de personnes à charge	3
Nombre de parts	4
Revenu fiscal de référence	70208

Impôt sur le revenu

Revenu brut global ou déficit	70453
Charges déductibles	3000
Revenu net imposable ou déficit à reporter	67453
Droits simples	2983
Total des réductions d'impôt	357
Impôt proportionnel	353
Impôt avant imputations	2979
Crédit frais de garde des enfants	1150
Crédit emploi salarié à domicile	706
Crédit prélèvement forfaitaire sur dividendes et intérêts 2021	353
Impôt sur le revenu net	**770**

Calcul du solde de votre impôt pour 2021

Impôt sur le revenu dû	770
Retenue à la source prélevée en 2021 par vos verseurs de revenus	-1633
Acomptes prélevés en 2021 sur le compte bancaire	-1464
Reprise de l'avance perçue sur les réductions et les crédits d'impôt	+690
MONTANT RESTANT A PAYER AU TITRE DE L'ANNEE 2021	**0**
MONTANT QUI VOUS SERA REMBOURSE AU TITRE DE L'ANNEE 2021	**1637**

Prélèvement à la source

Compte tenu des éléments indiqués dans cette simulation, le taux de prélèvement à la source applicable après actualisation en septembre 2022 serait de : 3.8%

Ce taux est valable pour les deux conjoints du foyer.

Afin de prendre en compte les différences éventuelles de niveau de revenus au sein du couple, les conjoints peuvent, s'ils le souhaitent, opter pour un taux de prélèvement individualisé en fonction des revenus respectifs.

Le taux individualisé du déclarant 1 serait de 2.7%. Le taux du déclarant 2 serait de 5.1%.

Le montant de votre acompte mensuel sur les revenus sans organisme collecteur (BIC, BNC, BA, revenus foncier…) prélevé à compter de septembre 2022 serait de : 117 €.

Il est possible d'opter pour un paiement trimestriel.

Annexe 10 **Situation fiscale du couple Tardieu dans le cadre du PAS**

Vous avez collecté, notamment depuis l'espace particulier sur le site impots.gouv.fr, toutes les informations nécessaires afin d'informer le couple Tardieu sur le recouvrement de l'impôt sur le revenu dans le cadre du PAS pour l'année 2021.

– Le montant mensuel du salaire net imposable mentionné sur la fiche de paye de M Tardieu à compter du 01/01/2021 s'élève à 3 373 €. Il reste stable sur l'année.

– L'EIRL a déclaré au titre des BIC, un bénéfice net fiscal pour l'exercice 2019 de 36 300 € et de 36 400 € pour l'exercice 2020.

– Depuis l'onglet « Gérer mon prélèvement à la source », vous avez pris connaissance des taux de prélèvement transmis par la DGFIP à la SAS WindWin et à la DR des Finances Publiques de PACA :

– 01/09/2020 taux transmis : 4,1 %

– 01/09/2021 taux transmis : 3,9 %

Le couple n'a pas souhaité opter pour un taux individualisé et M Tardieu n'a pas non plus opté pour le taux neutre.

Mme Tardieu n'a pas souhaité opter pour des prélèvements d'acomptes trimestriels.

– Le couple perçoit des revenus de capitaux mobiliers pour lesquels il n'a pas exercé l'option pour une imposition au barème progressif de l'impôt sur le revenu.

– Les avis d'imposition de 2020 et de 2021 mentionnent au titre des réductions et crédits d'impôt seulement le crédit relatif aux frais de garde de leur plus jeune enfant Marylou soit 1 150 € et la réduction d'impôt relative aux frais de scolarisation des enfants à charge soit 214 €. Aucun don n'a été effectué en 2019 et 2020 et le couple n'a pas rémunéré de salarié à domicile.

Fiche ressource 1

La souscription de la déclaration des revenus

Tous les contribuables, qu'ils soient imposables ou non, sont tenus de souscrire la déclaration de leurs revenus. Ils déclarent l'ensemble des revenus perçus y compris ceux des enfants et des autres personnes à charge. Les revenus perçus en N sont déclarés en N+1. Chaque contribuable dispose d'un espace personnel sécurisé sur le site officiel des impôts, depuis lequel il peut déclarer ses revenus, gérer ses paiements, consulter et télécharger ses avis d'imposition.

I L'obligation de souscrire la déclaration de revenus en ligne

Le contribuable, qui dispose d'un accès à internet, doit souscrire sa déclaration de revenus sur le site « impots.gouv.fr » en EFI. L'administration met à sa disposition dans son espace personnel une déclaration pré remplie à contrôler et compléter. À compter du 01/01/2020, si le contribuable n'a aucune correction à apporter, il n'aura aucune démarche à effectuer, confirmant tacitement l'exactitude des informations dont dispose le fisc.

II Le calendrier fiscal de souscription de la déclaration

Chaque année la Direction générale des finances publiques (DGFiP) présente le calendrier de déclaration des revenus et précise :
– avril : date d'ouverture du service de déclaration en ligne sur le site www.impots.gouv.fr ;
– mai-juin : dates limites de souscription des déclarations en ligne fixées par zones géographiques ;
– août : date de mise à disposition sur internet de l'avis d'imposition mentionnant le montant de l'IR dont le contribuable est redevable.

III Modèles d'imprimés de la déclaration des revenus

Pour l'imposition des revenus, trois modèles de déclaration 2042 sont disponibles.

Modèle d'imprimé	Éléments à déclarer
Imprimé 2042	• **Un exemplaire du formulaire pré-identifié** (nom, prénom, adresse, situation de famille…) **de la déclaration 2042 est adressé aux contribuables.** Les contribuables ont pu choisir de ne plus recevoir leur déclaration de revenus. Ils seront avertis, par courriel, de la mise à disposition des différents documents dans leur espace personnel. Cette déclaration permet : – de préciser la situation familiale, les personnes à charge et le rattachement des enfants majeurs ; – de déclarer les **principaux revenus** : traitements, salaires, pensions et rentes, et éventuellement revenus des valeurs et capitaux mobiliers… ; – de déclarer les **charges à déduire** du revenu global ; – de déclarer les **charges** ouvrant droit à **réductions** ou à **crédits d'impôt**. • Les personnes qui doivent déclarer des revenus ou des charges à mentionner sur l'imprimé 2042 C et/ou l'imprimé 2042 C PRO devront obligatoirement utiliser ces imprimés.

Imprimé 2042 C	La déclaration **2042 C** permet de déclarer **certains revenus** (revenus de l'étranger…) et **réductions et crédits d'impôt** qui ne figurent ni sur la déclaration 2042 ni sur la déclaration 2042 C PRO (investissements locatifs Pinel, Duflot, Scellier ou Censi-Bouvard, en particulier).
Imprimé 2042 C PRO	La déclaration complémentaire **2042 C PRO** permet de déclarer : • les **revenus et plus-values des professions non salariées** : – bénéfices industriels et commerciaux (**BIC**), – bénéfices non commerciaux (**BNC**), – bénéfices agricoles (**BA**), – exploitants individuels placés sous le régime de l'**autoentrepreneur** ; • les investissements ouvrant droit à une réduction ou à un crédit d'impôt *via* une entreprise.

IV La déclaration préremplie

Le foyer fiscal se limite à une seule personne pour les célibataires, veufs, divorcés ou séparés qui n'ont pas d'enfant à charge.
Pour les couples, mariés ou pacsés, soumis à imposition commune, la déclaration d'ensemble des revenus du ménage peut être souscrite par l'un ou l'autre des conjoints ou partenaires.
Les déclarations de revenus, sont pré remplies.
Le contribuable est tenu de vérifier les informations (état-civil, adresse, situation de famille) ainsi que le montant des revenus pré remplis afin de s'assurer de leur exactitude et d'apporter d'éventuelles corrections ou compléments. Cette correction est faite sous sa responsabilité.
Le contribuable valide et signe électroniquement sa déclaration. Pour un couple, elle doit être signée par les deux conjoints ou partenaires.

Situation familiale	
Changement de situation familiale au cours de l'année civile	• En cas de **mariage ou de Pacs** : imposition conjointe ou option pour une imposition distincte. • En cas de **séparation, divorce ou rupture de Pacs**, chaque ex-époux ou ex-partenaire de Pacs fait une déclaration de revenus pour l'année entière. • En cas de **décès** du conjoint ou du partenaire de Pacs : deux déclarations (la date du décès est pré-affichée).
Revenus et charges à déclarer	
D'où proviennent les données préremplies sur la déclaration ?	Les données indiquées sur la déclaration prereplie correspondent aux revenus perçus par le foyer fiscal pendant l'année civile. **Ces informations sont transmises chaque année par les tiers déclarants** aux services de la Direction générale des Finances publiques (DGFiP). Ces tiers sont : – les employeurs (à partir de la Déclaration Sociale Nominative) ; – les organismes sociaux ou Pôle emploi ; – les caisses de retraite ; – les établissements financiers.
Quels sont les revenus préremplis ?	– Les salaires – Les pensions de retraite et les allocations de préretraite – Les allocations de chômage – Les indemnités journalières de maladie – Les montants du RSA « complément d'activité » versés en complément d'une activité professionnelle – Les revenus de capitaux mobiliers (selon option)

• • •

Revenus et charges à déclarer	
Quels sont les revenus et les charges à compléter sur la déclaration préremplie ?	**Revenus** – les revenus de capitaux mobiliers (selon option) – Les revenus fonciers – Les revenus non salariaux (commerçants, artisans, entrepreneurs individuels, professions libérales, agriculteurs) – Les plus-values de cession de valeurs mobilières **Charges** – Les pensions alimentaires… – Les frais réels – Les charges déductibles – Les charges ouvrant droit à réduction ou à crédit d'impôt : dons aux associations, frais de scolarité, emploi d'un salarié à domicile…
Cas particulier des revenus des enfants majeurs rattachés	Le rattachement au foyer fiscal des parents est une **option annuelle.** En cas de rattachement, les revenus perçus par les enfants ne sont pas préremplis sur la déclaration des parents. Les parents doivent donc les mentionner dans leur propre déclaration.
Dans quels cas y a-t-il une différence à corriger entre le montant des revenus préremplis et le montant des revenus à déclarer ?	• Le tiers déclarant **a transmis trop tardivement** les informations à la DGFiP qui n'a donc pas pu les faire figurer sur la déclaration. Il faut donc saisir directement le montant. • Le tiers déclarant a transmis un **montant erroné** à l'administration fiscale. Il faut corriger ce montant qui est prérempli. • L'employeur a déclaré par erreur à l'administration les **indemnités journalières de maladie** alors que celles-ci ont déjà été déclarées par les caisses du régime général de la Sécurité sociale. Il faut corriger le montant. • Les revenus perçus par un **étudiant âgé de 25 ans au plus** au 1er janvier, en rémunération d'une activité exercée pendant les études ou pendant les congés scolaires ou universitaires, sont exonérés dans la limite annuelle de 3 fois le SMIC mensuel. Le contribuable corrige le montant déclaré par l'employeur car seul le surplus est imposable. • Un salarié qui opte pour la **déduction de ses frais réels** doit ajouter au montant de ses salaires préremplis le montant des indemnités pour frais professionnels qui sont devenues imposables.
Pas de pièces justificatives à joindre	**Le contribuable n'est pas tenu de justifier, dès le dépôt de la déclaration, les informations déclarées**, comme les dépenses pouvant ouvrir droit à déduction, réduction ou crédit d'impôt, en joignant les documents papier attestant de la réalité de ces informations. Ces pièces justificatives seront cependant conservées pendant trois ans afin de pouvoir répondre à une demande éventuelle du centre des finances publiques. Sauf cas particuliers : par exemple, il faut joindre la liste détaillée des frais réels à la déclaration.
Cas particuliers	
Première déclaration	Les contribuables qui ont entre 20 et 25 ans, qui étaient rattachés, qui déclarent pour la première fois, peuvent déclarer en ligne. Lorsque les **éléments de la déclaration préremplie** sont connus de l'administration, les revenus sont prérenseignés sur la déclaration. La déclaration par smartphone leur est aussi ouverte.
Sanctions	Les contribuables encourent des sanctions en cas de **défaut ou retard de déclaration** et en cas de **déclaration erronée** (au minimum majoration de 10 % de l'IR dû).

Fiche ressource 2

Le prélèvement à la source (PAS)

Depuis le 1er janvier 2019, l'IR est recouvré par prélèvement à la source (PAS) pour la quasi-totalité des revenus. Que ce PAS prenne la forme d'une retenue à la source ou d'un acompte, le montant prélevé est obtenu en appliquant un taux au montant des revenus perçus. Ces montants versés au cours de l'année s'imputent sur le montant de l'IR dû par le foyer fiscal au titre de la même année.

I Les avantages du PAS

Plusieurs raisons justifient ce nouveau mode de recouvrement de l'impôt sur le revenu :
– le recours au PAS permet d'éviter le décalage entre perception du revenu et imposition. L'impôt payé en N sera calculé sur les revenus perçus en N, sans décalage d'un an ;
– tout changement de situation du contribuable (naissance, divorce, retraite…) est immédiatement pris en compte en adaptant le taux de prélèvement aux revenus réels.
– la charge de l'impôt est mieux répartie sur les 12 mois de l'année.

II Les revenus soumis au PAS

Selon la nature du revenu perçu, le PAS prend la forme soit d'une retenue à la source, soit d'un acompte automatique. Certains revenus sont exclus de ce mode de recouvrement.

Revenus soumis au PAS		
Forme du prélèvement	**Retenue à la source (RAS)**	**Acompte automatique**
Revenus concernés	• Traitements et salaires • Pensions de retraite • Revenus de remplacement (allocation chômage et indemnités maladie) L'impôt est prélevé à la source par l'organisme (tiers collecteur) qui verse le revenu (employeur, caisses de retraites, Pôle emploi, caisse d'assurance maladie, particulier employeur, etc.) et reversé à l'administration fiscale.	• Revenus des Indépendants ou agricoles (BIC, BNC, BA) • Revenus fonciers • Pensions alimentaires • Revenus des gérants et associés relevant de l'article 62 du CGI L'administration fiscale calcule et prélève automatiquement sur le compte bancaire du contribuable des acomptes selon un échéancier mensuel ou trimestriel.
Revenus exclus du PAS		
Les revenus des capitaux mobiliers font déjà l'objet d'un prélèvement à la source obligatoire de 12,8 %. NB : en sont aussi exclus les plus-values mobilières et immobilières et les BIC micro social option prélèvement libératoire.		

III Le calendrier du PAS

Dates	Étapes du PAS
Avril/Mai N	Déclaration des revenus perçus en N-1.
Durant l'été N	Réception des avis d'impôt, portant mention du taux de prélèvement à la source et de l'échéancier des acomptes pour la période de septembre N à août N+1.
Avril/Mai N+1	Déclaration des revenus perçus en N.
Durant l'été N+1	Réception de l'avis d'impôt portant mention du taux de prélèvement à la source et de l'échéancier des acomptes pour la période de septembre N+1 à août N+2.

IV Les différents taux du PAS

Le montant du prélèvement, retenue ou acompte, est calculé en appliquant un taux (T) à une assiette constituée du montant net imposable de chacun des revenus soumis au prélèvement.

Taux de droit commun

Ce taux (T) est **calculé par l'administration fiscale** sur la base des données fiscales déclarées par le foyer fiscal au titre de N-2 puis révisé en septembre sur la base des données de N-1. Il est transmis au contribuable et à l'organisme collecteur en cas de RAS.

Revenus de	Déclarés en avril - juin	Avis d'impôt portant mention du taux	Taux applicable aux revenus perçus ou réalisés
2018	2019	Août 2019	du 01/09/2019 au 31/08/2020
2019	2020	Août 2020	du 01/09/2020 au 31/08/2021
2020	2021	Août 2021	du 01/09/2021 au 31/08/2022
...	...	...	...

Ce taux est le rapport entre le montant de l'IR relatif aux revenus entrant dans le champ du PAS, avant réductions et crédits d'impôt, et le montant net imposable de ces revenus, avant déductions des frais professionnels des charges et abattements déductibles :

T = Montant IR / Montant net imposable des revenus

Le taux est arrondi à la décimale la plus proche, la fraction de décimale égale à 0,50 étant comptée pour 1.

Exemple
Le couple Martel avec un enfant à charge déclare en 2020 au titre des revenus de 2019 :
M. Martel : résultat fiscal imposable aux BIC : 40 000 €
Mme Martel: revenus salariaux : 25 000 € soit 22 500 € imposables après frais professionnels
Revenu global imposable : 40 000 + 22 500 = 62 500 €
IR dû au barème progressif : 5 219 €
Taux de prélèvement applicable à compter du 01/09/2020 à la retenue à la source sur les salaires et aux acomptes sur les BIC : 5 219 / (40 000 + 25 000) = 8,03 arrondis à 8 %.

Taux nul

Si un contribuable n'a pas été imposé au titre des deux années précédentes et si son revenu fiscal de référence < à 25 400 € par part de quotient, T est égal à 0 %

Taux neutre par défaut

Il s'agit d'un **taux proportionnel** au montant des revenus qui s'applique aux personnes qui entrent sur le marché du travail, aux personnes qui viennent de s'installer en France, aux contrats de travail courts (CDD ou intérim de 2 mois maximum) et aux personnes qui déclarent pour la première fois.

Grille de taux par défaut applicable en Métropole au 01/01/2021

Base mensuelle de prélèvement	Taux
Inférieure ou égale à 1 420 €	0 %
De 1 420 € à 1 475 €	0,5 %
De 1 475 € à 1 570 €	1,3 %
De 1 570 € à 1 676 €	2,1 %
De 1 676 € à 1 791 €	2,9 %
De 1 791 € à 1 887 €	3,5 %
De 1 887 € à 2 012 €	4,1 %
De 2 012 € à 2 381 €	5,3 %
De 2 381 € à 2 725 €	7,5 %
De 2 725 € à 3 104 €	9,9 %
De 3 104 € à 3 494 €	11,9 %
De 3 494 € à 4 077 €	13,8 %
De 4 077 € à 4 888 €	15,8 %
De 4 888 € à 6 116 €	17,9 %
De 6 116 € à 7 640 €	20 %
De 7 640 € à 10 604 €	24 %
De 10 604 € à 14 362 €	28 %
De 14 362 € à 22 545 €	33 %
De 22 545 € à 48 292 €	38 %
À partir de 48 292 €	43 %

Taux individualisé sur option

Les **contribuables mariés ou pacsés soumis à imposition commune** peuvent opter pour un taux de prélèvement individualisé afin de ne tenir compte que des revenus personnels de chacun des conjoints. Cette option s'effectue en ligne sur le site impots.gouv.fr et peut être abandonnée à tout moment.

Modification de taux

À la suite de certains évènements familiaux, le contribuable informe l'administration fiscale qui, dans un délai de 60 jours, établit un nouveau taux de prélèvement (création d'un nouveau foyer fiscal à la suite d'un mariage, décès, etc.)

V Les modalités de la retenue à la source (RAS) sur les salaires

Les traitements et salaires imposables à l'impôt sur le revenu sont soumis à la retenue à la source. Cette retenue sera prélevée par l'employeur en fonction du taux transmis par l'administration fiscale.

<table>
<tr><td rowspan="3">Assiette de la retenue</td><td>La retenue se calcule sur le montant du salaire « net imposable » qui figure sur la fiche de paie du salarié.
Ce salaire net imposable est égal au salaire brut – heures supplémentaires et complémentaires défiscalisées – cotisations sociales salariales + part non déductible de la CSG et du CRDS.
Le montant de la retenue est arrondi à la deuxième décimale la plus proche.</td></tr>
<tr><td>Exemple (suite)
Le couple n'a exercé aucune option.
Au 01/01/2021, le salaire mensuel net imposable de Mme Martel s'établit à 2 200 € et n'évolue pas sur l'année.
De janvier à août 2021, l'employeur effectue chaque mois une retenue à la source sur le salaire de Mme Martel de :
2 200 x 8 % = 176 € qui est reversée à l'administration fiscale au titre du recouvrement de l'impôt sur les revenus de 2021.
Après déclaration en 2021 des revenus de 2020, l'administration fiscale communique au foyer Martel son nouveau taux de droit commun qui va s'appliquer à compter du 01/09/2021, soit 8,5 %.
De septembre à décembre 2021, l'employeur effectue chaque mois une retenue à la source sur le salaire de Mme Martel de : 2 200 x 8,5 % = 187 € qui est reversée à l'administration fiscale au titre du recouvrement de l'impôt sur les revenus de 2021.
Le foyer Martel se sera acquitté en 2021, au titre de l'IR 2021 de 1 452 €, soit de janvier à août : 176 x 8 = 704 € et de septembre à décembre : 187 x 4 = 748 €.
Ce montant s'imputera sur le montant de l'IR dû au titre des revenus 2021 qui sera établi en 2022.</td></tr>
<tr><td><u>Exceptions</u> :
– Les revenus salariaux exonérés de l'impôt sur le revenu sont exclus de l'assiette de la retenue. Par exemple : exonération, dans la limite du SMIC annuel, des rémunérations versées aux apprentis et des gratifications versées aux stagiaires en formation.
– Les salaires versés au titre d'un CDD d'une durée initiale n'excédant pas 2 mois bénéficient sous conditions d'un abattement d'assiette égal à la moitié du montant mensuel du SMIC.</td></tr>
<tr><td rowspan="4">Taux de la retenue</td><td>L'employeur doit appliquer à l'assiette de la retenue le taux de droit commun calculé par l'administration fiscale et qui lui est communiqué via la DSN.
Le taux de RAS applicable aux revenus de janvier à août N est déterminé sur la base des données fiscales de N-2 et est révisé sur les données de N-1 à partir de septembre N.</td></tr>
<tr><td><u>Exceptions</u> :
– le taux par défaut s'applique obligatoirement en début d'activité ou pour les CDD courts.
– le taux par défaut s'applique sur option du contribuable et seulement pour les salariés, pour garantir la confidentialité de ses revenus vis-à-vis de son employeur.
Si le montant de la retenue calculé, par l'employeur en appliquant ce taux neutre est inférieur à celui qui aurait été obtenu en appliquant le taux de droit commun, le contribuable s'acquitte d'un complément de retenue calculée par l'administration fiscale. Ce complément est disponible dans l'espace personnel du contribuable et versé directement à l'administration fiscale au plus tard le dernier jour du mois suivant le versement du salaire.</td></tr>
<tr><td>Exemple (suite)
En supposant que Mme Martel opte pour le taux de prélèvement neutre afin de garantir la confidentialité de ses revenus, l'employeur calcule la retenue à la source en appliquant le taux qui correspond à sa rémunération soit 5,3 % puisque son salaire de 2 200 € est compris dans la tranche 2 012 à 2 381 €. Soit une retenue mensuelle de 2 200 x 5,3 % = 116,60 €.
La retenue sur salaire calculée avec le taux de droit commun du foyer s'établit à 176 €. Un complément mensuel de retenue de : 176 – 116,60 = 59,40 € sera directement versé auprès de l'administration fiscale de janvier à août. Ce complément sera ensuite de 187 – 116,60 = 70,40 €.</td></tr>
<tr><td>– Les salariés peuvent aussi opter pour un taux individualisé ou demander une modulation de leur taux (voir IV)</td></tr>
</table>

VI Les modalités de prélèvement de l'acompte sur les BIC

Les revenus imposables à l'IR au titre des BIC donnent lieu au prélèvement, sur le compte bancaire du contribuable, d'acomptes calculés par l'administration fiscale. L'échéancier des acomptes mensuels ou trimestriels figure sur l'avis d'impôt.

Assiette de l'acompte	Pour les BIC au régime réel, l'assiette de l'acompte est le **bénéfice net fiscal imposé au barème progressif** de l'impôt sur le revenu. Les acomptes sont exigibles le 15 de chaque mois ou sur option, exercée au plus tard le 01/10/N-1, par trimestre les 15 février, mai, août et novembre. Les acomptes exigibles de janvier à août N sont calculés sur le bénéfice fiscal de N – 2 (déclaré en mai N – 1), ceux de septembre à décembre N sont calculés sur le bénéfice fiscal de N – 1 (déclaré en N) Le montant de l'acompte est arrondi à l'euro le plus proche.
	Exemple (suite) Le couple n'a exercé aucune option. Au cours de l'année 2021, le foyer Martel va s'acquitter d'acomptes mensuels sur les BIC au titre de l'IR 2021. M Martel a déclaré au titre des BIC un résultat fiscal 2019 qui s'élève à 40 000 €. Pour la période de janvier à août 2021, l'administration fiscale a établi un échéancier d'acomptes mensuels de 267 € soit (40 000 x 8 %)/12. Le résultat fiscal dégagé au titre de l'exercice 2020 s'établit à 42 600 €. Après déclaration des revenus de 2020, l'administration fiscale communique au foyer Martel le taux de droit commun qui va s'appliquer à compter du 01/09/2021, soit 8,5 %. Pour la période de septembre à décembre 2021, le nouvel échéancier mentionne des acomptes mensuels de 302 € soit (42 600 x 8,5 %)/12. Le foyer Martel aura versé (267 x 8) + (302 x 4) = 3 344 € à imputer sur le montant de l'IR dû au titre de 2021.
	Sont **exclus de l'assiette** de l'acompte : – les plus ou moins-values professionnelles à court terme ou à long terme – les subventions d'équipement
	En cas de **résultat déficitaire** aucun acompte n'est dû.
	Exceptions : en début d'activité, l'administration fiscale ne peut pas calculer d'acompte, le bénéfice fiscal n'étant pas connu. L'exploitant peut opter pour le versement d'acomptes spontanés dont le montant sera révisé en septembre N+1.
Taux de l'acompte	Le taux appliqué est le **taux de droit commun du foyer fiscal** calculé par l'administration fiscale et mentionné sur l'avis d'impôt. Le taux peut être **modulé** en cas de changement de situation du contribuable (voir III).
Modulation de l'acompte	Modulation **libre à la hausse** de l'acompte à la demande du contribuable qui prévoit une augmentation de son bénéfice fiscal (modulation applicable jusqu'au 31/12/N). Modulation **sous conditions à la baisse** de l'acompte : l'acompte modulé doit être inférieur de plus de 10 % au montant de l'acompte calculé par l'administration. Cette modulation intervient à la demande du contribuable et sous sa responsabilité. Toute modulation excessive fera l'objet de sanction.
	Exemple (suite) Le résultat fiscal 2019 relevant des BIC déclaré par M. Martel s'élève à 40 000 €. L'échéancier adressé par l'administration fiscale mentionne des acomptes de 267 € à prélever au titre de l'IR 2021. Courant 2021, M. Martel anticipe une augmentation sensible de son activité qui devrait conduire à un taux de prélèvement de 9,4 % pour un résultat fiscal de 47 000 €. Il demande une modulation à la hausse de ses acomptes. L'échéancier suivant est établi : (47 000 × 9,4 % / 12) = 368 €.

VII Régularisation et liquidation du solde de l'impôt sur le revenu

1 • Liquidation du solde de l'impôt sur le revenu de N

L'avis d'imposition des revenus établi en N+1 par l'administration fiscale permet de solder l'impôt sur le revenu dû au titre de N.

Mai/Juin N+1	Souscription par le contribuable de la déclaration des revenus de N
Eté N+1	Réception de l'avis d'imposition établi par l'administration fiscale : Solde de l'IR N = IR réellement dû de N - IR prélevé en N (retenues + acomptes) Si > 0 alors Solde à payer par le contribuable (septembre à décembre) Si < 0 alors Solde à restituer au contribuable (août à septembre) Si solde = 0 l'impôt dû a été réglé par prélèvement pour son montant exact.

2 • Régularisation des réductions et crédits d'impôt

Les dépenses de N ouvrant droit à réductions et crédits d'impôt (RICI) sont déclarées en N+1. L'administration calcule ces réductions et crédits qui figurent sur l'avis d'imposition de N+1 et sont restitués au contribuable en septembre N+1.

Avec le PAS, l'impôt recouvré au cours de l'année ne tient pas compte de ces avantages fiscaux, les prélèvements supportés par le contribuable sont supérieurs à l'impôt dû.

Afin de remédier à cette situation, pour certains crédits ou réductions récurrents, emploi d'un salarié à domicile, garde des jeunes enfants et dons, le contribuable bénéficie du versement d'une avance sur RICI au plus tard le 1er mars N+1, le solde étant versé en septembre.

Avant 1/03/N+1	Versement au contribuable d'une avance = 60 % des réductions et crédits d'impôt de N calculés sur les dépenses de N-1.
Mai/Juin N+1	Souscription par le contribuable de la déclaration des revenus perçus en N
Eté N+1	Réception de l'avis d'imposition établi par l'administration fiscale qui mentionne : Réductions et crédits d'impôt acquis de N calculés en N+1 – Avance perçue en N+1 Solde des réductions et crédits d'impôt de N calculés en N+1 Si > 0 alors Solde à rembourser au contribuable Si < 0 alors Solde à reverser à l'administration

Exemple : Un contribuable déclare 1 800 € de frais de garde d'enfant supportés en 2020. Il bénéficie à ce titre en 2021 d'un crédit d'impôt de 50 % soit 900 € qui figure sur l'avis d'imposition de 2021. Il est concerné par le versement de l'avance de crédit d'impôt qui intervient en janvier 2022. Trois situations sont à envisager pour le crédit auquel il peut prétendre en 2022 relatif aux dépenses supportées en 2021.

		Janvier 2022	Mai/Juin 2022	Eté 2022
Année 2021	Cas n°1 : Les frais de garde s'élèvent à 2 000 €	Le contribuable reçoit une avance de : 60 % x 900 = 540 €	Déclaration de revenus mentionnant 2 000 € de frais de garde qui ouvre droit à un crédit d'impôt de 1 000 €	Le contribuable reçoit le solde du crédit d'impôt : 1 000 – 540 = 460 €
	Cas n°2 : Les frais de garde s'élèvent à 1 000 €		Déclaration de revenus mentionnant 1 000 € de frais de garde qui ouvre droit à un crédit d'impôt de 500 €	Le contribuable reverse le solde trop perçu du crédit d'impôt : 540 – 500 = -40 € (1)
	Cas n°3 : Aucun frais de garde		Déclaration de revenu sans frais de garde.	Le contribuable reverse le solde trop perçu du crédit d'impôt : 0 – 540 = -540 € (1)

(1) afin d'éviter ce remboursement de trop perçu, le contribuable peut demander à moduler ou annuler le versement de cette avance.

Application

Foyer fiscal Bonnet

Michel Bonnet est marié depuis 16 ans avec Corinne Lenoir. Ils vivent avec leurs deux enfants, Lucien et Julie.
Les époux vous sollicitent en février 2022 pour réaliser une simulation de leur déclaration 2022 au titre des revenus de 2022.
Vous accédez à une déclaration vierge sur le site www.impots.gouv.fr et constatez qu'aucun montant n'a été prérempli. Il vous appartient de saisir toutes les informations.

Un document récapitulatif mentionnant les éléments essentiels et le montant de l'impôt sur le revenu dont le foyer Bonnet est redevable au titre des revenus de 2021 est généré à la dernière étape de la simulation.

1. **Indiquer quels sont les revenus du couple qui entrent dans le champ d'application du prélèvement à la source . Procéder au calcul des retenues à la source dont le couple s'est acquitté au titre des revenus 2021. Quel serait le montant de la retenue pratiquée par l'employeur si le couple décide d'opter pour le taux neutre ?**
2. **Présenter la déclaration de revenus 2022 simulée en ligne http://www.impots.gouv.fr**
3. **Calculer le montant de la retenue à la source qui sera appliquée aux salaires de chacun des membres du couple en janvier 2022 et en septembre 2022. Quel serait le montant de la retenue pratiquée par l'employeur si le couple décide d'opter pour le taux individualisé à compter de septembre 2022 ?**
4. **Préciser si le foyer bénéficie en janvier 2022 et/ou 2023 d'une avance pour réduction d'impôt.**

Document 1 Informations relatives à la déclaration des revenus du foyer Bonnet

Michel Bonnet, né en 1980, occupe le poste de DRH dans une entreprise de transport. Son salaire à déclarer au titre de 2021 est de 48 600 €. Il n'a pas retenu l'option pour les frais réels, qui ne s'avère pas avantageuse.

Corinne Lenoir, épouse Bonnet, née en 1982, est salariée d'une entreprise de construction mécanique. Elle y occupe le poste de responsable de la communication. Son salaire à déclarer au titre de 2021 est de 37 650 €. Elle ne peut justifier d'aucuns frais professionnels réels.

M. et Mme Bonnet ont un compte-titres en commun qui a généré 450 € brut de dividendes d'actions françaises cotées et 355 € brut de revenus d'obligations.

M. Bonnet a prêté 11 000 € à une SARL dans laquelle il n'a aucune part sociale. Cette SARL lui a versé pour l'année 340 € d'intérêts.

Le couple n'a pas exercé l'option pour une imposition de ses revenus de capitaux mobiliers au barème progressif de l'IR.

Mme Bonnet a souscrit à un plan d'épargne populaire depuis plusieurs années afin de se constituer un revenu supplémentaire pour la retraite. Elle effectue des versements mensuels réguliers de 95 €. Ces versements ne dépassent pas la limite du plafond global fixé pour leur déductibilité.

Le couple a effectué un versement de 100 € au profit d'AMF-Téléthon, association reconnue d'utilité publique par décret du 14 juin 1976. Un justificatif fiscal de versement lui a été adressé par l'association. Aucun don n'avait été effectué en 2020.

Les enfants sont scolarisés : Lucien, 14 ans, est en 3e et Julie, 8 ans, est à l'école primaire.

Document 2 Informations relatives au PAS sur les revenus du foyer Bonnet

- Le salaire net imposable figurant sur le bulletin de salaire remis à M. Bonnet au titre de janvier 2021 s'élève à 4 100 €, celui de Mme Bonnet à 3 120 €, salaires stables sur l'année 2021.
- Le taux de prélèvement de droit commun transmis par la DGFIP le 01/01/2021 s'élève à 9 %.
- Le taux de prélèvement de droit commun mentionné sur l'avis d'imposition 2021 (revenus 2020) est 9,2 %.
- Le salaire net imposable de janvier 2022 de M. Bonnet s'élève à 4 200 €, celui de Mme Bonnet à 3 200 €, salaires stables sur l'année 2022.
- Le couple a versé 150 € de don au profit d'AMF Téléthon en 2022.
- Le couple n'a exercé aucune option en matière de taux de prélèvement à la source.

Chapitre 9

Les autres impôts directs

Activité	Composante d'activité	Compétences	Vers Pix
3.4. Traitements des autres impôts directs	**3.4.1.** Identification et recensement des autres impôts directs **3.4.2.** Recouvrement et enregistrement des autres impôts directs	• Identifier les autres impôts à payer dont l'entreprise est redevable. • Procéder au paiement et à l'enregistrement des autres impôts selon l'échéancier.	**1.3.** Traiter des données

Situation professionnelle

Vous poursuivez votre stage au sein du cabinet ExpertPlus.
Après un entretien avec chacun de ses clients, l'expert-comptable établit une lettre de mission qui précise les termes et les conditions des tâches qui lui seront confiées. Outre la mission principale de tenue de la comptabilité et de présentation des comptes annuels, il exerce d'autres mandats, notamment l'établissement des déclarations fiscales. Après avoir participé à l'élaboration des déclarations de TVA et des déclarations du résultat fiscal, vous êtes maintenant associé(e) au traitement des autres impôts directs dont les entreprises sont redevables. Mme Varlet, collaboratrice du cabinet ExpertPlus, vous encadre pour cette mission. Elle vous confie les dossiers de différents clients.

Mission

Vous prenez connaissance du champ d'application de ces autres impôts directs. À la demande de Mme Varlet, vous procédez aux enregistrements relatifs à ces impôts dans le respect de leur échéancier respectif et au contrôle des comptes. Vous êtes aussi sollicité(e) pour informer et conseiller certains clients.
Vous disposez, pour chaque client, du dossier permanent et du dossier annuel de travail tenu par le cabinet ExpertPlus, de données extraites du PGI et d'une documentation fiscale.

Travail à faire

I Le champ d'application des autres impôts directs

Avant de vous confier le dossier de deux clients du cabinet, Mme Varlet souhaite vérifier si vous êtes capable d'identifier ces autres impôts et d'en préciser le champ d'application.

1. **Citer les deux autres impôts directs dont sont redevables les entreprises.** ▶ Fiches ressources 1 et 4

2. **Indiquer les deux composantes de la contribution économique territoriale. Préciser, pour chacune d'elles, sa base d'imposition et au profit de quelle(s) collectivité(s) territoriale(s) elle est perçue.**

3. **Indiquer l'objet de la taxe d'apprentissage. À quelles conditions une entreprise en est-elle redevable ?**

Mme Varlet vous propose d'analyser la situation de cinq entreprises.

4. **À l'aide d'un tableau, indiquer si ces personnes et ces activités sont soumises à ces autres impôts au titre de l'année 2021. Justifier votre réponse.** ▶ Annexe 1 ▶ Fiches ressources 1 à 4

II La contribution économique territoriale (CET)

Mme Varlet vous confie le dossier de deux clients, la SARL Azur et la SA Faure.
À partir de différents documents, avis d'imposition et déclarations fiscales, vous allez procéder à l'enregistrement comptable de la CET et à son paiement. Vous effectuerez cet enregistrement en présentant le journal pour chacune des deux sociétés.
Remarque : les impôts seront étudiés successivement, la chronologie des enregistrements au journal ne sera respectée que pour chacun des impôts.

Vous travaillez tout d'abord sur le dossier du client SARL Azur.

5. **Indiquer comment les redevables de la contribution foncière des entreprises (CFE) ont connaissance de leur avis d'imposition et du montant qu'ils doivent payer.** ▶ Annexes 3 et 4 ▶ Fiche ressource 2

6. **Expliquer la raison pour laquelle aucun acompte de CFE n'a été versé en 2021 par la SARL Azur.**

7. **Mentionner la date limite à laquelle la SARL Azur devra payer la CFE au titre de l'exercice 2021.**

8. **Préciser comment les redevables doivent obligatoirement s'acquitter de leur CFE. Quelles modalités de règlement peuvent-ils utiliser ? Quelle est celle retenue par la SARL Azur ?**

9. **Procéder à l'enregistrement comptable, dans les journaux de la SARL Azur, de la CFE et de son paiement au 15 décembre 2021.** ▶ Annexes 2 à 4 ▶ Fiche ressource 2

10. **Indiquer la raison pour laquelle la SARL Azur n'a aucun versement à effectuer au titre de la cotisation sur la valeur ajoutée des entreprises (CVAE) pour 2021. Préciser si elle doit souscrire une déclaration 1330-CVAE. Si oui, à quelle date doit-elle être télétransmise ?** ▶ Annexe 5 ▶ Fiche ressource 3

Vous prenez maintenant en charge le dossier du client SA Faure.

11. **Présenter l'échéancier concernant la CFE de la SA Faure pour l'exercice 2021. Justifier le montant de l'acompte provisionnel et celui du solde.** ▶ Annexes 2, 6 et 7 ▶ Fiche ressource 2

12. Procéder, conformément à cet échéancier, à l'enregistrement comptable, dans les journaux de la SA Faure, des opérations relatives à l'exercice comptable 2021.

13. Indiquer le montant de la CVAE dont la SA Faure est redevable au titre de 2021. Mentionner la date limite de souscription de la déclaration 1330-CVAE.

Annexes 2, 6 et 8
Fiche ressource 3

14. Expliquer la raison pour laquelle la SA Faure doit verser deux acomptes provisionnels au titre de la CVAE en 2021.

15. Présenter l'échéancier concernant la CVAE de la SA Faure pour l'exercice 2021. Justifier le montant du solde.

16. Présenter les écritures comptables induites par cet échéancier à enregistrer dans les journaux de la SA Faure pour les exercices comptables 2021 et 2022.

III La taxe d'apprentissage

Le cabinet ExpertPlus est sollicité par M. François, gérant de la SARL Azur, qui s'interroge sur les obligations de sa société en matière de taxe d'apprentissage.
Mme Varlet vous charge de rédiger la réponse à apporter à M. François.

17. Présenter, sous forme de courriel, la réponse argumentée à adresser à M. François.

18. Présenter l'échéancier concernant la taxe d'apprentissage dont est redevable la SARL Azur au titre de 2021. Justifier tous les montants.

Annexes 2, 9, 10 et 11
Fiche ressource 3

Données de la situation

Annexe 1 Situations d'entreprises à analyser

1. M. Butor, artisan sellier, est installé à Nantes depuis 10 ans. Son cœur de métier est la réfection de tout type de sellerie et il s'est spécialisé dans la rénovation des sièges en cuir des voitures de collection. Il n'a aucun salarié mais emploie régulièrement un apprenti sous contrat. Le chiffre d'affaires HT dégagé en N par son activité est de 68 000 €.

2. M. Marin est exploitant viticole à Faugères. L'exploitation est une propriété familiale qui n'emploie aucun salarié. Son activité a dégagé en N un chiffre d'affaires HT de 46 000 €.

3. M. Parno est gérant minoritaire de la SARL Sana, spécialisée depuis treize ans dans la fabrication et la commercialisation de chaussures et d'accessoires en cuir de qualité. L'usine est installée à Lyon, où elle emploie douze salariés en CDI à temps complet. L'ensemble immobilier industriel figure au bilan de la SARL pour 1 950 000 €. La SARL Sana a réalisé en N un chiffre d'affaires HT de 542 400 €.

• • •

• • •

4. La SA Exotic a été créée le 1er mars N à Toulon, où sont installés les locaux administratifs et les entrepôts de stockage. Elle a pour activité la commercialisation en gros de produits alimentaires d'origine asiatique dans le réseau de la grande distribution. Elle emploie neuf salariés en CDI à temps complet. Pour cette première année d'activité, elle a réalisé un chiffre d'affaires HT de 178 560 €.

5. Mme Blanc est avocate spécialisée en droit de la famille. Installée à Limoges depuis six ans, elle est propriétaire de son local professionnel, qu'elle a choisi d'inscrire à son patrimoine professionnel. Son activité relève du régime du réel BNC – déclaration contrôlée. Elle emploie une secrétaire en CDI à mi-temps. Ses recettes s'élèvent pour N à 65 600 €.

Exemple de tableau à compléter

Personnes juridiques	CET		Taxe d'apprentissage*	Justification
	CFE*	CVAE*		

* Cocher la case si la personne est redevable ou non de la taxe concernée.

Annexe 2 Organisation mise en place par le cabinet ExpertPlus

Pour les clients qui confient au cabinet l'établissement des déclarations fiscales :

• En ce qui concerne la CET, l'organisation comptable suivante est mise en place : le compte 63511 « Contribution économique territoriale » est subdivisé en 635111 « CET/CFE » et 635112 « CET/CVAE » afin d'assurer un suivi de chacune des cotisations. De même, le compte 447 « Autres impôts, taxes et versements assimilés » est subdivisé en 4471 « CFE » et 4472 « CVAE ».

La comptabilisation des charges à payer, enregistrées lors des travaux de fin de période, fait l'objet d'une contre-passation en début d'exercice comptable suivant.

• En ce qui concerne la taxe d'apprentissage, pour les clients dont il assure la mission sociale, le cabinet gère les déclarations via la DSN, le suivi des versements à effectuer auprès des Opco de branche ainsi que le suivi des versements libératoires à des établissements de formation désignés par l'entreprise.

Annexe 3 Informations relatives au client SARL Azur

La SARL Azur est un nouveau client du cabinet ExpertPlus.

Dénomination	Azur
Statut juridique	SARL
Capital social	20 000 €
Date de création	1er janvier 2010
Gérant	Marc FRANÇOIS
Adresse	79 route d'Aix 13790 ROUSSET
Effectif salarié	5 salariés
Activité	Fabrication d'emballages papier et carton

• • •

• • •

La comptabilité de la SARL Azur était auparavant tenue par un comptable unique au sein de l'entreprise. Devant la croissance de son activité, le gérant a souhaité confier une partie des tâches au cabinet ExpertPlus.

À compter du 1er janvier 2021, il a été convenu avec M. François la répartition des tâches suivantes :

– le comptable de l'entreprise continue à assurer la tenue de la comptabilité des achats et des ventes ;

– le cabinet ExpertPlus prend en charge :

1) l'établissement des comptes annuels,
2) tout le domaine fiscal : établissements des déclarations de résultat de fin d'exercice, des déclarations de TVA et des autres déclarations fiscales (déclarations liées aux salaires, taxe sur les véhicules de société) ainsi que le suivi des échéances IS,
3) une grande partie du domaine social : établissement des bulletins de paie et des déclarations sociales périodiques *via* la DSN.

Annexe 4 Informations relatives à la CFE de la SARL Azur

La SARL Azur a été redevable, au titre de la CFE de 2020, d'un montant de 2 566 €.

Avis d'imposition CFE de la SARL Azur sur le site www.impots.gouv.fr

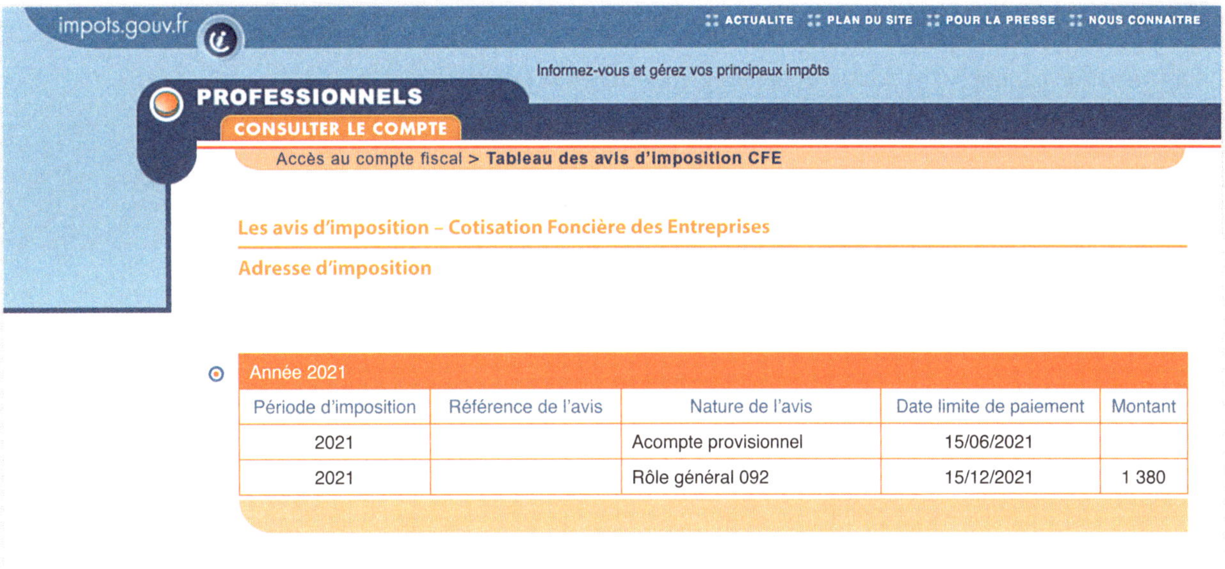

Année 2021				
Période d'imposition	Référence de l'avis	Nature de l'avis	Date limite de paiement	Montant
2021		Acompte provisionnel	15/06/2021	
2021		Rôle général 092	15/12/2021	1 380

La SARL a opté pour le prélèvement à échéance des sommes dues au titre de la CFE.

Annexe 5 Informations relatives à la CVAE de la SARL Azur

Sur la déclaration CVAE établie le 4 mai 2022 figurent les informations suivantes.

Montant du chiffre d'affaires de la période	463 800 €
Valeur ajoutée produite	158 400 €
Taux	0 %
Montant de la CVAE due	0 €

Annexe 6 Informations relatives au client SA Faure

La SA Faure est cliente du cabinet ExpertPlus depuis plusieurs années.

Dénomination	Faure
Statut juridique	SA
Capital social	50 000 €
Date de création	1er janvier 2001
PDG	Michel FAURE
Adresse	97 route de Toulon 13400 AUBAGNE
Effectif salarié	47 salariés
Activité	Fabrication de carrelage en terre cuite

Suite à un entretien avec M. Faure, l'expert-comptable a établi une lettre de mission précisant la mission de base à réaliser par le cabinet. Ce document précise, notamment, que le cabinet s'occupe :
- de la tenue totale de la comptabilité ;
- du secrétariat juridique ;
- de l'établissement des déclarations fiscales ;
- de l'établissement des comptes annuels ;
- de la paie et du social ;
- de l'attestation sur la cohérence et la vraisemblance des comptes.

Le cabinet ExpertPlus a organisé l'enregistrement comptable des différentes opérations réalisées de la façon suivante :
- un journal des achats (AC) ;
- un journal des ventes (VE) ;
- un journal de banque (BA) pour l'enregistrement de toutes les opérations (recettes/dépenses) effectuées par l'intermédiaire du compte en banque professionnel à la BNP ;
- un journal de caisse (CA) ;
- un journal des opérations diverses pour toutes les autres opérations (bulletins de paie, charges sociales, déclaration de TVA, opérations d'inventaire…).

Annexe 7 Informations relatives à la CFE de la SA Faure

La SA Faure est installée à Aubagne. Elle a été redevable de 17 820 € au titre de la CFE de 2020.
La valeur locative de son ensemble immobilier industriel est évaluée à 48 987 € pour l'année 2019. La CFE dont elle est redevable au titre de 2021 s'établit à 9 187 €.
La SA a opté pour le prélèvement à l'échéance des sommes dues au titre de la CFE.
Après consultation de son site professionnel en ligne, les informations suivantes ont été relevées :

Avis d'acompte provisionnel CFE de la SA Faure

impots.gouv.fr

ACTUALITE PLAN DU SITE POUR LA PRESSE NOUS CONNAITRE

Informez-vous et gérez vos principaux impôts

PROFESSIONNELS

CONSULTER LE COMPTE

Accès au compte fiscal > **Tableau des avis d'imposition CFE**

Les avis d'imposition – Cotisation Foncière des Entreprises

Adresse d'imposition

Année 2021

Période d'imposition	Référence de l'avis	Nature de l'avis	Date limite de paiement	Montant
2021		Acompte provisionnel	15/06/2021	4 455

Avis du solde CFE de la SA Faure

Année 2021

Période d'imposition	Référence de l'avis	Nature de l'avis	Date limite de paiement	Montant
2021		Acompte provisionnel	15/06/2021	4 455
2021		Rôle général 092	15/12/2021	4 732

Annexe 8 Informations relatives à la CVAE de la SA Faure

La SA Faure a été redevable de 7 560 € au titre de la CVAE de 2020.
Sur la déclaration 1330-CVAE souscrite le 4 mai 2022 figurent les informations suivantes.

Montant du chiffre d'affaires de la période	3 903 700 €
Valeur ajoutée produite	1 366 300 €
Taux	0,31 %
Dégrèvement	6 012 €
Montant de la CVAE due	4 326 €

Les relevés d'acompte accompagnés des déclarations 1329-AC ont été télétransmis depuis l'espace professionnel de la SA Faure. La SA télérègle *via* son compte professionnel sur le site www.impots.gouv.fr.

Informations extraites des déclarations 1329-AC / CVAE due au titre de 2021

	Montant à payer
1er acompte provisionnel CVAE	1 890 €
2e acompte provisionnel CVAE	1 890 €

La liquidation et la régularisation de la CVAE due au titre de 2021 a donné lieu à la souscription d'une déclaration 1329-DE télétransmise avec télépaiement du solde.

Information extraite de la déclaration 1329-DE / CVAE due au titre de 2021

	Montant à payer
Liquidation et régularisation solde CVAE 2021	456 €

Annexe 9 Mail de M. François, gérant de la SARL Azur

M. François s'interroge sur les obligations fiscales de la SARL Azur en matière de taxe d'apprentissage.

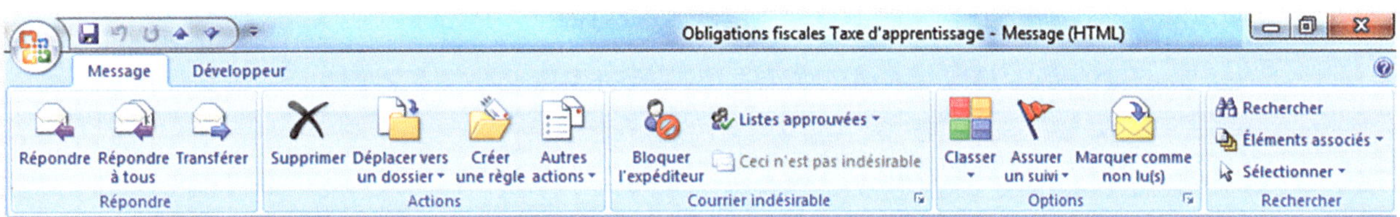

De : francois-azur@free.fr Date 12/10/2020
À : expertplus@orange.fr
Objet : Obligations fiscales Taxe d'apprentissage

Bonjour,

Je m'interroge sur les obligations fiscales de la SARL Azur en matière de taxe d'apprentissage. Pouvez-vous me préciser ses modalités de calcul, base d'imposition et taux, ainsi que ses composantes ?

Sur quelle déclaration et à quelle date faut-il informer l'administration fiscale que notre entreprise est redevable de cette taxe ? Comment est-elle recouvrée ?

La SARL devait s'acquitter en 2020 d'un montant de 678 € au titre de la taxe d'apprentissage sur les rémunérations de 2020. En fait, la SARL a dû effectuer un virement de 1 356 €. Je ne m'explique pas la raison de cette majoration. Avez-vous une réponse à m'apporter ?

Merci pour vos conseils,

Cordialement,

M. François

Annexe 10 Informations relatives à la taxe d'apprentissage de la SARL Azur due au titre de 2020

Extrait du grand-livre

631200 Taxe d'apprentissage						
Date	Journal	N° de pièce	Libellé	Débit	Crédit	Solde
14/04/2021	BQ	256	Virement SIE	1 356,00		1 356,00
[...]	[...]	[...]	[...]	[...]	[...]	[...]

Le comptable de la SARL Azur n'a procédé à aucun versement libératoire auprès d'un organisme collecteur de taxe d'apprentissage pour les 678 € de taxe dont la SARL était redevable au titre de 2020. Il a acquitté la taxe d'apprentissage le 14 avril 2020 auprès du SIE.

Imprimé 2485-SD envoyé au SIE par la SARL Azur le 14 avril 2019

RÉPUBLIQUE FRANÇAISE
Liberté Égalité Fraternité

BORDEREAU DE VERSEMENT

N° 2485-SD
cerfa
N° 13604*13

CONTRIBUTION UNIQUE À LA FORMATION PROFESSIONNELLE ET À L'ALTERNANCE
CONTRIBUTION SUPPLÉMENTAIRE À L'APPRENTISSAGE
CONTRIBUTION DÉDIÉE AU FINANCEMENT DU COMPTE PERSONNEL DE FORMATION POUR LES TITULAIRES D'UN CONTRAT À DURÉE DÉTERMINÉE
PARTICIPATION DES EMPLOYEURS À L'EFFORT DE CONSTRUCTION
PARTICIPATION DES EMPLOYEURS À L'EFFORT DE CONSTRUCTION AGRICOLE

Ce bordereau, accompagné de votre paiement, est à remettre à votre service des impôts des entreprises au plus tard le 30 avril 2021, si vous n'avez pas acquitté ces taxes auprès des organismes collecteurs ou opérateurs de compétences avant le 1er mars 2021 ou, pour la participation à l'effort de construction, avant le 31 décembre de l'année précédente.

Les sommes restant dues à compter de ces dates doivent être majorées du montant de l'insuffisance de paiement ou, pour la participation des employeurs ou des employeurs agricoles à l'effort de construction, donner lieu à l'application d'une cotisation au taux de 2 %.

Une fiche d'aide au calcul est à votre disposition au dos de ce bordereau de versement.

DÉNOMINATION DE L'ENTREPRISE	SARL AZUR
ADRESSE	79, route d'Aix 13760 ROUSSET
N° SIREN	

CONTRIBUTION UNIQUE À LA FORMATION PROFESSIONNELLE ET À L'ALTERNANCE

- ***Taxe d'apprentissage pour les rémunérations versées en 2020***

Versements libératoires de 13 %

- Montant restant dû des sommes dues au titre des versements libératoires en matière de taxe d'apprentissage (13 %) .... = 0
  (case Z1 de l'aide au calcul) .... (code R17 : 0985)
  Majoration de 100 % .... = 0
  (case Z2 de l'aide au calcul) .... (code R 17 : 0999)

Versements de 87 %

- Montant restant dû des sommes dues au titre des versements en matière de taxe d'apprentissage (87 %) .... = 678
  (case Z3 de l'aide au calcul) .... (code R17 : 0985)
  Majoration de 100 % .... = 678
  (case Z4 de l'aide au calcul) .... (code R 17 : 0999)

TOTAL À VERSER : .... = 1 356

Annexe 11 Informations relatives à la taxe d'apprentissage de la SARL Azur due au titre de 2021

Le cabinet a indiqué sur la DSN souscrite le 5 janvier 2022, dans la rubrique « Assujettissement aux taxes », que la SARL Azur était assujettie à la taxe d'apprentissage sur une base arrondie d'imposition de 102 727 €. La SARL est donc redevable de 699 € de taxe d'apprentissage au titre de 2021 dont 608 € au titre du financement de l'apprentissage.
Un premier virement de 271 € a été adressé à l'OPCO le 25/09/2021. Un autre virement de 337 € a été établi en date du 10/02/2022.

Fiche ressource 1

La contribution économique territoriale (CET)

La loi des finances pour 2021 a été la baisse des impôts de production, CFE, CVAE et taxes foncières.

I La CET : une taxe en deux composantes

La CET est composée de la cotisation foncière des entreprises (CFE) et de la cotisation sur la valeur ajoutée des entreprises (CVAE).

Les entreprises et les personnes physiques ou morales qui exercent, en France, une activité professionnelle non salariée (entreprises industrielles et commerciales ou titulaires de BNC) sont redevables :

– de la CFE calculée sur la valeur locative des biens soumis à la taxe foncière (locaux et terrains) ;

– de la CVAE lorsque leur chiffre d'affaires excède 152 500 €, calculée sur la valeur ajoutée de l'entreprise.

Cette taxe est perçue au profit des collectivités territoriales : communes et départements.

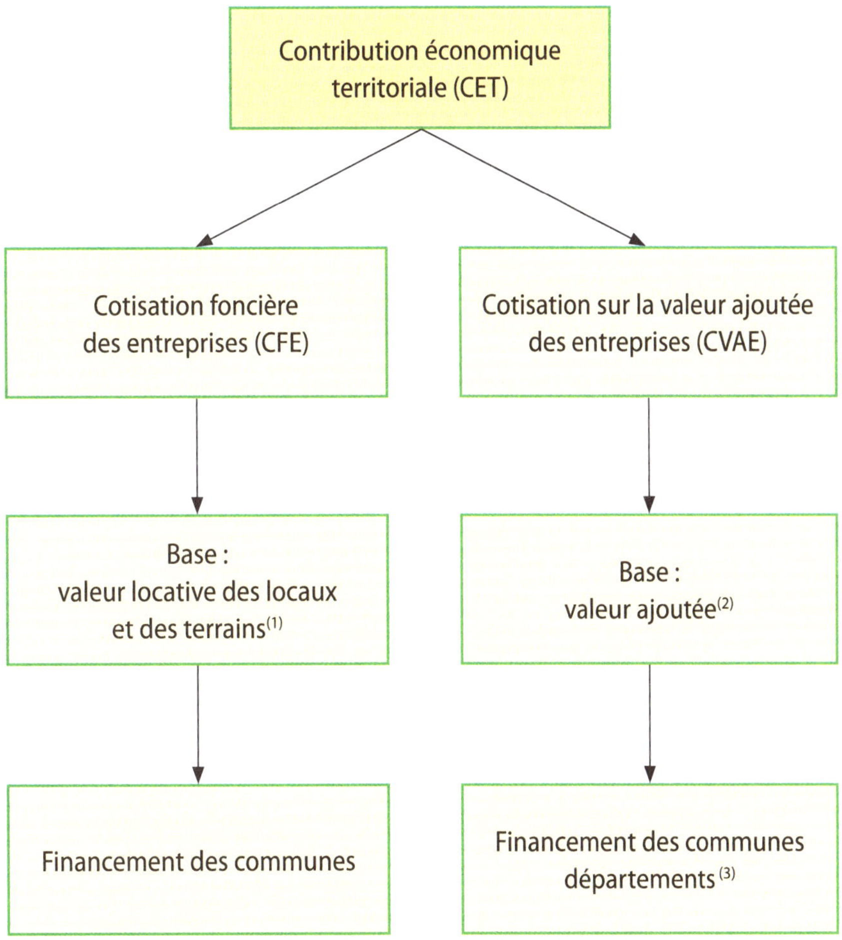

NB : À compter de 2021 :

(1) baisse des valeurs locatives des immobilisations industrielles bâties.

(2) réduction de moitié des taux d'imposition sur la valeur ajoutée.

(3) suppression de la part de 50 % de CVAE revenant aux régions.

II La CET, une taxe plafonnée

Les entreprises redevables de la CET bénéficient d'un plafonnement. À compter de 2021, le taux de plafonnement est ramené à 2 % de la valeur ajoutée.

> CET = CFE + CVAE = plafonnement à 2 % de la valeur ajoutée

III La CET, une taxe due si l'activité est exercée au 1er janvier de l'année d'imposition

Les entreprises qui exercent leur activité au 1er janvier de l'année d'imposition sont redevables de la CET. La CFE et la CVAE sont à comptabiliser en charges au titre de l'exercice en cours dans le compte 63511 « Contribution économique territoriale », qui pourra être subdivisé en deux sous-comptes : 635111 « CFE » et 635112 « CVAE ».

> Exemple
>
> Le comptable d'une PME industrielle, installée à Toulouse depuis le 1er janvier 2005, procède à la détermination du montant de la CET dont l'entreprise est redevable au titre de l'année 2021. L'exercice comptable correspond à l'année civile.
>
> On vous communique les informations suivantes pour l'année 2021 :
> – chiffre d'affaires HT réalisé : 8 650 000 € ;
> – valeur ajoutée réalisée : 2 980 000 €.
> À l'actif du bilan de l'entreprise, on trouve un ensemble immobilier industriel (bâtiments de l'usine et terrains) pour une valeur de 3 535 600 € (valeur locative : 108 000 €) ainsi que des équipements et matériels industriels pour une valeur de 1 548 000 €.
> Le taux d'imposition à la CFE de la ville de Toulouse est de 32,90 %.
> Un abattement de 30 % de la base d'imposition est prévu pour les établissements industriels.
> Le taux de la CVAE est de 0,615 %, compte tenu du montant de la VA et du CA réalisés par l'entreprise en 2021.
>
> **Détermination du montant de la CET dont l'entreprise est redevable au titre de 2021**
> L'entreprise exerce son activité au 1er janvier 2021. Elle est bien redevable de la CET au titre de 2021.
>
> 1. Calcul de la CFE
> Pour calculer la CFE, il ne faut retenir comme base d'imposition que la valeur locative des immobilisations soumises à la taxe foncière (locaux et terrains), soit 108 000 €, valeur locative de l'ensemble immobilier industriel.
> L'entreprise étant industrielle, elle va bénéficier de l'abattement de 30 % sur sa base d'imposition.
> La CFE s'élève donc à : 108 000 × (1 – 0,30) × 32,90 % = 24 872 €.
>
> 2. Calcul de la CVAE
> La CVAE est obtenue en appliquant le taux à la valeur ajoutée : 2 980 000 × 0,615 % = 18 327 €.
>
> 3. Calcul de la CET
> CET = CFE + CVAE : 24 872 + 18 327 = 43 199 €
> La CET s'élève donc à 43 199 €.
>
> 4. Plafonnement de la CET en fonction de la valeur ajoutée
> 2 % de la valeur ajoutée représentent : 2 % × 2 980 000 = 59 600 €.
> Le montant de la CET, soit 43 199 €, n'excédant pas 2 % de la VA, soit 59 600 €, l'entreprise ne peut donc pas demander à bénéficier d'un dégrèvement pour plafonnement de la CET.
> Elle devra verser 43 199 € au titre de la CET de 2021.

Fiche ressource 2

La cotisation foncière des entreprises (CFE)

Cette taxe est due dans chacune des communes où l'entreprise dispose de locaux ou de terrains.

Champ d'application	La CFE est due par les entreprises et les personnes physiques qui exercent au 1er janvier de l'année d'imposition en France, de manière habituelle, une activité professionnelle non salariée, quels que soient leur statut juridique, leur activité et leur régime d'imposition. En pratique, sont soumis à la CFE : – les exploitants individuels qui relèvent du régime fiscal des BIC ; – les sociétés soumises à l'IS ; – les activités libérales (régime des BNC).
Exonérations	• Sont **exonérés de plein droit** : – les activités artisanales (artisan travaillant seul, main-d'œuvre familiale ou apprenti) ; – les exploitants agricoles ; – les activités non commerciales (activités artistiques, établissements privés d'enseignement…) ; – certaines activités industrielles ou commerciales (presse, activité portuaire, coopératives ouvrières de production…). • Les **communes** peuvent aussi prévoir des **exonérations permanentes ou temporaires** en faveur de certains établissements.
Calcul et base	• **Période de référence** La période retenue pour déterminer la base d'imposition est l'avant-dernière année, soit **N-2.** Pour la cotisation due en 2021, sont pris en compte les biens utilisés en 2019. • **Taux** Le taux de la CFE est déterminé par **délibération de la commune** sur le territoire duquel le redevable dispose de biens imposables. • **Base** La CFE est calculée sur la **valeur locative des biens immobiliers** passibles d'une taxe foncière (locaux et terrains) et utilisés par l'entreprise pour les besoins de son **activité professionnelle** La LF 2021 revoit à la baisse le calcul des valeurs locatives des immobilisations industrielles bâties. • **Réduction de la base d'imposition** – Les bases des **établissements industriels** sont **réduites de 30 %.** – La base d'imposition est réduite dans certains cas : pour certaines activités saisonnières (restaurants, cafés), pour les artisans employant trois salariés maximum… • **Cotisation minimale** Lorsque la valeur locative est très faible, **une cotisation forfaitaire minimum est due par les redevables de la CFE** dans la commune de leur principal établissement. Son montant, fixé par le conseil municipal, doit être compris dans une fourchette qui varie **en fonction du chiffre d'affaires** HT de l'entreprise.
Déclaration	**Il n'y a pas de déclaration annuelle à effectuer.** Sauf cas particuliers : une déclaration 1447-M doit être déposée avant le deuxième jour ouvré suivant le 1er mai par les entreprises qui : • demandent à bénéficier d'une exonération ; • souhaitent signaler un changement : – une augmentation ou une diminution de la surface des locaux, – la cessation ou la fermeture de l'installation ou de l'établissement.

• • •

<table>
<tr><td>Pour les entreprises nouvelles</td><td>Les entreprises nouvellement créées ne sont pas soumises durant l'année de leur création.
Lors de la première année d'imposition, elles bénéficient d'une réduction de 50 % de la base d'imposition. Exemple : une entreprise créée en 2021 n'est pas soumise à la CFE en 2021 et sera soumise en 2022 sur 50 % de la base d'imposition.
À compter de 2021 les communes exonérent de CFE pendant 3 ans les nouveaux établissements ou les extensions.

Le créateur ou repreneur d'entreprise doit déposer la déclaration 1447-C-SD avant le 31 décembre de l'année de création ou de reprise, afin que les éléments d'imposition pour l'année suivante soient établis.</td></tr>
<tr><td>Paiement</td><td>• Acompte
Les entreprises, non mensualisées, dont la cotisation CFE due en N-1 a atteint au moins 3 000 € doivent verser, avant le 15 juin N, un acompte égal à 50 % de la cotisation de N-1.
• Solde
Le solde de la CFE doit être réglé au plus tard le 15 décembre N de chaque année, déduction faite de l'éventuel acompte versé le 15 juin N.
• Le paiement doit obligatoirement être effectué de façon dématérialisée :
– télérèglement via le compte fiscal en ligne ;
– prélèvement mensuel (adhésion possible jusqu'au 30 juin) ;
– prélèvement à l'échéance (adhésion possible jusqu'au 30 novembre pour le paiement du solde).
Les établissements redevables ne reçoivent plus ni avis d'imposition ni avis d'acompte par voie postale. Ils doivent se rendre dans leur espace professionnel du site www.impots.gouv.fr, préalablement aux échéances de paiement des 15 juin (acompte) et 15 décembre (solde), afin de consulter leur avis.</td></tr>
<tr><td>Traitement comptable</td><td>• Comptabilisation du paiement de l'acompte au plus tard le 15/06/N
<table>
<tr><th>Compte à débiter</th><th>Compte à créditer</th></tr>
<tr><td>4471 « Autres impôts, taxes et versements assimilés / CFE »</td><td>51 Compte de trésorerie</td></tr>
</table>
• Comptabilisation de la CFE en charge au plus tard au 15/12/N
<table>
<tr><th>Compte à débiter</th><th>Compte à créditer</th></tr>
<tr><td>635111 « CFE »</td><td>4471 « Autres impôts, taxes et versements assimilés / CFE »</td></tr>
</table>
• Comptabilisation du paiement du solde au plus tard au 15/12/N
<table>
<tr><th>Compte à débiter</th><th>Compte à créditer</th></tr>
<tr><td>4471 « Autres impôts, taxes et versements assimilés / CFE »</td><td>51 Compte de trésorerie</td></tr>
</table></td></tr>
</table>

NB : Afin de prendre en compte la baisse de la valeur locative des établissements industriels, le contribuable peut réduire le montant de l'acompte dû au 15/06/21 à 25 % du montant de la CFE recouvrée en 2020 (art. 1679 CGI).

Fiche ressource 3

La cotisation sur la valeur ajoutée des entreprises (CVAE)

Cette taxe est répartie entre les collectivités territoriales : communes, départements, régions.

Champ d'application	La CVAE est due par les entreprises ou les personnes exerçant en France une activité professionnelle non salariée et qui remplissent les conditions suivantes : – le **chiffre d'affaires** de l'exercice N est **supérieur à 152 500 €** ; – elles **exercent**, le **1er janvier de l'année d'imposition**, une **activité soumise à la CFE**.
Calcul et base	• **Période de référence** La CVAE est déterminée en fonction du chiffre d'affaires (CA) réalisé et de la valeur ajoutée (VA) produite au cours de l'**année d'imposition N.** Exemple : la CVAE de 2021 est calculée sur le CA et la VA de 2021. • **Base** La **VA** qui **sert de base** est égale à la différence entre le CA (ventes de produits fabriqués, prestations de services et marchandises, redevance pour concessions…) et les charges (achats de biens et de services extérieurs…). • **Taux** À compter de 2021, en théorie la CVAE est égale à 0,75 % de la VA. Cependant, comme les entreprises dont le CA est inférieur à 50 millions d'euros bénéficient d'un dégrèvement, en réalité, le taux d'imposition est variable selon le CA réalisé : – si le CA est inférieur à 500 000 €, le taux réel est 0 % ; – si le CA est compris entre 500 000 € et 50 millions d'euros, le taux réel est compris entre 0 et 0,75 % ; – si le CA est supérieur à 50 millions d'euros, le taux réel est de 0,75 %. Dégrèvement supplémentaire : pour les entreprises dont le CA est inférieur à 2 millions d'euros, le dégrèvement est majoré de 500 €. • **Cotisation minimale** Les entreprises réalisant un chiffre d'affaires supérieur à 500 000 € et pour lesquelles le montant de la CVAE serait inférieur à 125 € doivent obligatoirement verser une contribution minimum de 125 €.
Déclaration 1330-CVAE	La **télédéclaration** est obligatoire. Les entreprises assujetties à la CVAE et dont le **chiffre d'affaires est supérieur à 152 500 € HT** doivent **déposer une déclaration 1330-CVAE.** La télédéclaration doit être effectuée au plus tard le **deuxième jour ouvré suivant le 1er mai N+1** (soit entre le 3 et le 5 mai) avec un délai supplémentaire de 15 jours calendaires pour les déclarants EDI ou EFI. L'entreprise déclare sa valeur ajoutée et ses effectifs salariés employés dans chaque commune où elle dispose d'établissements.
Paiement	Les entreprises redevables de la CVAE doivent obligatoirement en effectuer le **paiement par voie électronique.** • **Acomptes** (télétransmission du relevé d'acompte 1329-AC) **Deux acomptes de 50 %** de la cotisation due calculée d'après la valeur ajoutée mentionnée sur la dernière déclaration de résultat doivent être versés : – au plus tard le 15 juin N ; – au plus tard le 15 septembre N. Il n'y a pas d'acomptes si le montant de **la CVAE N-1 ne dépasse pas 1 500 €.** • **Solde** Au plus tard le **deuxième jour ouvré suivant le 1er mai de l'année N+1**, l'entreprise doit procéder à la liquidation et à la régularisation de la CVAE due au titre de N qui donnent lieu à la souscription d'une déclaration 1329-DEF. La déclaration doit être accompagnée, s'il y a lieu, du versement du solde de la CVAE : **CVAE N due – les deux acomptes versés en N.**

• • •

• • •

Traitement comptable

La CVAE est à comptabiliser dans les charges de l'exercice N (année d'exigibilité de la taxe).

Les acomptes sont versés au 15 juin N et au 15 septembre N. La liquidation de la taxe et le versement du solde sont effectués en mai de l'année suivante.
Par conséquent, pour les entreprises qui clôturent au 31 décembre de chaque année, il convient de constater une charge à payer dont le solde sera à verser en mai de l'année suivante.

• **Comptabilisation du paiement des acomptes**
1er acompte : au plus tard le 15/06/N
2e acompte : au plus tard le 15/09/N

Compte à débiter	Compte à créditer
4472 « Autres impôts, taxes et versements assimilés / CVAE »	**51** Compte de trésorerie

• **Comptabilisation de la CVAE en charge à payer** au 31/12/N

Compte à débiter	Compte à créditer
635112 « CVAE »	**4486** « État – Charges à payer »

• **Contre-passation de la charge à payer** au 01/01/N+1

Compte à débiter	Compte à créditer
4486 « État – Charges à payer »	**635112** « CVAE »

• **Comptabilisation du solde à payer** au plus tard le 2e jour ouvré suivant le 01/05/N +1

Compte à débiter	Compte à créditer
635112 « CVAE »	– Pour le solde des acomptes versés en N : **4472** « Autres impôts, taxes et versements assimilés / CVAE » – Pour le solde à payer : **51** Compte de trésorerie

Fiche ressource 4

La taxe d'apprentissage (TA)

La TA est une obligation fiscale qui a pour objet de faire participer les employeurs au financement de l'apprentissage et des premières formations technologiques et professionnelles.

Depuis le 01/01/2019, la contribution à la formation professionnelle et la taxe d'apprentissage sont regroupées dans la contribution unique à la formation professionnelle et à l'alternance (CUFPA), mais chacune des deux taxes conserve sa spécificité.

Le régime de la TA a été réformé et ses modalités de recouvrement évoluent avec mise en place d'un régime transitoire au titre des rémunérations versées en 2019, 2020 et 2021.

Champ d'application	Sont **redevables** de la TA toutes les entités juridiques qui exercent une activité à caractère industriel, commercial ou artisanal et qui réunissent trois conditions cumulatives : – être soumises au droit français (principe de territorialité), – être assujetties à l'impôt sur les sociétés (IS) ou aux bénéfices industriels et commerciaux (BIC) au titre de l'impôt sur le revenu, – avoir au moins un salarié (qui compose la masse salariale) La TA est **due dès la première année de création** de l'entreprise dès lors qu'elle compte au moins un salarié. En sont **exonérées** : – les petites **entreprises** qui **emploient** un ou plusieurs **apprentis et** dont la **base d'imposition** (l'ensemble des rémunérations) **ne dépasse pas 6 fois le Smic annuel** (soit 111 924 € pour la taxe due en 2021) ; – les sociétés et personnes morales dont l'objet exclusif est l'enseignement.
Calcul et base	• **Période de référence** La **TA due au titre de N** est calculée sur la **masse salariale de N**. • **Base** La base de calcul de la TA est la **même que celle des cotisations de Sécurité Sociale**, soit les rémunérations brutes versées aux salariés de l'entreprise pendant l'année de référence (salaires, gains, indemnités, primes, gratifications, avantages en nature…). Les rémunérations versées aux apprentis par les entreprises qui emploient moins de 11 salariés sont exonérées de TA. • **Taux** Le taux de la TA est de **0,68 %** • **Composantes de la TA** La TA due par l'employeur est ventilée en deux composantes : – 87% de la TA est destinée au financement de l'apprentissage et mise en recouvrement – 13% de la TA est consacrée à des dépenses libératoires effectuées librement et directement par l'employeur auprès d'établissements de formation habilités qui délivrent un reçu de versement.
Déclaration	La TA ne fait pas l'objet d'une déclaration spécifique, mais les entreprises indiquent, pour chacun de leurs établissements, **sur la dernière DSN*déposée au titre de l'année civile**, celle de décembre, dans la **rubrique « Assujettissement fiscal »**, si elles sont assujetties à la taxe d'apprentissage et sur quelle **base d'imposition**. *Déclaration Sociale Nominative

• • •

...

Recouvrement	La réforme prévoit qu'à compter de 2022, la TA sera recouvrée par l'URSSAF au même titre que les cotisations de sécurité sociale. D'ici là un régime transitoire s'applique. Le recouvrement est assuré par des organismes collecteurs (Opco : Organismes de compétences) de branche. Pour 2021 (N) : • Versement d'acompte : – pour les entreprises de moins de 11 salariés : au 15/09/N = 40 % x taxe de N-1 – pour les entreprises de 11 salariés et plus : au 01/03/N = 60 % x taxe de N-1 au 15/09/N = 38 % x taxe de N-1 • Versement avant le 1er mars N+1 du solde de la taxe calculée sur la base de N, après déduction des acomptes versés dans l'année.
Insuffisance de versement	À **défaut de versement** ou en cas de **versement insuffisant** de la TA à un Opco **avant le 1er mars N+1**, l'entreprise doit effectuer un **paiement de régularisation auprès du service des impôts des entreprises (SIE)** dont elle dépend. Ce paiement doit être accompagné d'un bordereau de versement (formulaire n° 2485-SD) déposé **au plus tard le 30 avril N+1.** Le paiement de la TA fait alors l'objet d'une **majoration égale au montant de l'insuffisance constatée** : l'entreprise doit donc verser le montant de la taxe majoré de 100 % (soit le double).
Traitement comptable	La taxe d'apprentissage constitue une **charge de l'exercice** au cours duquel le **versement des salaires** de référence a eu lieu et non de celui au cours duquel elle devient exigible. À la **clôture de l'exercice**, les versements à effectuer sur N + 1 donnent lieu à la constatation d'une **charge à payer** portée : – au crédit du compte 4386 « Organismes sociaux - Charges à payer » lorsque l'entreprise verse la taxe à des organismes collecteurs. La charge est alors enregistrée au débit du compte de charges 6335 « Versements libératoires ouvrant droit à l'exonération de la taxe d'apprentissage ». – au crédit du compte 4486 « État - Charges à payer », lorsque l'entreprise verse la taxe directement à l'État (en contrepartie du débit du compte 6312 « Taxe d'apprentissage ») • **Comptabilisation de la charge à payer au 31/12/N** Compte à débiter : **6335** Versements libératoires ouvrant droit à l'exonération de la taxe d'apprentissage — Compte à créditer : **4386** Organismes sociaux - Charges à payer • **Contrepassation de la charge à payer au 01/01/N+1** Compte à débiter : **4386** Organismes sociaux - Charges à payer — Compte à créditer : **6335** Versements libératoires ouvrant droit à l'exonération de la taxe d'apprentissage • **Comptabilisation du versement avant le 1er mars N +1** Compte à débiter : **6335** Versements libératoires ouvrant droit à l'exonération de la taxe d'apprentissage — Compte à créditer : **51** Compte de trésorerie NB : les écritures avec versement d'acomptes du régime transitoire ne sont pas présentées.
Contribution supplémentaire à l'appren-tissage (CSA)	Les entreprises de 250 salariés et plus qui n'atteignent pas le seuil de 5 % d'alternants sont redevables de la CSA avec un taux variable (de 0.05 % à 0.4 % de la masse salariale) à verser avant le 1er mars N+1 aux Opco puis à l'URSSAF en 2022. À compter de 2022, seront exonérées de CSA les entreprises dont le nombre d'alternants a progressé d'au moins 10 % en 1 an.

Applications

1 Contrôle des comptes de la SAS Bono

La SAS Bono a pour activité la fabrication de viennoiseries et pâtisseries industrielles.
Vous êtes sollicité(e) par son comptable pour effectuer le contrôle des comptes après enregistrement des opérations liées aux autres impôts directs dont cette entreprise est redevable. N = 2021

À l'aide des annexes 1, 2, 3, 4 et 5, répondez aux questions suivantes.

1. **Préciser l'erreur de comptabilisation qui a été commise lors de l'enregistrement de la CFE.**
2. **Indiquer le solde de CVAE dont l'entreprise est redevable. À quelle date au plus tard le télépaiement devra-t-il avoir lieu ?**
3. **Conseiller le comptable de la société afin de permettre un contrôle et un suivi plus aisés du compte 635110 « Contribution économique territoriale ».**
4. **Indiquer l'erreur d'imputation comptable qui a été commise lors de l'enregistrement de la taxe d'apprentissage. À quelle date au plus tard cette taxe devra-t-elle être payée ?**

Document 1 Évolution du chiffre d'affaires et de la valeur ajoutée

	N-1	N
Chiffre d'affaires	2 750 000 €	2 900 000 €
Valeur ajoutée	1 750 000 €	1 950 000 €

Document 2 CFE et CVAE à payer par la SAS Bono

	N-1	N
CFE	44 000 €	23 400 €
CVAE	7 874 €	4 680 €

Document 3 Taxe d'apprentissage à payer par la SAS Bono

La SAS Bono emploie 18 salariés en CDI. Elle est redevable au titre de N, d'un montant de taxe d'apprentissage (part de 87 %) de 2 662 € qui sera acquittée auprès de l'Ocpo Ocapiat, opérateur de compétences des industries alimentaires. Elle a versé les deux acomptes en N soit 2 493 €.

Document 4 Extrait du plan de comptes général de la SAS Bono

N° de compte	Intitulé du compte
438600	Organismes sociaux – Charges à payer
447100	Autres impôts, taxes et versements assimilés / CFE
447200	Autres impôts, taxes et versements assimilés / CVAE
448600	État – Charges à payer
631200	Taxe d'apprentissage
633500	Versements libératoires ouvrant droit à l'exonération de la taxe d'apprentissage
635110	Contribution économique territoriale

Document 5 Extrait du grand-livre des comptes de la SAS Bono au 31/12/N

438600 Organismes sociaux – Charges à payer

Date	Journal	N° de pièce	Libellé	Débit	Crédit	Solde
[...]	[...]	[...]	[...]	[...]	[...]	[...]
31/12/N	OD	235	Taxe d'apprentissage N		2 662,00	– 2 662,00

447100 Autres impôts, taxes et versements assimilés / CFE

Date	Journal	N° de pièce	Libellé	Débit	Crédit	Solde
[...]	[...]	[...]	[...]	[...]	[...]	[...]
15/06/N	BQ	380	Avis d'acompte CFE	11 000,00		11 000,00
15/12/N	OD	198	Avis d'imposition CFE		23 400,00	– 12 400,00
15/12/N	BQ	576	Télépaiement CFE	23 400,00		11 000,00

447200 Autres impôts, taxes et versements assimilés / CVAE

Date	Journal	N° de pièce	Libellé	Débit	Crédit	Solde
[...]	[...]	[...]	[...]	[...]	[...]	[...]
15/06/N	BQ	381	1er acompte CVAE	1 968,00		1 968,00
15/09/N	BQ	429	2e acompte CVAE	1 969,00		3 937,00

448600 État – Charges à payer

Date	Journal	N° de pièce	Libellé	Débit	Crédit	Solde
[...]	[...]	[...]	[...]	[...]	[...]	[...]
31/12/N	OD	236	Déclaration 1330-CVAE N		4 680,00	– 4 680,00

631200 Taxe d'apprentissage

Date	Journal	N° de pièce	Libellé	Débit	Crédit	Solde
[...]	[...]	[...]	[...]	[...]	[...]	[...]
31/12/N	OD	235	Taxe d'apprentissage N	2 662,00		2 662,00

635110 Contribution économique territoriale

Date	Journal	N° de pièce	Libellé	Débit	Crédit	Solde
15/12/N	OD	198	Avis d'imposition CFE N	23 400,00		23 400,00
31/12/N	OD	236	Déclaration1330-CVAE N	4 680,00		28 080,00

2 Cabinet d'expertise comptable ComptaSud

Vous êtes en stage dans le cabinet d'expertise comptable ComptaSud. Suite à des demandes répétées des clients du cabinet, votre tutrice, Mme Bischof, vous demande d'effectuer des recherches afin de rédiger une note sur les obligations de ses clients en matière de conservation et d'archivage des documents et des pièces justificatives.
Afin d'illustrer votre note, vous prendrez pour exemple la conservation et l'archivage des documents relatifs aux autres impôts directs dont les entreprises sont redevables.

À l'aide des annexes 1, 2 et de vos recherches, rédigez la note qui sera adressée aux clients du cabinet comptable.

Document 1 Les obligations fiscales de conservation et la procédure d'archivage

Les obligations fiscales de conservation et de présentation

1. Le *Livre des procédures fiscales* définit les obligations de conservation des documents sur lesquels l'Administration peut exercer son contrôle :

« Les livres, registres, documents ou pièces sur lesquels peuvent s'exercer les droits de communication, d'enquête et de contrôle de l'Administration doivent être conservés pendant un délai de six ans à compter de la date de la dernière opération mentionnée sur les livres ou registres ou de la date à laquelle les documents ou pièces ont été établis.
Sans préjudice des dispositions du premier alinéa, lorsque les livres, registres, documents ou pièces mentionnés au premier alinéa sont établis ou reçus sur support informatique, ils doivent être conservés sous cette forme pendant une durée au moins égale au délai prévu au premier alinéa. »

2. L'article 54 du CGI prévoit, quant à lui, les obligations de présentation : les contribuables « sont tenus de représenter à toute réquisition de l'Administration tous documents comptables, inventaires, copies de lettres, pièces de recettes et de dépenses de nature à justifier l'exactitude des résultats indiqués dans leur déclaration ».

Cette double obligation vise à permettre l'exercice du droit de contrôle.

[...] La conservation sur support informatique autorise l'entreprise à ne pas constituer d'archivage supplémentaire sur support papier.

[...] Si le document comptable obligatoire a été établi de façon dématérialisée, il doit être conservé sur un support informatique. Dès lors, la seule impression papier ne permet pas de considérer que l'obligation de conservation est satisfaite.

[...] Les pièces justificatives établies sur support informatique doivent répondre aux mêmes obligations de conservation.

La procédure d'archivage

Les déclarations fiscales déposées reposent sur les informations issues du système informatisé de l'entreprise.

[...] Il est préconisé de mettre en place une procédure d'archivage pour figer l'ensemble des informations dont la conservation est obligatoire.

Une procédure d'archivage vise les objectifs suivants :
– donner une date certaine aux documents et données pour une période utile (période comptable, exercice comptable et fiscal) ;
– copier sur support informatique pérenne ces documents et données, de manière à permettre leur exploitation indépendamment du système, en utilisant des formats de fichiers de type TXT ou CSV, par exemple.

[...] La procédure d'archivage doit être distinguée de la procédure de sauvegarde observée régulièrement par les contribuables.

Conformément à l'article 420-6 du plan comptable général, c'est lors de la clôture de l'exercice ou de la période comptable que la procédure d'archivage doit intervenir.

L'obligation de présentation porte sur les documents comptables immatériels ainsi que les pièces justificatives immatérielles :

1. Les documents comptables immatériels

Dans la mesure où l'original de chaque livre comptable obligatoire est établi par un procédé informatique, ces documents informatiques doivent être archivés obligatoirement sur support informatique pérenne [...].

2. Les pièces justificatives immatérielles

Dans la mesure où l'original d'une pièce de recettes ou de dépenses qui justifie le résultat mentionné dans les déclarations déposées est établi par un procédé informatique, ce document informatique doit être archivé obligatoirement sur support informatique pérenne [...]. Le défaut d'archivage est de nature à conférer un caractère irrégulier et non probant aux comptes présentés.

bofip.impots.gouv.fr

Document 2 Délais de conservation des documents pour les entreprises

Les livres, registres, documents ou pièces sur lesquels peuvent s'exercer les droits de communication, d'enquête et de contrôle de l'Administration doivent être conservés pendant un délai de six ans à partir de la dernière opération mentionnée sur les livres ou registres ou de la date à laquelle les documents ou pièces ont été établis.

Par exemple, les éléments concernant les revenus de 2013, déclarés en 2014, doivent être conservés jusqu'à fin 2019.

Type d'impôt	Durée de conservation	Texte de référence
Impôt sur le revenu et sur les sociétés	6 ans	Art. L. 102 B du *Livre des procédures fiscales*
Bénéfices industriels et commerciaux (BIC), bénéfices non commerciaux (BNC) et bénéfices agricoles (BA) en régime réel	6 ans	Art. L. 102 B du *Livre des procédures fiscales*
Impôts sur les sociétés pour l'EIRL, des sociétés à responsabilité limitée (exploitations agricoles, sociétés d'exercice libéral)	6 ans	Art. L. 102 B du *Livre des procédures fiscales*
Impôts directs locaux (taxes foncières, contribution à l'audiovisuel public)	6 ans	Art. L. 102 B du *Livre des procédures fiscales*
Cotisation foncière des entreprises (CFE) et CVAE	6 ans	Art. L. 102 B du *Livre des procédures fiscales*
Taxes sur le chiffre d'affaires (TVA et taxes assimilées, impôt sur les spectacles, taxe sur les conventions d'assurance…)	6 ans	Art. L. 102 B du *Livre des procédures fiscales*

www.service-public.fr

Tableau préparatoire pour la détermination du résultat fiscal

Détermination du résultat fiscal de la SAS WindWin : analyse et calcul	Réintégrations	Déductions	Code ligne du formulaire 2058-A-SD
Résultat comptable avant IS et participation			
Totaux			
Résultat fiscal avant imputation des déficits			
Déficits antérieurs imputés			
Résultat fiscal : bénéfice (+) ou déficit (–)			

Crédits photographiques

p. 3 : dima266f/Fotolia.com ; p. 4 : djahan/Fotolia.com; p. 11 : von Lieres/Fotolia.com ; p. 12: Andrey Popov/Fotolia.com ; p. 13 : Friday/Fotolia.com ; p. 15 : chachanit/Fotolia.com ; p. 17 g. : rawpixel.com/Fotolia.com; m. : olly/Fotolia.com ; p. 19 : ocphoto/Fotolia.com ; p. 20 : © Renault Marketing 3D – Commerce ; p. 29 : karelnoppe/Fotolia.com ; p. 30 h. :© CITROEN COMMUNICATION / Ludovic PARISOT ; b. : Pit24/Fotolia.com ; p. 31 h. : morane/Fotolia.com ; b. : Zelfit/Fotolia.com ; p. 33 : synto/Fotolia.com ; p. 35 : © Peugeot/fr-media.peugeot.com ; p. 41 : contrastwerkstatt/Fotolia.com ; p. 45 : Hortigüela/Fotolia.com ; p. 46 : Minerva Studio/Fotolia.com ; p. 48 : chrisberic/Fotolia.com ; p. 63 : Olivier Le Moal-stock.adobe.com ; p. 65 : countrypixel/Fotolia.com ; p. 67 : madhourse/Fotolia.com ; p. 70 : photka/Fotolia.com ; p. 73 : Minerva Studio/Fotolia.com ; p. 75 h. : ah_fotobox/Fotolia.com ; m. et b.: Rawpixel/Fotolia.com ; p. 83 h. : Farina3000/Fotolia.com ; b. : auremar/Fotolia.com ; p. 84 de h. en b. : philippe Devanne/Fotolia.com, Eléonore H/Fotolia.com, auremar/Fotolia.com, Jackfrog/Fotolia.com, auremar/Fotolia.com ; p. 85 : Minerva Studio/Fotolia.com ; p. 88 : Rawpixel/Fotolia.com; p. 89 : Marc Xavier/Fotolia.com; p. 90 g. : Rawpixel/Fotolia.com; d. : J.M./Fotolia.com ; p. 103 : kurhan/Fotolia.com ; p. 104 : kudryshanna/Fotolia.com ; p. 106 : jackfrog/Fotolia.com ; p. 107 : Minerva Studio/Fotolia.com ; p. 110 : Peter Atkins/Fotolia.com ; p. 111 : saintclair23/Fotolia.com ; p. 112 : studiophotopro/Fotolia.com ; p. 113 : yganko/Fotolia.com ; p. 125 : Kimberly Reinick/Fotolia.com ; p. 126 : sylv1rob1/Fotolia.com ; p. 127 : Rawpixel/Fotolia.com ; p. 128 : Rawpixel/Fotolia.com ; p. 130 : Rawpixel/Fotolia.com ; p. 131: yossarian6/Fotolia.com ; p. 133 : Vesna Cvorovic/Fotolia.com ; p. 145 : sylv1rob1/Fotolia.com ; p. 146 : sylv1rob1/Fotolia.com ; p. 147 : Andrey Popov/Fotolia.com ; p. 148 : Andrey Popov/Fotolia.com ; p. 149 : Rawpixel/Fotolia.com ; p. 150 : ht g. : Noppasinw/Fotolia.com ; ht d. : Rawpixel/Fotolia.com; bas : Yeko Photo Studio/Fotolia.com ; p. 152 : Jacques PALUT/Fotolia.com ; p. 163 : meailleluc.com/Fotolia.com ; p. 164 : goodluz/Fotolia.com ; p. 166 : massimo_g/Fotolia.com.

Édition : Anna-Tatum Villalba
Conception couverture : Vincent Rioult
Conception maquette : Anne-Danielle Naname
Mise en pages : Jérôme de Swetschin, Jean-Jacques Galmiche, Lo Yenne et Nicole Sicre

ISBN : 978-2-09-167300-4

MIXTE
Papier issu de sources responsables
FSC® C022030

N° projet : 10269002 - Dépôt légal : Mai 2021
Achevé d'imprimer en Italie par L.E.G.O. S.p. A., Lavis (TN)